RESISTA

⏻

NÃO FAÇA NADA

JENNY ODELL
RESISTA

NÃO FAÇA NADA

A batalha pela
economia da atenção

TRADUÇÃO
Ricardo Giassetti e
Gabriel Naldi

LATITUDE°

TÍTULO ORIGINAL *How to do nothing*
© 2019 by Jenny Odell
© 2020 VR Editora S.A.

Latitude é o selo de aperfeiçoamento pessoal da VR Editora

DIREÇÃO EDITORIAL Marco Garcia
EDIÇÃO Marcia Alves
PREPARAÇÃO Luciana Soares
REVISÃO Laila Guilherme
CAPA Pamella Destefi
ILUSTRAÇÃO DE CAPA E CONTRACAPA Vecteezy (http://vecteezy.com)
Yurlick / Freepik (http://br.freepik.com)
FOTOGRAFIA DA AUTORA © Ryan Meyer
PROJETO GRÁFICO DE MIOLO Fritz Metsch
DIAGRAMAÇÃO Pamella Destefi

Dados Internacionais de Catalogação na Publicação (CIP)
(Câmara Brasileira do Livro, SP, Brasil)

Odell, Jenny
Resista: não faça nada: a batalha pela economia da atenção /
Jenny Odell; tradução Ricardo Giassetti, Gabriel Naldi. – 1.
ed. – Cotia, SP: Latitude, 2020.

Título original: How to do nothing
ISBN 978-65-89275-01-5

1. Atenção – Filosofia 2. Autoajuda 3. Economia 4. Redes
sociais 5. Reflexão (Filosofia) 6. Tecnologia da informação –
Aspectos sociais I. Título.

20-50461 CDD-303.483

Índices para catálogo sistemático:
1. Mudança social e tecnologia: Sociologia 303.483
Maria Alice Ferreira – Bibliotecária – CRB-8/7964

Todos os direitos desta edição reservados à
VR Editora S.A.
Via das Magnólias, 327 – Sala 01 | Jardim Colibri
CEP 06713-270 | Cotia | SP
Tel.| Fax: (+55 11) 4702-9148
vreditoras.com.br | editoras@vreditoras.com.br

aos meus alunos

Sumário

Introdução: Sobrevivendo à utilidade ix

Capítulo 1: O caso do nada 1

Capítulo 2: O retiro impossível 28

Capítulo 3: Anatomia de uma recusa 61

Capítulo 4: Exercícios para a atenção 94

Capítulo 5: Ecologia de estranhos 126

Capítulo 6: Restaurando as bases para o pensamento 154

Conclusão: Correção manifesta 186

Agradecimentos 205

Notas finais 207

Índice remissivo 227

Introdução

Sobrevivendo à utilidade

*A redenção se esconde em uma pequenina
rachadura no* continuum *da catástrofe.*

— WALTER BENJAMIN[1]

Nada é mais difícil do que não fazer nada. Em um mundo onde nosso valor é determinado por nossa produtividade, muitos de nós sentimos que cada minuto de nossas vidas foi capturado, otimizado ou apropriado na forma de recurso financeiro pelas tecnologias que usamos cotidianamente. Entregamos nosso tempo livre a avaliações numéricas, interagimos com versões algorítmicas de nós mesmos e construímos e mantemos nossas marcas pessoais. Para alguns, parece haver uma espécie de satisfação técnica na definição e nas ramificações de toda a nossa experiência de vida. Além disso, um certo sentimento de constante nervosismo, excesso de estímulos e a incapacidade de sustentar uma linha de raciocínio nos acompanha constantemente. Embora esse sentimento seja difícil de ser capturado, pois se esconde atrás das telas da distração, ele é urgente. Sabemos também que muito daquilo que dá sentido à vida é originado por acidentes, interrupções e encontros casuais: o "tempo livre", ameaçado pela visão mecanizada dessa experiência.

Já em 1877, Robert Louis Stevenson dizia que estar ocupado era um "sintoma de enfraquecimento vital" e observou "uma espécie de morte em vida, pessoas medíocres que só percebem que estão vivas quando exercem alguma ocupação convencional".[2] E, acima de tudo, só se vive uma vez. Sêneca, em *Sobre a brevidade da vida* (*De Brevitate Vitae*), descreve o horror de olhar para trás e ver que a vida escorreu por entre nossos dedos. É uma sensação muito parecida com a de alguém que desperta do estupor de uma hora no Facebook:

RESISTA: NÃO FAÇA NADA

Mergulhe em sua memória e pense [...] quantos roubaram sua vida quando você nem sequer percebia que a estava perdendo, quanto dela foi levada pela tristeza inútil, por alegrias passageiras, por desejo e ambição, pelos encantos sociais, e o que sobrou dela para você?; você perceberá que já está morrendo antes da hora![3]

No âmbito coletivo, há mais em jogo. Vivemos em tempos complexos que demandam discussões e ideias complexas — e essas, por sua vez, demandam exatamente tempo e espaço que não existem mais. A conveniência da conectividade ilimitada acabou com nuances da comunicação interpessoal e eliminou muita informação e contexto nesse processo. Em um ciclo infinito no qual a conversa é atrofiada e tempo é dinheiro, há poucos momentos de fuga e menos meios de interação entre as pessoas.

Devido ao modo precário como a arte sobrevive em um sistema que valoriza somente o resumo, os riscos também são culturais. O gosto pelo futuro tecnoneoliberal e a cultura de Trump têm em comum a mesma impaciência com qualquer coisa sutil, poética e menos óbvia. Esses "nadas" não podem ser tolerados, porque não podem ser utilizados ou apropriados e não resultam tangíveis. (Sob essa ótica, o desejo de Trump de retirar investimentos do National Endowment for the Arts [Fundo Nacional de Artes] não surpreende.) No início do século 20, o pintor surrealista Giorgio de Chirico previu um horizonte cada vez mais estreito para atividades tão "improdutivas" quanto a observação. Ele escreveu:

Diante do materialismo e da orientação pragmática cada vez maior em nossos tempos [...] não seria estranho se no futuro uma parte da sociedade que viva para o prazer intelectual não tenha mais seu lugar ao sol. O escritor, o pensador, o sonhador, o poeta, o metafísico, o observador [...] aqueles que tentam elucidar a charada ou compartilhar suas descobertas se tornarão anacrônicos, figuras destinadas a desaparecer da face da Terra como o ictiossauro e o mamute.[4]

INTRODUÇÃO: SOBREVIVENDO À UTILIDADE

Este livro fala sobre como manter aberto esse lugar ao sol. É um guia de como fazer nada como um ato de resistência política à indústria da atenção, com toda a teimosia de uma "casa-unha" chinesa[5] que bloqueia a passagem de uma grande rodovia. Quero chegar além dos artistas e escritores, a todas as pessoas que veem a vida como mais do que *uma ferramenta* e, portanto, algo que não pode ser otimizado. Uma simples recusa motiva meu argumento: a recusa em acreditar que o tempo e o espaço presentes — e as pessoas que neles estão conosco — não nos são suficientes. Plataformas como Facebook e Instagram atuam como represas que capitalizam nosso interesse acerca dos outros e uma eterna necessidade de socialização, sequestrando e frustrando nossos mais profundos desejos e lucrando com eles. Solidão, observação e o simples convívio deveriam ser reconhecidos como mais do que fins em si mesmos, mas direitos inalienáveis que pertencem a todos que têm a sorte de estarem vivos.

O FATO DE O "nada" que proponho ser somente *nada* do ponto de vista da produtividade capitalista explica a ironia de o livro se chamar *Não faça nada*, o que de certa maneira acaba sendo um plano de ação. Quero delinear uma série de movimentos: 1) um *cair fora* parecido com o "cair fora" dos anos 1960;[6] 2) um movimento de expansão lateral na direção das coisas e pessoas à nossa volta; e 3) um movimento de assentamento. Se não estivermos atentos, o atual projeto de grande parte de nossa tecnologia impedirá todos os nossos passos, criando alvos falsos deliberadamente, para autorreflexões, curiosidades e o desejo de pertencer a uma comunidade. Quando as pessoas sonham com alguma forma de escape, vale perguntar: o que "de volta à Terra" significaria se entendêssemos a Terra como o lugar onde estamos neste exato momento? Será que "realidade aumentada" não significa simplesmente deixar o celular de lado? E o que (ou quem) está à nossa frente quando finalmente tomamos coragem de olhar?

É nessa paisagem de determinismo neoliberal explícito que este livro busca por fontes secretas de ambiguidade e ineficiência. Isso é uma refeição de quatro pratos em tempos de Soylent.[7] Mas, enquanto espero que você encontre algum alívio neste convite para simplesmente desacelerar ou parar, espero que isso seja algo mais do que um retiro de final de semana ou um simples ensaio sobre criatividade. O motivo de fazer nada, na minha definição, não é voltar ao trabalho renovado e pronto para ser mais produtivo, mas sim questionar o que atualmente entendemos como produtividade. Meu argumento é, obviamente, anticapitalista, em especial quanto a tecnologias que encorajam uma percepção capitalista de tempo, espaço, ser e comunidade. Também é ambiental e histórico: proponho redirecionar e aprofundar nossa atenção de volta ao eixo, o que provavelmente levará a uma maior participação na história e em uma comunidade supra-humana. De uma perspectiva social ou ecológica, o objetivo de "fazer nada" é tirar nosso foco da indústria da atenção e transplantá-la ao reino público e físico.

Não sou contra a tecnologia. Afinal, há formas de tecnologia — de ferramentas que nos permitem observar o mundo natural a redes sociais descentralizadas sem fins lucrativos — que nos ajudam a entender melhor o mundo atual. Por outro lado, sou contrária ao modo como as plataformas corporativas compram e vendem nossa atenção, assim como *designs* que usam a tecnologia para inculcar uma definição limitada de produtividade que ignora o local, o carnal e a poética. Não estou preocupada com os efeitos da mídia social atual sobre a expressão — incluindo o direito de alguém em não se expressar — e suas características deliberadamente viciantes. Mas o vilão aqui não é, necessariamente, a internet, nem mesmo a ideia de redes sociais; é a lógica invasiva da rede social *comercial* e seu incentivo financeiro para nos manter em um lucrativo estado de ansiedade, inveja e distração. Acima disso está o culto às marcas individuais e pessoais que brotam dessas plataformas e afetam o modo como vemos nossos "Eus" *offline* e os lugares onde realmente vivemos.

DEVIDO À MINHA insistência em viver minha vida localmente e no tempo presente, é importante saber que este livro tem raízes na Bay Area de São Francisco, onde cresci e ainda moro. Esse lugar é conhecido por dois mo-

INTRODUÇÃO: SOBREVIVENDO À UTILIDADE

tivos: empresas de tecnologia e beleza natural. Aqui, é possível ir em linha reta para o oeste, saindo dos escritórios dos investidores na Sand Hill Road, e chegar a uma floresta de sequoias em penhascos sobre o mar, ou sair caminhando da sede do Facebook até um manguezal cheio de aves marinhas. Quando eu era criança, em Cupertino, minha mãe às vezes me levava até sua sala na Hewlett-Packard, onde uma vez testei uma versão muito rudimentar de um capacete de realidade virtual. Obviamente, passei muito tempo no computador. Mas havia dias em que a minha família fazia longas caminhadas entre os carvalhos e as sequoias no parque Big Basin, ou nas falésias de San Gregório. No verão, às vezes íamos acampar nas montanhas Santa Cruz, onde aprendi para sempre o nome *Sequoia sempervirens*.

Sou artista e escritora. No início dos anos 2010, como eu usava computadores para produzir minha arte, e talvez por morar em São Francisco, fui incluída no balaio da categoria "arte e tecnologia". Mas meu único e real interesse em tecnologia era como ela poderia nos dar mais acesso à realidade física, que é onde residia meu real interesse. Isso me colocou em uma posição um tanto estranha, pois era chamada para conferências de tecnologia quando preferia estar no campo observando pássaros. Esse é somente um dos estranhos aspectos "intermediários" de minha experiência, em primeiro lugar em razão de minha ascendência birracial e, em segundo, por fazer arte digital sobre o mundo físico. Fui artista residente em lugares esquisitos como Recology SF (também conhecido como "o despejo"), o Departamento de Planejamento de São Francisco e o Internet Archive. Ao longo desse percurso, tive relações de amor e ódio com o Vale do Silício, por ser ao mesmo tempo fonte de minha nostalgia infantil e da tecnologia que criou a indústria da atenção.

Às vezes é melhor estar restrito ao intermediário, mesmo que seja desconfortável. Muitas das ideias para este livro se formaram durante os anos em que lecionei na escola de arte e discutia a importância do *design* e da engenharia com os formandos de Stanford, alguns dos quais não viam motivos para isso. A pesquisa de campo nas minhas aulas de *design* é uma mera caminhada, e eventualmente faço meus alunos se sentarem comigo ao ar

xiii

livre e fazer nada por quinze minutos. Venho percebendo que esse é o meu modo de insistir em alguma coisa. Viver entre as montanhas nessa cultura hiper-rápida e empreendedora me faz formular a pergunta: qual o significado de construir mundos digitais enquanto nosso mundo real se esfacela diante de nossos olhos?

As estranhas atividades em minhas aulas também são fruto de preocupações. Entre os alunos e muitas outras pessoas que conheço, vejo muita energia, muita intensidade e muita ansiedade. Vejo pessoas presas não apenas às notificações de seus aplicativos, mas em uma mitologia de produtividade e progresso, incapazes sequer de descansar ou apenas olhar à sua volta. E, durante o verão no qual escrevi isto, presenciei um incêndio catastrófico que parecia infinito. Este lugar, assim como o lugar no qual você está agora, está clamando por ser ouvido. E eu acho que deveríamos ouvi-los.

VAMOS COMEÇAR PELAS colinas que circundam Oakland, a cidade onde moro atualmente. Oakland tem duas árvores famosas: a primeira é a Jack London Tree, um gigantesco carvalho litorâneo em frente à prefeitura, que empresta sua forma ao logotipo em forma de árvore da cidade; a segunda, escondida entre as colinas, não é tão conhecida. Seu apelido é "Vovô" ou "O Velho Sobrevivente", pois é a última sequoia natural ainda em pé, uma sobrevivente de mais de quinhentos anos, que escapou da devastação decorrente da Corrida do Ouro. Embora boa parte das colinas da East Bay seja coberta de sequoias, são todas de um segundo plantio, cepas de suas ancestrais que em determinado período foram algumas das maiores em toda a costa. Antes de 1969 os habitantes de Oakland declararam que todas as árvores antigas haviam desaparecido até que um naturalista topou com O Velho Sobrevivente altivo, acima das outras árvores. Desde então, essa antiga árvore se instalou no imaginário coletivo, inspirando artigos, grupos de trilheiros e até mesmo um documentário.

Antes de virarem toras de madeira, as velhas sequoias das colinas da East Bay incluíam Árvores de Navegação — sequoias tão altas que os marujos

INTRODUÇÃO: SOBREVIVENDO À UTILIDADE

da baía de São Francisco as usavam para desviar da perigosa e submersa Blossom Rock.[8] Quando as árvores foram cortadas, o Corpo de Engenheiros do Exército teve de literalmente explodir a Blossom Rock. Embora não fosse uma daquelas árvores, gosto de pensar no Velho Sobrevivente como uma espécie de ajudante de navegação. Essa árvore toda encarquilhada tem algumas lições a nos ensinar que correspondem ao curso que tentarei percorrer ao longo deste livro.

A primeira lição é sobre resistência. A situação um tanto lendária do Velho Sobrevivente não tem a ver somente com sua idade e sua sobrevivência improvável, mas sim com sua misteriosa localização. Até mesmo aqueles que cresceram fazendo trilhas nas colinas de East Bay podem ter alguma dificuldade em encontrá-lo. Quando o Velho Sobrevivente é avistado, ainda assim é impossível chegar perto, pois ele fica em uma encosta íngreme e rochosa que exige uma escalada delicada. Essa é uma das razões pelas quais ele sobreviveu aos lenhadores; a outra é por conta de sua forma contorcida e sua altura, de cerca de 28 metros, quase um broto se comparado às velhas florestas de sequoias antigas. Em outras palavras, o Velho Sobrevivente se manteve em pé por parecer inútil aos lenhadores enquanto madeira de corte.

Para mim, tudo isso soa como uma versão real de uma história — cujo título já foi traduzido como "A árvore inútil" — do *Zhuangzi*, uma coleção de escritos atribuídos a Chuang-Tzu, um filósofo chinês do século 4. A história fala de um carpinteiro que vê uma árvore (em uma versão, um carvalho de folhas serrilhadas, um parente da nossa árvore em questão) de tamanho e idade impressionantes. Mas o carpinteiro passa por ela e a considera uma "árvore inútil" que só chegou àquela idade devido aos seus galhos retorcidos, sem valor para se tornarem tábuas. Logo depois, a árvore aparece para ele em um sonho e pergunta: "Está me comparando com aquelas árvores úteis?". E então diz a ele que árvores frutíferas e de madeira são normalmente devastadas. Enquanto isso, a inutilidade foi a estratégia daquela árvore: "Isso tem sido de grande valia para mim. Se eu tivesse alguma utilidade, teria chegado a esse tamanho?". A árvore contraria a distinção entre utilidade e valor, feita por um homem que vê árvores somente como tábuas

XV

em potencial: "Qual o sentido disso — coisas condenando coisas? Você é um homem sem valor, à beira da morte — como pode dizer que sou uma árvore sem valor?".[9] Consigo facilmente imaginar essas palavras ditas pelo Velho Sobrevivente aos lenhadores do século 19 que passaram por ele, menos de um século antes de começarmos a perceber o que havíamos perdido.

Essa formulação — a utilidade da inutilidade — é típica de Chuang--Tzu, que às vezes falava em aparentes contradições e *non sequiturs*. Mas, como suas outras afirmações, não se trata de um paradoxo gratuito: na verdade é simplesmente uma observação de um mundo social paradoxal por si só, definido pela hipocrisia, pela ignorância e pela falta de lógica. Em uma sociedade como essa, um homem que busca uma vida humilde e ética certamente pareceria "careta". Para ele, bom seria mau e em cima seria embaixo, produtividade seria destruição e, de fato, a inutilidade seria útil.

Em uma extensão dessa metáfora, poderíamos dizer que o Velho Sobrevivente seria *muito estranho* ou *muito complicado* para ir direto para a serraria. Por esse ângulo, a árvore me passa uma ideia de "resistência no lugar". Resistir no lugar é dar uma forma a si que não possa ser facilmente apropriada por um sistema de valores capitalista. Realizar isso significa se recusar a um rótulo de referência: nesse caso, um rótulo de referência no qual o valor é determinado pela produtividade, pelo potencial de sua carreira e pelo empreendedorismo pessoal. Quer dizer abraçar e tentar habitar de alguma maneira ideias confusas ou heterogêneas: de manutenção como produtividade, da importância da comunicação não verbal e da mera experiência da vida como objetivo máximo. Quer dizer reconhecer e celebrar uma forma do *Eu* que muda ao longo do tempo, que extrapola descrições algorítmicas e cuja identidade nem sempre se limita ao perímetro do indivíduo.

Em um ambiente completamente equipado para a apropriação capitalista, presente até em nossos menores pensamentos, fazer isso é tão desconfortável quanto ir com a roupa errada a um evento social. Conforme mostrarei em vários exemplos de recusas no lugar, a permanência nesse estado exige comprometimento, disciplina e vontade. Fazer nada é *duro*.

INTRODUÇÃO: SOBREVIVENDO À UTILIDADE

A OUTRA LIÇÃO oferecida pelo Velho Sobrevivente está relacionada com sua função como testemunha e memorial. Mesmo o mais ferrenho materialista admitirá que o Velho Sobrevivente é diferente de um monumento feito pelo homem porque está, acima de tudo, *vivo*. Na edição de 2011 do jornal comunitário *MacArthur Metro*, o saudoso Gordon Laverty, então aposentado como funcionário da East Bay Municipal Utility District,[10] e seu filho Larry escreveram um hino para o Velho Sobrevivente: "Há um amigo que mora no alto da encosta, aqui perto, no Leona Park, íntimo de nossa loucura desde que chegamos a Oakland. Seu nome é Velho Sobrevivente. Ele é uma sequoia, e das antigas". Eles retratam a árvore como uma testemunha histórica, desde os tempos das caças e colheitas do povo Ohlone, da chegada dos espanhóis e mexicanos, até os brancos aproveitadores. O ponto de vista da árvore — imutável em relação às sucessivas maluquices dos recém-chegados — resulta em um símbolo moral para os Laverty: "O Velho Sobrevivente ainda resiste [...] como uma sentinela que nos recorda a tomar sábias decisões".[11]

Eu o vejo da mesma forma. O Velho Sobrevivente é, acima de tudo, um fato físico, uma testemunha silenciosa de um passado muito real, tanto natural como cultural. Olhar para uma árvore é como olhar para algo que começou a crescer em um mundo muito diferente, até mesmo irreconhecível: quando humanos preservavam o equilíbrio local da natureza ao invés de destruí-la, quando a forma do litoral ainda não havia sido alterada, quando existiam ursos pardos, condores californianos e o salmão Coho (todos desapareceram de East Bay no século 19). Isso não é um conto de fadas. Na verdade, nem faz tanto tempo assim. Tão certo como as folhas do Velho Sobrevivente são ligadas às suas antigas raízes, o presente cresce a partir do passado. Esse enraizamento é algo de que precisamos desesperadamente quando nos encontramos à deriva em um presente sem lembranças e diante da estética das lojas digitais.

Essas duas lições nos dão uma ideia de para onde caminharemos com este livro. A primeira parte de "fazer nada" é se libertar da indústria da atenção; e a segunda é se reconectar com alguma outra coisa. Essa "alguma outra coisa" nada mais é do que tempo e espaço, uma possibilidade apenas quando

RESISTA: NÃO FAÇA NADA

nos encontrarmos no mesmo nível de atenção. Em última análise, contra a ausência de lugar em uma vida otimizada e *on-line*, quero chamar a atenção para uma nova "localização" onde há sensibilidade e responsabilidade histórica (o que aconteceu aqui) e ecológica (quem e o que vive, ou viveu, aqui).

Neste livro, considero o biorregionalismo um modelo de como podemos começar a pensar novamente sobre *lugar*. O biorregionalismo, cujos princípios foram articulados pelo ambientalista Peter Berg na década de 1970 — e que é amplamente visível nas práticas em terras indígenas —, trata de uma consciência não apenas das muitas formas de vida de cada local, mas de como elas se inter-relacionam, incluindo os humanos. O pensamento biorregionalista engloba práticas como a restauração de *habitats* e a permacultura, mas também possui um elemento cultural, pois pede que nos identifiquemos como cidadãos da biorregião tanto quanto (se não mais) do estado. Nossa "cidadania" em uma biorregião significa não apenas familiaridade com a ecologia local, mas um compromisso de cuidarmos dela juntos.

Para mim, é importante vincular a crítica à indústria da atenção à promessa de consciência biorregional, pois acredito que o capitalismo, o pensamento colonialista, a solidão e uma postura abusiva em relação ao meio ambiente se coproduzem. Também é importante em razão dos paralelos entre o que a economia faz a um sistema ecológico e o que a indústria da atenção faz à nossa atenção. Em ambos os casos, há uma tendência para uma monocultura agressiva, na qual os componentes vistos como "inúteis" — e que não podem ser apropriados (por madeireiros ou pelo Facebook) — são os primeiros a desaparecer. Como parte de uma falsa compreensão da vida atomizada e otimizável, essa visão da utilidade falha em reconhecer o ecossistema como um todo vivo que precisa de todas as suas partes para funcionar. Práticas como extração de madeira e agricultura em grande escala dizimam a Terra, além de uma ênfase exagerada no desempenho que transforma o que antes era uma paisagem densa e próspera de pensamento individual e comunitário em uma fazenda Monsanto cuja "produção" destrói lentamente o solo, até que nada mais possa crescer. À medida que se extingue uma espécie de pensamento após a outra, a erosão da atenção é acelerada.

xviii

INTRODUÇÃO: SOBREVIVENDO À UTILIDADE

Por que a ideia moderna de produtividade é tão frequentemente uma moldura para o que é realmente a destruição da produtividade natural de um ecossistema? Isso soa muito como o paradoxo da história de Chuang-Tzu, que mais do que tudo é uma piada sobre o quão estreito é o conceito de "utilidade". Quando a árvore aparece para o carpinteiro em seu sonho, está essencialmente perguntando a ele: Útil para quê? Na verdade, esta é a mesma pergunta que eu faço quando me dou tempo suficiente para me afastar da lógica capitalista de como atualmente entendemos a produtividade e o sucesso. Produtividade que produz o quê? Sucesso de que maneira e para quem? Os momentos mais felizes e realizados de minha vida foram quando eu estava completamente consciente de estar viva, com toda a esperança, dor e tristeza que isso acarreta para qualquer ser mortal. Naqueles momentos, a ideia de sucesso como objetivo teleológico não faria sentido; os momentos eram fins em si mesmos, não degraus em uma escada. Acho que as pessoas da época de Chuang-Tzu tinham o mesmo sentimento.

Há um detalhe importante no início da história da árvore inútil. Várias versões mencionam que o carvalho retorcido era tão grande e largo que deveria dar sombra a "milhares de bois" ou a "milhares de parelhas de cavalos". A forma da árvore inútil faz mais do que apenas a proteger do lenhador; é também a forma do cuidado, que se ramifica sobre os milhares de animais que buscam abrigo, proporcionando assim o fundamento para a própria vida. Quero imaginar toda uma floresta de árvores inúteis, galhos densamente entrelaçados, fornecendo um *habitat* impenetrável a serviço de pássaros, cobras, lagartos, esquilos, insetos, fungos e líquenes. E, por fim, esse ambiente generoso, refrescante e inútil poderia atrair um viajante cansado da terra da utilidade, um carpinteiro que aposentou suas ferramentas. Talvez depois de caminhar um pouco, atordoado, ele ouvisse o conselho dos animais e se sentasse sob um carvalho. Talvez, pela primeira vez, ele tirasse uma soneca.

VOCÊ TALVEZ ACHE o formato deste livro um pouco estranho, assim como é o Velho Sobrevivente. Os argumentos e as observações que farei aqui não

RESISTA: NÃO FAÇA NADA

serão insípidas e interligadas a um todo lógico. Em vez disso, vi e experimentei muitas coisas ao escrevê-lo — coisas que mudaram minha mente e depois a mudaram novamente e que fui alinhavando à medida que o escrevia. Terminei este livro diferente de quando o comecei. Portanto, considere isto não como uma transmissão de informações definitivas, mas um ensaio aberto e extenso, no sentido original da palavra (uma jornada, um ensaio colaborativo). É mais um convite para um passeio do que um sermão.

O primeiro capítulo deste livro é uma versão de um ensaio que escrevi na primavera após as eleições de 2016, sobre uma crise pessoal que me levou à necessidade de não fazer nada. Nesse capítulo, começo a identificar algumas de minhas preocupações mais contundentes sobre a indústria da atenção, a saber: o uso opressor do medo e da ansiedade e sua lógica concomitante de que a "interrupção" é mais produtiva que o trabalho de manutenção — manter a nós mesmos e aos outros vivos e bem. Escrito em meio a um ambiente digital no qual eu não conseguia entender mais nada, o ensaio era um apelo em nome do animal humano incorporado no espaço-tempo; como o escritor de tecnologia Jaron Lanier, procurei "apostar no ser humano".

Uma reação a tudo isso seria subir as colinas — para sempre. No segundo capítulo, examino algumas pessoas e grupos que adotaram essa abordagem. As comunidades contraculturais da década de 1960, em particular, têm muito a nos ensinar sobre os desafios inerentes a tentar se livrar completamente da estrutura de uma realidade capitalista, bem como o que eventualmente foi uma tentativa malfadada de escapar por completo da política. Esse é o princípio de uma distinção contínua que farei entre (1) escapar completamente "do mundo" (ou somente das outras pessoas) e (2) permanecer no lugar enquanto escapamos da estrutura da indústria da atenção e de uma dependência excessiva do filtro da opinião pública.

Essa distinção também forma a base para a ideia de recusa no lugar, que é o assunto do terceiro capítulo. Seguindo uma dica de *Bartleby, o escrivão*, de Herman Melville, que não responde "Eu não vou", mas sim "Prefiro não", procuro no histórico de recusas as respostas que contrariam os termos da própria pergunta. E tento mostrar como esse espaço criativo de recusa está

INTRODUÇÃO: SOBREVIVENDO À UTILIDADE

ameaçado em uma época de precariedade econômica generalizada, quando todos, desde trabalhadores na Amazônia até estudantes universitários, veem sua margem de recusa encolher e seus riscos crescerem. Pensando no *custo* cobrado pela recusa, sugiro que aprender a redirecionar e ampliar nossa atenção pode ser a forma de quebrar o ciclo interminável entre o medo, a captura de atenção e a insegurança econômica.

O Capítulo 4 vem principalmente de minha experiência e meu interesse como artista e educadora em como a arte pode nos ensinar novas notas e tons de atenção. Observo tanto a história da arte como os estudos acadêmicos para refletir sobre a relação entre a atenção e seu percurso — como podemos não apenas nos desvencilhar da indústria da atenção, mas também aprender a controlar a atenção de forma mais intencional. Esse capítulo também se baseia em minha experiência pessoal ao aprender sobre minha biorregião, um novo padrão de atenção aplicado ao lugar em que vivi toda a minha vida.

Se pudermos usar a atenção para habitar um novo plano de realidade, segue-se que podemos nos encontrar lá, prestando atenção às mesmas coisas e entre si. No Capítulo 5, examino e tento dissolver os limites que a "bolha do filtro" impôs sobre como nós vemos as pessoas ao nosso redor. Então vou pedir que você estique ainda mais, estendendo a mesma atenção para o mundo mais do que humano. Em última análise, defendo uma visão do *self* e da identidade que é o oposto da marca pessoal: uma coisa instável e mutante determinada pelas interações com outros e com diferentes tipos de lugares.

No último capítulo, tento imaginar uma rede social utópica que poderia de alguma forma conter tudo isso. Eu uso as lentes do corpo humano como necessidade de contexto espacial e temporal para compreender a violência de "Colapso de contexto" *on-line* e propor uma espécie de "coleção de contexto" em seu lugar. Ao compreender que ideias significativas requerem incubação tempo e espaço, procuro redes descentralizadas não comerciais e a importância contínua da comunicação privada e reuniões presenciais. Eu sugiro que retiremos nossa atenção e a usemos para restaurar os ecossistemas biológicos e culturais onde nós forjamos identidades significativas, tanto individuais quanto coletivas.

RESISTA: NÃO FAÇA NADA

DURANTE O VERÃO, passei quase todos os dias escrevendo este livro, e alguns amigos brincaram sobre como eu estava trabalhando tanto em algo chamado *Não faça nada*. Mas a verdadeira ironia é que, ao escrever algo com este título, eu inadvertidamente me radicalizei aprendendo a importância de fazer algo. Na minha qualidade de artista, sempre pensei em atenção, mas só agora entendo perfeitamente aonde uma vida de atenção constante leva. Em resumo, leva à consciência não só de como tenho sorte de estar viva, mas aos padrões contínuos de devastação cultural e ecológica em torno de mim — e o papel inescapável que desempenho nela, devo escolher reconhecê-lo ou não. Em outras palavras, a simples consciência é a semente de responsabilidade.

Em determinado momento, comecei a ver meu trabalho como um livro de ativismo disfarçado de autoajuda. Mas também não tenho certeza. Então, por mais que eu espere que este livro tenha algo a oferecer ao leitor, também espero que tenha algo a contribuir para o ativismo, principalmente ao proporcionar uma pausa para o descanso àqueles que se preparam para lutar pelo bem. Espero que a expressão "fazer nada" em oposição a um ambiente obcecado pela produtividade ajude a resgatar indivíduos que poderão, então, ajudar a restaurar comunidades, humanas ou não. Acima de tudo, espero que ajude as pessoas a encontrar maneiras de se conectar de maneiras substanciais, sustentáveis e absolutamente não lucrativas para as corporações, cujas métricas e cujos algoritmos nunca fizeram parte das conversas que temos sobre nossos pensamentos, sentimentos e sobrevivência.

Uma coisa que aprendi sobre a atenção é que algumas de suas formas são contagiosas. Quando passamos muito tempo com alguém que presta muita atenção em alguma coisa (se fosse comigo, seriam os pássaros), inevitavelmente começamos a prestar atenção nas mesmas coisas. Também aprendi que os padrões de atenção — o que escolhemos ou não perceber — são como reproduzimos a realidade para nós mesmos e, portanto, têm uma relação direta com o que acreditamos ser possível realizar em um momento específico. Esses aspectos, quando em conjunto, sugerem o potencial revolucionário de reconquistar nossa atenção. Para a lógica capitalista, que

xxii

INTRODUÇÃO: SOBREVIVENDO À UTILIDADE

prospera na miopia e na insatisfação, algo tão trivial quanto não fazer nada pode ser muito perigoso: fugir lateralmente em direção ao próximo nos faz descobrir que tudo o que queríamos já está aqui.

Capítulo 1

O caso do nada

acorda e olha o celular
ah, vamos ver quais novos horrores me aguardam no aparelho de novos horrores.
— TUÍTE DE @MISSOKISTIC, 10 DE NOVEMBRO DE 2016

No começo de 2017, pouco após a posse de Trump, fui convidada a dar uma palestra na EYEO, uma conferência de arte e tecnologia em Minneapolis. Ainda estava me recuperando da eleição e, assim como muitos outros artistas que eu conhecia, eu tinha dificuldade em fazer qualquer coisa. Além disso, Oakland estava de luto após o incêndio do Ghost Ship,[1] em 2016, que tirou a vida de muitos artistas e pessoas preocupadas com a comunidade. Olhando para o campo em branco no qual deveria inserir o título de minha palestra, pensei no que poderia dizer de significativo em um momento como aquele. Sem ainda saber o que falaria, simplesmente digitei "Como não fazer nada".

Depois disso, decidi realizar a palestra em um lugar específico: o Morcom Amphitheatre of Roses, em Oakland, Califórnia, também conhecido simplesmente como Rose Garden. Fiz isso em parte porque foi no Rose Garden que iniciei o *brainstorming* para minha palestra. Mas também porque percebi que o jardim englobava tudo o que eu queria abordar: a prática de não fazer nada, a arquitetura do nada, a importância do espaço público e uma ética de cuidado e manutenção. Moro a cinco minutos do Rose Garden, que, desde que me mudei para Oakland, é o meu lugar preferido para ficar longe do meu computador, no qual faço grande parte do meu trabalho, arte, entre outras coisas. Porém, depois da eleição, comecei a ir ao Rose Garden, quase todos os dias. Não foi exatamente uma decisão consciente; era mais um movimento íntimo, como um cervo atraído por uma barra de sal ou uma cabra que segue para o topo de uma colina. O que eu faria lá seria nada. Eu só ficaria ali, sentada. E embora eu me sentisse um pouco culpada sobre como aquilo parecia incongruente — um belo jardim *versus* o mundo aterrorizante —, realmente me parecia uma tática de sobrevivência essencial. Reconheci o sentimento em uma passagem de Gilles Deleuze em *Conversações:*

> Somos confundidos por conversas sem sentido, quantidades absurdas de palavras e imagens. A estupidez nunca é cega ou muda. Portanto, não é uma questão de fazer as pessoas se expressarem, mas de criar pequenos intervalos de solidão e silêncio nos quais elas possam eventualmente encontrar algo a dizer. As forças repressivas não impedem as pessoas de se expressar, mas as forçam a se expressar; que alívio não ter nada a dizer, o direito de dizer nada, porque só então há uma chance de capturar o raro cada vez mais raro, algo que possa realmente valer a pena ser dito.[2]

Embora escrito em 1985, me identifiquei com seu sentimento em 2016, de forma quase dolorosa. Nesse caso, a função do nada — de não dizer nada — é ser um precursor para se ter algo a dizer. "Nada" não é um luxo nem perda de tempo, mas sim uma parte necessária do pensamento relevante e da fala significativa.

Obviamente, enquanto artista visual, há muito aprecio não fazer nada — ou, mais apropriadamente, não realizar nada. Fiquei conhecida por fazer coisas como coletar centenas de imagens de fazendas ou lagos de resíduos químicos no Google Earth, recortá-las e organizá-las em composições semelhantes a mandalas. Em *The Bureau of Suspended Objects* [*O escritório dos objetos suspensos*], um projeto de quando eu residia na Recology SF, passei três meses fotografando, catalogando e pesquisando as origens de duzentos objetos descartados. Apresentei-os como um arquivo navegável no qual as pessoas poderiam escanear uma etiqueta feita à mão ao lado de cada objeto e aprender sobre sua fabricação, seu material e sua história comercial. Na

CAPÍTULO 1: O CASO DO NADA

inauguração, uma mulher confusa e um tanto indignada virou-se para mim e disse: "Espera aí... você chegou a fazer alguma coisa? Ou só colocou as coisas ali?". Costumo dizer que meu campo é o contexto, então a resposta foi *sim* para ambos.

Um dos motivos de trabalhar dessa maneira é porque acho as coisas já existentes infinitamente mais interessantes do que qualquer coisa que eu possa fazer. O *Bureau of Suspended Objects* foi realmente apenas uma desculpa para encontrar coisas incríveis no lixo — uma Nintendo Power Glove, uma confusão de latas 7UP da edição de 200 anos, um livro-caixa de banco de 1906 — e dar a cada objeto a atenção merecida. Essa fascinação quase paralisante pelo objeto é algo que denominei de "eros observacional". Há algo parecido na introdução de *Cannery Row (A rua das ilusões perdidas)*, de John Steinbeck, onde ele descreve a paciência e o cuidado envolvidos na observação atenta de nossos espécimes:

> Quando coletamos animais marinhos, existem certos vermes achatados tão delicados que é quase impossível serem capturados inteiros, pois se quebram e se despedaçam ao toque. É preciso deixá-los escorrer e rastejar por vontade própria sobre a lâmina de uma faca e, em seguida, erguê-los suavemente para um recipiente com água do mar. E talvez essa seja a maneira de escrever este livro — abrir a página e deixar as histórias rastejarem por si mesmas.[3]

Nesse contexto, talvez não seja surpreendente que uma de minhas obras de arte públicas favoritas tenha sido feita por uma documentarista. Em 1973, Eleanor Coppola realizou um projeto de arte pública chamado *Windows [Janelas]*, que, materialmente falando, consistia apenas em um mapa com uma data e uma lista de locais em São Francisco. Seguindo a fórmula de Steinbeck, as janelas em cada local eram a garrafa, e o que quer que acontecesse por trás delas eram as histórias que "se arrastavam para dentro". O mapa de Coppola dizia:

RESISTA: NÃO FAÇA NADA

Eleanor Coppola designou várias janelas em todas as partes de São Francisco como marcos visuais. Seu propósito neste projeto é chamar a atenção de toda a comunidade para a arte que existe em seu próprio contexto, onde se encontra, sem ser alterada ou removida para uma situação de galeria.[4]

Gosto de pensar nessa obra em contraste com a forma como normalmente vivenciamos a arte pública, que é alguma coisa gigante de aço que parece ter pousado em uma praça vinda do espaço sideral. Coppola, em vez disso, projeta uma moldura sutil sobre toda a cidade, um toque leve, mas significativo, que reconhece a arte que existe onde ela já se encontra.

Um projeto mais recente que atua com inspiração semelhante é o *Applause Encouraged* [*Aplauso encorajado*], de Scott Polach, que aconteceu no Cabrillo National Monument, em San Diego, em 2015. Em um penhasco com vista para o mar, quarenta e cinco minutos antes do pôr do sol, um anfitrião levava os convidados para uma área com cadeiras dobráveis isolada por um cordão vermelho. As pessoas eram conduzidas a seus assentos e avisadas de que não poderiam tirar fotos. Elas assistiam ao pôr do sol e, ao terminar, aplaudiam. Depois disso, eram servidos refrescos a todos.

ESSES PROJETOS CITADOS têm uma coisa importante em comum. Em todos eles o artista cria uma estrutura — seja um mapa ou uma área isolada (ou mesmo um modesto conjunto de prateleiras!) — que mantém um espaço aberto contemplativo contra as pressões do hábito, da familiaridade e da distração que constantemente ameaçam fechá-lo. Essa arquitetura que prende a atenção é algo em que penso com frequência no Rose Garden. Muito diferente dos típicos jardins quadrados e planos com simples fileiras de rosas, este fica em uma colina, com um sistema infinito de ramificações de caminhos e escadas por entre e em volta de rosas, caramanchões e árvores. Eu observei que todo mundo se move muito lentamente e, sim, as pessoas literalmente param e cheiram as rosas. Provavelmente, há uma centena de

CAPÍTULO 1: O CASO DO NADA

maneiras possíveis de perambular pelo jardim, bem como muitos lugares para se sentar. Arquitetonicamente, o Rose Garden quer que você entre e fique um pouco.

Podemos ver esse efeito em ação nos labirintos circulares projetados para nada além do caminhar contemplativo. Os labirintos funcionam de maneira semelhante à sua aparência, permitindo uma espécie intensa de dobras de atenção; por consequência do simples desenho bidimensional, é impossível andar em linha reta, ou ficar parado, só o que se pode fazer é algo exatamente entre uma coisa e outra. Sinto grande atração por esses tipos de espaços — bibliotecas, pequenos museus, jardins, mausoléus —, porque revelam perspectivas secretas e múltiplas, mesmo dentro de uma área bastante pequena.

Mas, é claro, essas dobras de atenção não precisam ser espaciais ou visuais. Para um exemplo auditivo, busco o *deep listening* [escuta profunda], o legado da musicista e compositora Pauline Oliveros. Com formação clássica em composição, Oliveros ensinava música experimental na UC San Diego nos anos 1970. Ela começou a desenvolver técnicas colaborativas — como *performances* nas quais as pessoas ouviam e improvisavam respostas umas às outras e ao som ambiente — como uma forma de trabalhar o som para trazer paz interior em meio a violência e a agitação da Guerra do Vietnã.

O *deep listening* é uma dessas técnicas. Oliveros define a prática como "ouvir de todas as maneiras possíveis tudo o que é possível ouvir, não importa o que você esteja fazendo. Essa escuta intensa inclui os sons da vida diária, da natureza, dos próprios pensamentos, bem como sons musicais".[5] Ela faz distinção entre ouvir e escutar: "Ouvir é o meio físico que permite a percepção. Escutar é dar atenção ao que é percebido tanto acústica quanto psicologicamente".[6] O objetivo e a recompensa da escuta profunda são um senso elevado de receptividade e uma reversão de nosso treinamento cultural corriqueiro, que nos ensina a analisar e julgar rapidamente, e não apenas observar.

Quando conheci o *deep listening*, percebi que já o praticava sem querer há algum tempo — apenas no contexto da observação de pássaros. Na verdade, sempre achei engraçado que aquilo fosse chamado de observação

RESISTA: NÃO FAÇA NADA

de pássaros, porque metade da atividade — se não mais — é audição de pássaros. (Pessoalmente, acho que deveriam só renomear como "percepção de pássaros".) Independentemente de como nos referimos a isso, o que essa prática tem em comum com o *deep listening* é que observar pássaros requer que não se faça nada. A observação de pássaros é o oposto de procurar algo *on-line*. Não se pode realmente procurar por pássaros; não se pode fazer um pássaro sair e se identificar para você. O máximo que podemos fazer é caminhar em silêncio e esperar até ouvir algo e, então, ficar parado sob uma árvore, usando nossos sentidos para descobrir onde ele está e o que ele é.

O que me maravilhou e me fez sentir pequena na observação de pássaros foi a maneira como aumentei minha percepção, que era muito em "baixa resolução". Inicialmente, aumentei apenas minha percepção do canto dos pássaros. Claro que os cantos sempre estiveram lá, mas, agora que eu prestava atenção a eles, percebia que estavam em quase toda parte, o dia todo, o tempo todo. E então, um por um, comecei a aprender cada canto e a associá-lo a determinado pássaro, de modo que agora, quando entro no Rose Garden, inadvertidamente reconheço as cantorias em minha cabeça como se fossem pessoas: "Olá, corvo, pisco-de-peito-ruivo, pardal, chapim, pintassilgo, falcão, sabiá…" e assim por diante. Os sons se tornaram tão familiares que não me esforço mais para identificá-los; eu os registros como se fossem falas. Isso pode soar familiar para qualquer pessoa que já aprendeu outra língua (humana) depois de adulto. A diversificação do que antes eram "sons de pássaros" — e que agora significam algo para mim — é algo que só posso comparar ao momento em que percebi que minha mãe falava três línguas e não duas.

Minha mãe só falava comigo em inglês, e por muito tempo acreditei que, sempre que conversava com outro filipino, usava o tagalo. Eu não tinha nenhum motivo para pensar isso, além de saber que ela falava tagalo e que tudo parecia tagalo para mim. Mas minha mãe só falava tagalo às vezes. Outras vezes, falava ilocano, que é um idioma completamente diferente, específico de sua região natal nas Filipinas. As línguas não são similares, ou seja, uma não é simplesmente um dialeto da outra; são repletas de grupos

CAPÍTULO 1: O CASO DO NADA

linguísticos que, segundo minha mãe, têm muito pouco em comum e seus falantes não são capazes de se entender. O tagalo é apenas um deles.

Esse tipo de descoberta vergonhosa, quando uma coisa na verdade são duas e cada uma dessas duas coisas são na verdade dez coisas, parece ser um simples resultado da duração e da qualidade da atenção dispensada. Com empenho, podemos nos sintonizar com as coisas, ser capazes de captar e, com sorte, diferenciar frequências cada vez sutis.

O MOMENTO DE parar para ouvir tem uma semelhança importante com a qualidade labiríntica da arquitetura que prende nossa atenção: à sua própria maneira, cada um encena algum tipo de interrupção, um afastamento da esfera da familiaridade. Cada vez que vejo ou ouço um pássaro incomum, o tempo para e, mais tarde, me pergunto onde eu estava. Da mesma maneira, vagar por alguma passagem secreta inesperada pode ser como sair do tempo linear. Mesmo que breves, esses lugares e momentos são retiros e, como isolamentos mais longos, modificam nosso olhar sobre a vida cotidiana.

A localização do Rose Garden, construído na década de 1930, foi escolhida especificamente em razão da topografia abaulada do terreno. O espaço parece física e acusticamente fechado, evidentemente alheio a tudo ao seu redor. Sentar-se no Rose Garden, significa, de modo literal, *sentar dentro dele*. Da mesma forma, todos os tipos de labirinto, em virtude de suas formas, atraem nossa atenção para esses pequenos espaços circulares. Quando Rebecca Solnit escreveu em seu livro *Wanderlust* (A história do caminhar) sobre caminhar no labirinto dentro da Grace Cathedral, em São Francisco, ela mal sentiu que estava na cidade: "O circuito foi tão envolvente que perdi de vista as pessoas e quase não ouvia o barulho do tráfego e o badalar das seis horas".[7]

A ideia não é nova e se aplica a longos períodos de tempo. A maioria das pessoas conhece alguém que passou por algum período de "afastamento" que fundamentalmente mudou sua atitude em relação ao mundo. Às vezes, isso é ocasionado por algo terrível, como uma doença ou uma perda, e às vezes é voluntário. Independentemente do motivo, essa pausa no tempo é muitas vezes a única coisa capaz de gerar uma mudança em determinada escala.

Um dos observadores mais famosos, John Muir, teve exatamente essa experiência. Antes de se tornar o naturalista que conhecemos, trabalhou como supervisor (e às vezes inventor) em uma fábrica de vagões de trem. (Suspeito que ele era um homem preocupado com a produtividade, pois uma de suas invenções foi uma escrivaninha que também era despertador e cronômetro, que abria um livro por um determinado período de tempo, fechava-o e depois abria o próximo livro.) Muir já havia desenvolvido um amor pela botânica, mas perdeu temporariamente a visão em um acidente que o fez reavaliar suas prioridades. O acidente o confinou a uma sala escura por seis semanas, durante as quais ele não tinha certeza se voltaria a enxergar.

A edição de 1916 de *The Writings of John Muir* [*Os escritos de John Muir*] é dividida em duas partes, uma antes do acidente e outra depois, cada uma com sua própria introdução por William Frederic Badè. Na segunda introdução, Badè escreve que esse período de reflexão convenceu Muir de que "a vida era muito breve e incerta e o tempo, muito precioso para ser desperdiçado em cintas de metal e serras; que, enquanto ele trabalhava em uma fábrica de vagões, Deus fazia um mundo; e ele decidiu que, se sua visão fosse poupada, dedicaria o resto de sua vida ao estudo desse processo".[8] O próprio Muir disse: "Essa provação me levou aos doces campos".[9]

Acontece que meu pai também passou por seu próprio período de afastamento quando tinha a minha idade e trabalhava como técnico na Bay Area. Ele ficou farto de seu trabalho e percebeu que havia economizado o suficiente para se demitir e viver de economias por um tempo. Esse período durou dois anos. Quando perguntei a ele como passou esses anos, me disse que leu muito, andou de bicicleta, estudou matemática e eletrônica, foi pescar, teve longas conversas com seu amigo e colega de quarto e sentou-se nas colinas, onde aprendeu flauta sozinho. Depois de um tempo, ele disse, percebeu que muito de sua raiva em relação ao trabalho e às circunstâncias externas tinha mais a ver com ele mesmo do que imaginava. Como ele disse: "É só você consigo mesmo e com seus próprios defeitos, então tem de

CAPÍTULO 1: O CASO DO NADA

lidar com isso". Mas aquela época também ensinou ao meu pai sobre criatividade e o estado de receptividade, e talvez até sobre tédio ou o nada que isso requer. Lembro-me de uma palestra de John Cleese (do Monty Python), em 1991, sobre criatividade, na qual dois dos cinco fatores que ele lista são o tempo:

1. Espaço
2. Tempo
3. Tempo
4. Confiança
5. ~~Uma cinturinha fina~~ Humor[10]

E assim, no final desse período de tempo livre, meu pai procurou outro emprego e percebeu que aquele que já tinha era de fato muito bom. Felizmente para ele, foi recebido de volta imediatamente e de braços abertos. Mas, também porque ele descobriu o que era necessário para sua própria criatividade, as coisas não foram exatamente as mesmas na segunda vez. Com energia renovada e uma perspectiva diferente sobre seu trabalho, ele passou de técnico a engenheiro e até hoje já registrou cerca de doze patentes. Agora, ele jura que suas melhores ideias nascem no topo de uma colina, após um longo passeio de bicicleta.

Isso me fez pensar que talvez a granularidade da atenção que alcançamos para o exterior também se estenda ao interior, de modo que, na medida em que os detalhes perceptivos de nosso ambiente se revelam de maneiras surpreendentes, isso também ocorre com nossas próprias complexidades e contradições. Meu pai disse que sair do contexto de confinamento de um trabalho fez com que ele se entendesse não em relação àquele mundo, mas ao mundo como um todo, e, depois disso, as coisas que aconteciam em seu trabalho pareciam apenas uma pequena parte de algo muito maior. Isso me lembra de como John Muir se descreveu não como um naturalista, mas como um "poético-viajante-geólogo-botânico e ornitólogo-naturalista etc. etc." ou de como Pauline Oliveros se descreveu em 1974:

RESISTA: NÃO FAÇA NADA

Pauline Oliveros é um ser humano de duas pernas, fêmea, lésbica, musicista e compositora, entre outras coisas que contribuem para a sua identidade. Ela é ela mesma e mora com sua parceira [...] com diversas aves, cães, gatos, coelhos e caranguejos eremitas tropicais.[11]

Há uma crítica óbvia nisso, originária de um lugar privilegiado. Posso ir ao Rose Garden, olhar para as árvores e me sentar nas colinas quando quiser, pois tenho um trabalho como professora que exige apenas que eu esteja no *campus* dois dias por semana, sem contar todo um conjunto de outros privilégios. Parte da razão pela qual meu pai pôde tirar aquela folga foi que, em algum nível, ele tinha motivos para pensar que poderia conseguir outro emprego. É muito possível entender a prática de não fazer nada apenas como um luxo autoindulgente, o equivalente a tirar um dia de descanso mental, se você tiver a sorte de trabalhar em um lugar que permita isso.

Agora, volto ao "direito de não dizer nada", de Deleuze, e, só porque esse direito é negado a muitas pessoas, isso não o torna menos importante. Já em 1886, décadas antes de ser finalmente um direito conquistado, os trabalhadores nos Estados Unidos pressionavam por uma jornada de trabalho de oito horas: "oito horas de trabalho, oito horas de descanso e oito horas do que quisermos". O famoso gráfico da Federation of Organized Trades and Labor Unions [Federação de Sindicatos e Comércios Organizados] mostra esse lema graficamente com o dia dividido em três partes: uma operária têxtil em seu posto, os pés de uma pessoa dormindo sob um cobertor e um casal sentado em um barco à beira do lago, lendo um jornal de sindicato.

O movimento também tinha sua própria música:

Queremos mudar as coisas;
Estamos cansados de trabalhar por nada,
Mas desprotegidos demais para continuar:
Sem ter tempo para pensar.

CAPÍTULO 1: O CASO DO NADA

Queremos sentir a luz do sol;
Queremos cheirar as flores;
É claro que Deus quer isso
E nós queremos ter oito horas.

Reunimos nossas forças
Do cais, da loja e do moinho:
Oito horas de trabalho, oito de descanso,
E oito para o que nos der vontade![12]

Fiquei impressionada com as coisas associadas à categoria "o que nos der vontade": descanso, pensamento, flores, sol. Essas são coisas corpóreas, humanas, e essa corporeidade é algo a que voltarei. Quando Samuel Gompers, que liderou o grupo que organizou essa manifestação específica do movimento de oito horas, deu um discurso intitulado "O que o trabalho quer?", a resposta à qual ele chegou foi: "Ele quer a terra em toda a sua plenitude".[13] E parece significativo que não sejam oito horas de, digamos, "lazer" ou "educação", mas "oito horas do que desejarmos". Embora lazer ou educação possam estar envolvidos, a maneira mais humana de descrever esse período é recusar-se a defini-lo.

Essa foi uma campanha sobre demarcação de tempo. Portanto, é interessante — e por certo preocupante — entender o declínio dos sindicatos nas últimas décadas, em compasso com um declínio semelhante na demarcação do espaço público. Os verdadeiros espaços públicos, com parques e bibliotecas sendo os exemplos mais óbvios, são lugares para — e, portanto, os alicerces espaciais de — "o que quisermos". Um espaço público, não comercial, não exige nada em troca da entrada, nem para permanecer nele; a diferença mais óbvia entre o espaço público e outros espaços é que não precisamos comprar nada, nem fingir que queremos comprar algo, para estar nele.

Vamos comparar um parque urbano real com um espaço público falso como o Universal CityWalk, na saída do parque temático Universal Studios. Por ser a transição entre o parque temático e a cidade, o CityWalk existe em

RESISTA: NÃO FAÇA NADA

algum lugar híbrido, quase como o cenário de um filme no qual os visitantes podem consumir a suposta diversidade de um ambiente urbano enquanto desfrutam de uma sensação de segurança que resulta de sua homogeneidade inerente. Em um ensaio sobre esses espaços, Eric Holding e Sarah Chaplin chamam o CityWalk de "um 'espaço com *script*' por excelência, ou seja, um espaço que exclui, direciona, supervisiona, constrói e orquestra seu uso".[14] Qualquer um que já tentou aprontar alguma em um espaço público falso sabe que tais espaços não apenas criam ações, eles também as policiam. Em um espaço público, idealmente, somos cidadãos com livre-arbítrio; em um espaço público falso, somos um consumidor ou uma ameaça contra o propósito para o qual foi projetado.

O Rose Garden é um espaço público. É um projeto da Works Progress Administration (WPA)[15] da década de 1930 e, como todos os projetos WPA, foi construído por trabalhadores contratados pelo governo federal durante a Depressão. Toda vez que vejo sua arquitetura austera, me lembro de suas premissas: que esse roseiral, um incrível bem público, saiu de um programa que também era um bem público. Ainda assim, não me surpreendi ao descobrir recentemente que o Rose Garden está em uma área que quase foi transformada em condomínios nos anos 1970. Fiquei chocada, mas não surpresa. Também não fiquei surpresa que tenha sido necessário um esforço concentrado dos residentes locais para revisar o zoneamento da área e evitar que isso acontecesse. É algo que parece estar acontecendo continuamente: os espaços considerados comercialmente improdutivos ficam sempre sob ameaça, pois o que eles "produzem" não pode ser medido, explorado ou identificado com facilidade — apesar de qualquer um da vizinhança ser capaz de explicar o valor imenso que o jardim oferece.

Atualmente, há uma batalha semelhante em andamento, uma colonização do Eu pelas ideias capitalistas de produtividade e eficiência. Pode-se dizer que os parques e as bibliotecas do Eu estão sempre prestes a serem transformados em condomínios. Em *After the Future* [*Depois do futuro*], o teórico marxista Franco "Bifo" Berardi relaciona a derrota dos movimentos trabalhistas na década de 1980 ao surgimento da ideia de que todos deveríamos

CAPÍTULO 1: O CASO DO NADA

ser empresários. No passado, observa ele, o risco econômico era problema do capitalista, do investidor. Hoje, porém, "'somos todos capitalistas' [...] e, portanto, todos temos de correr riscos [...] A ideia essencial é de que devemos considerar a vida como um empreendimento econômico, como uma corrida onde há vencedores e perdedores".[16]

O modo como Berardi descreve o trabalho deve soar tão familiar para alguém que se preocupa com sua marca pessoal quanto para um motorista Uber, um moderador de conteúdo, um *freelancer* obstinado, um aspirante a estrela do YouTube ou um professor que dirige para três *campi* em uma semana:

> Na rede digital global, o trabalho é transformado em pequenas parcelas de energia nervosa captadas pela máquina de recombinação [...]. Os trabalhadores são privados de toda consistência individual. A rigor, os trabalhadores não existem mais. **O tempo deles existe, o tempo deles está presente, permanentemente disponível para conectar** e para produzir em troca de um salário temporário.[17] (grifo da autora)

A privação da segurança econômica para os trabalhadores elimina esses limites — oito horas de trabalho, oito horas de descanso, oito horas à vontade —, de modo que ficamos com vinte e quatro horas potencialmente monetizáveis que nem mesmo estão restritas ao nosso fuso horário ou nossos ciclos de sono.

Em uma situação na qual cada momento acordado é o momento em que ganhamos a vida, e quando submetemos até o nosso lazer à avaliação algorítmica por meio das preferências no Facebook e no Instagram, verificando constantemente nosso desempenho, como se verifica uma ação na bolsa, monitorando o desenvolvimento contínuo de nossa marca pessoal, o tempo se torna um recurso econômico impossível de ser justificado quando gasto com "nada". Não há retorno sobre o investimento pois é, simplesmente, caro demais. É uma confluência cruel de tempo e espaço: assim como perdemos os espaços não comerciais, também vemos o nosso próprio

RESISTA: NÃO FAÇA NADA

tempo e nossas ações como potencialmente comerciais. Assim como o espaço público dá lugar a falsos espaços públicos de consumo ou estranhos parques empresariais privatizados, também nos vendem a ideia de lazer comprometido, um lazer *freemium* muito distante de "o que queremos".

Em 2017, enquanto eu era artista residente no Internet Archive, em São Francisco, passei muito tempo lendo anúncios das edições antigas da *BYTE*, uma revista de computação para amadores dos anos 1980. Entre imagens involuntariamente surreais — um disco rígido conectado a um aplicativo, um homem lutando com seu computador *desktop* ou um mineiro de ouro da Califórnia segurando uma bandeja de *chips* dizendo "Eureka!" —, me deparei com muitos anúncios sobre computadores cujo argumento principal era que eles economizariam seu tempo de trabalho. Meu favorito era um anúncio da NEC, cujo lema era "Chegando ao extremo". O anúncio, intitulado "Power Lunch" (algo como "almoço tunado"), mostrava um homem em sua casa digitando em um computador com um gráfico de barras de valores crescentes na tela. Ele bebia de uma pequena caixa de leite, mas seu sanduíche estava intacto. Parecia mesmo estar levando aquilo ao extremo.

Parte da dor que essa imagem causa é sabermos como a história termina. Sim, ficou mais fácil trabalhar. De qualquer lugar. O tempo todo! Para um exemplo extremo, basta observar o Fiverr, um *site* de microtarefas no qual os usuários vendem vários serviços — basicamente, unidades de seu tempo — por cinco dólares cada. Essas tarefas podem ser qualquer coisa: edição de texto, filmar a si mesmos fazendo algo que o comprador pedir ou fingir ser sua namorada no Facebook. Para mim, o Fiverr é a expressão máxima dos "fractais do tempo e células pulsantes do trabalho" de Franco Berardi.[18]

Em 2017, o Fiverr publicou um anúncio semelhante ao "Power Lunch" da NEC, mas faltava o almoço. Nele, alguém raquítico de vinte e poucos anos encarava a câmera com os olhos vidrados, acompanhado pelo seguinte texto: "Seu almoço é café preto. Você trabalha sem descanso. A privação do sono é sua droga preferida. Você pode ser um realizador". Aqui, até mesmo a ideia de reservar parte do tempo para se alimentar é completamente ridicularizada. Em um artigo da *New Yorker* adequadamente intitulado "The Gig Economy

CAPÍTULO 1: O CASO DO NADA

Celebrates Working Yourself to Death" [A indústria do bico comemora o trabalho até a morte], Jia Tolentino conclui, após ler um *release* de imprensa do Fiverr: "Este é o jargão pelo qual a natureza completamente canibal da economia do bico é revestida de estética. Ninguém quer tomar café no almoço ou entrar em um ciclo de privação de sono — ou atender a uma ligação de um cliente enquanto faz sexo, conforme recomendado no vídeo [promocional do Fiverr]".[19] Quando todo momento é um momento em que poderíamos estar trabalhando, o almoço tunado se torna um estilo de vida poderoso.

Embora esse fenômeno encontre sua expressão mais direta em coisas como os anúncios do Fiverr — de metástase profissional pelo resto da vida —, não está restrito à economia do bico. Aprendi isso durante os poucos anos em que trabalhei no departamento de *marketing* de uma grande marca de roupas. O escritório instituiu algo chamado *Results Only Work Environment* [Ambiente de trabalho exclusivamente voltado a resultados], ou ROWE, que significava abolir a jornada de trabalho de oito horas, permitindo que você trabalhasse a qualquer hora e de qualquer lugar, contanto que o trabalho fosse realizado. Parecia nobre o suficiente, mas havia algo no nome que me incomodava. Afinal, o que é o "E" (*environment*, ou *ambiente)* em ROWE? Quais resultados podiam ser obtidos no escritório, no carro, na loja, em casa após o jantar — todos esses não seriam também "ambientes de trabalho"? Naquela época, em 2011, eu ainda lutava para não ter um telefone com acesso a *e-mails* e, com a introdução desse novo modelo de trabalho, adiei ainda mais essa compra. Eu sabia exatamente o que aconteceria no minuto em que eu comprasse um: a qualquer minuto do dia eu estaria ao alcance de alguém, mesmo que minha coleira agora fosse muito mais longa.

Nossa leitura obrigatória, *Why Work Sucks and How to Fix It: The Results-Only Revolution* (Por que o trabalho é chato e como melhorá-lo: a revolução com foco em resultados), dos criadores do ROWE, parecia bem-intencionada, pois os autores tentaram descrever um abrandamento misericordioso do "ficar em sua cadeira no modelo nove às cinco". Mesmo assim, fiquei perturbada com a forma como os Eus profissionais e não profissionais eram completamente misturados ao longo do texto. Eles escreveram:

RESISTA: NÃO FAÇA NADA

Se você pode ter o seu tempo, o seu emprego e a sua vida e ser uma pessoa, então a pergunta de todos os dias não é "realmente tenho de trabalhar hoje?"; mas sim "como posso contribuir para essa coisa chamada vida? O que posso fazer hoje pelo bem de minha família, minha empresa e de mim mesmo?"[20]

Para mim, "empresa" não pertence a essa frase. Mesmo que você ame seu trabalho! A menos que haja algo especificamente sobre você ou seu trabalho que exija isso, não há nada a ser admirado em estar conectado de modo constante, em ser constante e potencialmente produtivo desde o segundo em que você abre os olhos pela manhã — e, na minha opinião, ninguém deveria aceitar isso, nem agora nem nunca. Nas palavras de Otelo: "Deixe-me um pouco a sós comigo".

Essa conexão ininterrupta — e a dificuldade de manter qualquer tipo de silêncio ou interioridade — já era um problema, mas depois das eleições de 2016 pareceu assumir novas dimensões. Eu percebi que os meios pelos quais cedemos nossas horas e nossos dias eram os mesmos com os quais nos agredimos com informações e desinformações, em um ritmo francamente desumano. Obviamente, a solução não seria parar de ler as notícias, ou mesmo o que outras pessoas tenham a dizer sobre tais notícias, mas poderíamos usar um momento para examinar a relação entre a capacidade de atenção e a velocidade da troca de informações.

Berardi, comparando a Itália moderna com as agitações políticas da década de 1970, diz que o regime atual "não se baseia na repressão à dissidência, nem repousa na imposição do silêncio. Pelo contrário, depende da proliferação da tagarelice, da irrelevância de opiniões e de discursos e de tornar o pensamento, a dissensão e a crítica banais e ridículos". As instâncias da censura, diz ele, "são bastante inócuas quando comparadas ao que é uma imensa sobrecarga de informações e um verdadeiro cerco à atenção, combinados com a ocupação das fontes de informação pelo comando da empresa".[21]

Essa proliferação de tagarelices com *incentivo financeiro* e a velocidade alarmante com que as ondas de histeria agora acontecem *on-line* me horrorizaram

CAPÍTULO 1: O CASO DO NADA

de modo profundo e ofenderam meus sentidos e minha cognição como um ser humano que vive no tempo e em um corpo humanos. A conexão entre o completamente virtual e o totalmente real, como evidenciado por coisas como o Pizzagate, ou os vazamentos e ataques a jornalistas, é profunda e fundamentalmente perturbadora em um nível fenomenológico humano. Sei que nos meses após a eleição muitas pessoas se encontraram procurando por essa coisa chamada "verdade", mas também senti que simplesmente faltava realidade, algo que eu pudesse apontar depois de tudo e dizer: "Isto é verdadeiramente real".

EM MEIO A toda essa angústia e essa ansiedade pós-eleitoral, continuei observando pássaros. Não quaisquer pássaros, nem mesmo uma determinada espécie, mas indivíduos específicos. Primeiro, foram duas garças-reais noturnas de coroa preta que se empoleiravam confiantes do lado de fora de um KFC em meu bairro, quase todo o dia e toda a noite. Para quem nunca viu uma, garças-reais são atarracadas em comparação a outras garças. Certa vez, meu namorado as descreveu como uma mistura de pinguim com Paul Giamatti. Elas têm um estoicismo mal-humorado, pousam curvadas com o longo pescoço todo escondido. Às vezes me refiro afetuosamente a esses pássaros como "os coronéis" (por sua localização) ou "minhas preciosas bolas de futebol" (por sua forma).

Sem pensar muito sobre isso, mudei meu caminho de ônibus de volta para casa para, sempre que possível, passar por elas e apenas me tranquilizar com sua presença. Aqueles pássaros estranhos me faziam sentir reconfortada de um jeito especial ao saber que poderia olhar para o alto, depois do terrível turbilhão do Twitter daquele dia, e que eles provavelmente estariam lá, imóveis com seus formidáveis bicos e seus olhos de raio laser vermelhos. (Na verdade, até os vi sentados ali, no Google Street View de 2011, e não tenho dúvidas de que já estavam lá antes, mas o histórico do Street View só chega até aí.) O KFC fica perto do lago Merritt, um lago artificial criado em uma área toda povoada que, como grande parte da East Bay e da península, costumava

RESISTA: NÃO FAÇA NADA

ser o tipo de pântano que garças e outras aves marinhas adoram. Garças noturnas existem aqui desde antes de Oakland ser uma cidade, remanescentes daquela época mais pantanosa. Saber disso fez com que as garças noturnas do KFC começassem a se parecer como fantasmas para mim, em especial à noite, quando as luzes da rua faziam suas barrigas brancas brilharem lá embaixo.

Uma das razões pelas quais as garças noturnas ainda estão aqui é que, como os corvos, elas não se importam com os humanos, o trânsito ou um ocasional prato de lixo para o jantar. E, de fato, os corvos foram outros aos quais comecei a prestar mais atenção. Eu havia acabado de ler *The Genius of Birds* [*O gênio dos pássaros*], de Jennifer Ackerman, e aprendi que os corvos são incrivelmente inteligentes (seja da maneira como os humanos medem a inteligência, ou de qualquer outra maneira) e capazes de reconhecer e se lembrar de rostos humanos. Eles foram documentados criando e usando ferramentas na natureza. Também conseguem ensinar seus filhos quem são os humanos "bons" e os "maus"— bons sendo aqueles que os alimentam e maus aqueles que tentam capturá-los ou machucá-los de alguma forma. E são capazes de guardar rancor por anos. Vi corvos minha vida toda, mas agora estava curiosa sobre os da minha vizinhança.

Meu apartamento tem uma sacada, então comecei a deixar alguns amendoins lá para eles. Por muito tempo os amendoins ficaram lá e eu me senti uma louca. E então, de vez em quando, eu percebia que um havia sumido, mas não tinha certeza de quem o pegara. Depois, algumas vezes eu via um corvo passar e roubar um, mas ele não parava. E isso continuou por um tempo até que por fim eles começaram a se empoleirar em um fio de telefone próximo. Um deles passou a vir todos os dias na hora do meu café da manhã, sentado exatamente onde eu podia vê-lo da mesa da cozinha. Ele grasnava, me pedindo para levar amendoins até a varanda. Então, um dia ele trouxe o que deduzi ser seu filhote, pois o maior cuidava do menor, que tinha um precário grasnar galináceo. Eu os batizei de Crow e Crowson [Corvo e Filho do Corvo].

Logo descobri que Crow e Crowson preferiam quando eu jogava amendoins da varanda para que dessem sofisticados mergulhos da linha telefônica.

CAPÍTULO 1: O CASO DO NADA

Eles se contorciam, rodopiavam e faziam círculos, enquanto eu os filmava em câmera lenta com a mesma obsessão de um pai orgulhoso. Às vezes, mesmo não querendo mais amendoins, ficavam sentados ali e me encaravam. Uma vez, Crowson me seguiu no meio da rua. Francamente, passei muito tempo os observando, a ponto de me perguntar o que os vizinhos poderiam pensar. Mas, de novo, como com as garças noturnas, achei sua companhia reconfortante, de alguma maneira fora do comum, dadas as circunstâncias. Era agradável saber que esses animais essencialmente selvagens me reconheciam, que eu ocupava um lugar em seu universo e que, embora eu não tivesse ideia do que faziam no resto do dia, eles iriam (e ainda vão) até a minha casa todos os dias — para que às vezes eu acene e os convide para entrar.

De modo inevitável, passei a me perguntar o que esses pássaros veem quando olham para mim. Presumo que apenas vejam um humano que, por algum motivo, presta atenção neles. Eles não sabem qual é o meu trabalho, não enxergam progresso — apenas enxergam a recorrência, dia após dia, semana após semana. E, por meio deles, posso habitar essa perspectiva de me ver como o animal humano que sou, e quando eles voam, até certo ponto, posso habitar essa perspectiva também, percebendo a forma da colina onde moro, as árvores mais altas e os bons locais de pouso. Percebi que alguns corvos vivem metade dentro e metade fora do Rose Garden, até que compreendi que para eles não existe um "roseiral". Para mim, essas insólitas perspectivas animais e nosso mundo em comum me forneceram não apenas uma saída de emergência da ansiedade contemporânea, mas também um lembrete de minha própria animalidade e da natureza animalesca do mundo em que vivo. Seus voos incentivam meus próprios voos de completa fantasia, relembrando uma pergunta que um de meus autores favoritos, David Abram, faz em *Becoming Animal: An Earthly Cosmology* [*Tornando-se animal: uma cosmologia terrena*]: "Será que acreditamos mesmo que a imaginação humana pode se sustentar sem ser afugentada por outras formas de consciência?".[22]

Por mais estranho que pareça, isso explicou minha necessidade de ir ao Rose Garden após a eleição. O que faltava naquela torrente surreal e

RESISTA: NÃO FAÇA NADA

aterrorizante de informações e virtualidade era algum lugar, algum respeito para com o animal humano situado em seu tempo e em um ambiente físico na companhia de outras entidades humanas e não humanas. Acontece que a ancoragem requer uma *base real.* "A realidade sensorial direta", escreve Abram, "em todo o seu mistério sobre-humano, continua a ser a única base sólida para um mundo experiencial agora inundado de paisagens geradas eletronicamente e prazeres projetados; somente em contato regular com o solo e o céu podemos aprender como nos orientar e navegar nas múltiplas dimensões que agora nos cooptam."[23]

Quando entendi esse conceito, me agarrei a ele como a um bote salva-vidas e não soltei mais. *Isto* é real. Seus olhos lendo este texto, suas mãos, sua respiração, a hora do dia, o lugar onde você está lendo — todas essas coisas são reais. Eu também sou real. Eu não sou um avatar, um grupo de preferências ou uma força cognitiva impecável. Eu sou irregular e porosa, sou um animal, às vezes me machuco e fico diferente de um dia para o outro. Eu ouço, vejo e sinto o cheiro de coisas em um mundo onde outros também me ouvem, veem e me cheiram. E é preciso uma pausa para me lembrar disso: uma pausa sem fazer nada, apenas ouvir, para me lembrar no sentido mais profundo *o que* somos, *quando* e *onde* estamos.

Quero deixar claro que não incentivo ninguém a parar completamente de fazer coisas. Na verdade, acho que "fazer nada" — no sentido de recusar a produtividade e parar para ouvir — envolve um processo ativo de escuta que busca os efeitos da injustiça racial, ambiental e econômica e gera mudanças reais. Considero "fazer nada" tanto uma espécie de dispositivo de desprogramação quanto um apoio para aqueles que se sentem desconjuntados demais para agir de maneira significativa. Nesse nível, a prática de fazer nada nos oferece várias ferramentas para resistir à indústria da atenção.

A primeira ferramenta tem a ver com reparo. Em tempos como os nossos, recorrer a períodos e espaços de "fazer nada" é de extrema importância, pois sem eles não temos como pensar, refletir, nos curar ou nos sustentar — individual ou coletivamente. Existe uma espécie de nada que é necessário para, ao final do dia, realizarmos algo. Quando a superestimulação se

CAPÍTULO 1: O CASO DO NADA

torna um fato da vida, sugiro reimaginar o #FOMO[24] como #NOMO,[25] a necessidade de perder, ou, se isso incomoda, #NOSMO, a necessidade de às vezes perder.

Essa é uma função estratégica do nada e, nesse sentido, você poderia arquivar o que eu disse até agora sob o título de autocuidado. Mas, se você fizer isso, faça com que seja "autocuidado" no sentido ativista que Audre Lorde tentou explicar na década de 1980, quando disse que "cuidar de mim mesma não é autoindulgência, é autopreservação, e isso é um ato de guerra política". Essa é uma distinção importante a fazer nos dias de hoje, quando a palavra "autocuidado" é apropriada para fins comerciais e corre o risco de se tornar um clichê. Como Gabrielle Moss, autora de *Glop: Nontoxic, Expensive Ideas That Will Make You Look Ridiculous and Feel Pretentious* (Gosma: ideias atóxicas e caras que farão você parecer ridículo e pretensioso) (um livro que parodia o império de bem-estar caro de Gwyneth Paltrow), assinala: o autocuidado "está prestes a ser apartado dos ativistas e se tornar uma desculpa para comprar um óleo de banho caro".[26]

A segunda ferramenta que o fazer nada oferece é a habilidade aguçada de escuta. Já mencionei o *deep listening*, mas desta vez quero dizer isso no sentido mais amplo de compreensão mútua. Fazer nada é ficar quieto para que você possa perceber o que está realmente ali. Gordon Hempton, um ecologista acústico que registra paisagens sonoras naturais, escreveu: "O silêncio não é a ausência de algo, mas a presença de tudo".[27] Infelizmente, nosso constante envolvimento com a indústria da atenção significa que isso é algo que muitos de nós (eu também) teremos que reaprender. Mesmo colocando o problema da bolha de filtro de lado, as plataformas que usamos para nos comunicar não encorajam a escuta. Em vez disso, elas recompensam gritos e reações simplistas: ter uma "opinião" depois de ler uma simples manchete.

Já me referi ao problema da velocidade, mas esse é também um problema tanto da escuta como dos corpos. Na verdade, há uma conexão entre (1) ouvir em forma de *deep listening*, com sentidos corporais, e (2) ouvir como se eu entendesse a sua perspectiva. Ao escrever sobre a circulação de informações, Berardi faz uma distinção especialmente útil entre o que ele chama de conectividade e sensibilidade. Conectividade é a rápida circulação de informações entre unidades compatíveis — por exemplo, um artigo com evolução de compartilhamentos muito rápida, replicados por pessoas com ideias semelhantes no Facebook, sem uma reflexão prévia. Com a conectividade, somos ou não compatíveis. Vermelho ou azul: faça um xis no espaço indicado. Nessa transmissão de informações, as unidades não mudam, nem as informações.

A sensibilidade, em contraste, envolve um encontro difícil, estranho e ambíguo entre dois corpos de formas diferentes cujas próprias naturezas são ambíguas — e esse encontro (essa sensação) requer tempo e ocorre no tempo. Não apenas isso, mas, devido ao esforço de sentir, as duas entidades podem sair do encontro um pouco diferentes do que entraram. Pensar na sensibilidade me lembra de uma residência artística de um mês da qual participei certa vez com dois outros artistas em um local extremamente remoto em Serra Nevada. Não havia muito o que fazer à noite, então uma das artistas e eu às vezes nos sentávamos no telhado ao pôr do sol. Ela era católica e do Meio-Oeste dos Estados Unidos; e eu sou de uma espécie de ateístas da Califórnia por excelência. Tenho boas lembranças das conversas lânguidas e sinuosas que tivemos lá sobre ciência e religião. O que me impressiona é que nenhuma de nós jamais convenceu a outra — não era esse o objetivo —, mas nos ouvimos, e cada uma saiu diferente, com uma compreensão mais matizada da posição da outra.

Portanto, a conectividade é um compartilhamento ou, inversamente, um gatilho; sensibilidade é conversar diretamente, seja uma conversa agradável, difícil ou ambas. Obviamente, as plataformas digitais favorecem a conectividade, não apenas pelo fato de estarem *on-line*, mas também pelo lucro, pois a diferença entre conectividade e sensibilidade é o tempo, e tempo é dinheiro. Novamente, muito caro.

Conforme o corpo desaparece, também desaparece nossa capacidade de empatia. Berardi sugere uma ligação entre nossos sentidos e nossa capacidade de extrair sentido, nos pedindo para "conjeturar a conexão entre a expansão da infosfera [...] e o desmoronamento da membrana sensorial que permite ao ser humano compreender aquilo que não pode ser verbalizado,

CAPÍTULO 1: O CASO DO NADA

aquilo que não pode ser reduzido a signos codificados".[28] No ambiente das plataformas *on-line*, "aquilo que não pode ser verbalizado" é apresentado como excessivo ou incompatível, embora todo encontro pessoal nos ensine a importância das expressões não verbais do corpo, sem falar na própria presença prática do corpo que está diante de mim.

ALÉM DO AUTOCUIDADO e da capacidade de (realmente) ouvir, a prática de fazer nada tem algo ainda mais amplo a oferecer: um antídoto para a retórica do crescimento. No contexto da saúde e da ecologia, coisas que crescem sem controle costumam ser consideradas parasitas ou cancerosas. Mesmo assim, vivemos em uma cultura que privilegia a novidade e o crescimento sobre o cíclico e o regenerativo. Nossa própria ideia de produtividade tem como premissa a ideia de produzir algo novo, ao mesmo tempo que tendemos a não enxergar a manutenção e o cuidado também como elementos produtivos.

Esta é a hora de mencionar alguns dos outros frequentadores do Rose Garden. Além de Rose, o peru selvagem, e Grayson, o gato (que se senta sobre o seu livro quando você está lendo), é provável que haja alguns voluntários do parque fazendo sua manutenção. Essa presença é um lembrete de que o Rose Garden é bonito, em parte porque é bem cuidado. É um esforço necessário, seja para salvá-lo de se tornar um condomínio ou apenas para garantir que as rosas voltem no próximo ano. Os voluntários fazem um trabalho tão bom que muitas vezes vejo os visitantes do parque se aproximarem para agradecer pelo que estão fazendo.

Quando os vejo arrancando ervas daninhas e desenrolando as mangueiras, muitas vezes penso na artista Mierle Laderman Ukeles. Suas peças mais conhecidas incluem *Washing/Tracks/Maintenance: Outside* (Lavando/Caminhos/Manutenção: Do lado de fora), uma *performance* na qual ela lavou os degraus do Wadsworth Atheneum, e *Touch Sanitation Performance* (Performance do toque em saneamento), na qual passou onze meses cumprimentando e agradecendo aos 8,5 mil vigilantes sanitários da cidade de Nova York, além de entrevistá-los e acompanhá-los. Na verdade, ela é uma artista residente fixa no Departamento de Saneamento da Cidade de Nova York desde 1977.

O interesse de Ukeles em manutenção foi parcialmente motivado por ela não ter se tornado mãe na década de 1960. Em uma entrevista, explicou: "Ser mãe envolve uma enorme quantidade de tarefas repetitivas. Tornei-me uma trabalhadora de manutenção. Me senti completamente abandonada pela minha cultura por não haver uma maneira de incorporá-la a um trabalho sustentável". Em 1969, ela escreveu o "Manifesto for Maintenance Art" (Manifesto pela arte da manutenção), uma proposta de exposição na qual considera a sua própria manutenção como arte. Ela diz: "Vou morar no museu e fazer o mesmo que costumo fazer em casa com meu marido e meu filho, mas durante a exposição [...] minha obra será o trabalho".[29] Seu manifesto começa com uma distinção entre o que ela chama de força da morte e força da vida:

I. IDEIAS

A. O instinto de morte e o instinto de vida:

O instinto de morte: separação, individualidade, *avant-garde par excellence*; seguir seu próprio caminho — fazer suas coisas; mudança dinâmica.

O instinto de vida: unificação; o eterno retorno; a perpetuação e a MANUTENÇÃO das espécies; sistemas e operações de sobrevivência, equilíbrio.[30]

A força vital está preocupada com ciclicidade, cuidado e regeneração; a força de morte soa para mim muito como "romper". Obviamente, um pouco de ambos é necessário, mas um é rotineiramente valorizado, para não dizer masculinizado, enquanto o outro não é reconhecido porque faz parte do "progresso".

CAPÍTULO 1: O CASO DO NADA

Isso me leva a um último e surpreendente aspecto do Rose Garden que notei pela primeira vez na calçada central. No concreto de ambos os lados há uma série de números na casa das dezenas, cada um representando uma década. Dentro de cada década há dez placas com os nomes de várias mulheres. São os nomes das mulheres eleitas Mãe do Ano pelos residentes de Oakland. Para ser a Mãe do Ano, é preciso ter "contribuído para melhorar a qualidade de vida do povo de Oakland — por meio de cuidados domésticos, trabalho, serviços comunitários, esforços voluntários ou uma combinação de todos eles".[31] Em um antigo filme sobre as indústrias de Oakland, descobri o registro de uma cerimônia de Mãe do Ano da década de 1950. Após uma série de *closes* de diferentes rosas, alguém entrega um buquê a uma senhora e a beija na testa. E, durante alguns dias em maio deste ano, notei um número incomum de voluntários no jardim, enfeitando e repintando coisas. Levei algum tempo para perceber que estavam se preparando para a Mãe do Ano de 2017, Malia Luisa Latu Saulala, uma voluntária da igreja local.

Menciono essa celebração das mães no contexto do trabalho que sustenta e mantém, mas não acho que seja necessário ser mãe para experimentar um impulso materno. No final de *Won't You Be My Neighbor?* [*Você quer ser meu vizinho?*], o impressionante documentário de 2018 sobre Fred Rogers (também conhecido como Mister Rogers), aprendemos que em seus discursos de formatura Rogers pedia ao público para sentar-se e pensar em alguém que os ajudou, que acreditava neles e queria o seu bem. Os produtores então pediam aos entrevistados que fizessem a mesma coisa. Pela primeira vez, as vozes que havíamos ouvido na última hora ou mais se silenciam; o filme corta entre diferentes entrevistados, cada um pensando e olhando para o nada. A julgar pela quantidade de fungadas no cinema onde vi esse filme, muitos na plateia também pensavam em suas próprias mães, seus pais, irmãos e amigos. O argumento de Rogers nos discursos de formatura foi renovado: todos nós estamos familiarizados com o fenômeno do cuidado altruísta em pelo menos alguma parte de nossas vidas. Esse fenômeno não é uma exceção; está no cerne do que define a experiência humana.

Pensar em manutenção e cuidados entre parentes também me leva

RESISTA: NÃO FAÇA NADA

de volta a um livro favorito, *A Paradise Built in Hell: The Extraordinary Communities That Arise in Disaster* [*Um paraíso construído no inferno: comunidades extraordinárias que surgem em desastres*], no qual Rebecca Solnit dispensa o mito de que as pessoas ficam desesperadas e egoístas após desastres. Do terremoto de São Francisco de 1906 ao furacão Katrina, ela fornece relatos detalhados dos surpreendentes esforços, da empatia e, às vezes, até do humor que surgem em circunstâncias sombrias. Vários de seus entrevistados relataram sentir uma estranha nostalgia pelo propósito e pela conexão que sentiram para com seus vizinhos imediatamente após um desastre. Solnit sugere que o verdadeiro desastre é a vida cotidiana que nos afasta uns dos outros e de nosso inerente impulso protetor.

E, como minha familiaridade e meu amor pelos corvos cresceram ao longo dos anos, lembro-me de que não precisamos sequer limitar esse senso de parentesco ao reino humano. Em seu ensaio *Anthropocene, Capitalocene, Plantationocene, Chthulucene: Making Kin* [*Antropoceno, Capitaloceno, Plantaçãoceno, Chthuluceno: criando parentesco*], Donna J. Haraway nos lembra que o termo "parentes", em inglês britânico, significava "relações lógicas" até o século 17, quando se tornou "membros da família". Haraway está menos interessada em indivíduos e famílias genealógicas do que em configurações simbióticas de diferentes tipos de seres mantidos por meio da prática do cuidado — o que nos pede para "criar parentes, não bebês!". Citando o trocadilho de Shakespeare entre "parentesco" (*kin*) e "gentil" (*kind*), ela escreve: "Acredito que a ampliação e a recomposição de parentes são permitidas pelo fato de que todos os terráqueos são parentes no sentido mais profundo, e já passou da hora de cuidar melhor de seres unidos por semelhanças (e não de uma espécie de cada vez). *Kin* é uma espécie de palavra composta".[32]

Com tudo isso, o que sugiro é a tomada de uma postura protetora em relação a nós mesmos, uns aos outros e tudo o mais que nos torna humanos — incluindo os laços que nos sustentam e nos surpreendem. Sugiro reservar nossos espaços e nosso tempo para atividades e pensamentos não essenciais e não comerciais, para manutenção, para cuidado e convivência.

CAPÍTULO 1: O CASO DO NADA

E estou sugerindo protegermos ferozmente nossa animalidade humana contra todas as tecnologias que ativamente ignoram e desdenham de nosso corpo, dos corpos de outros seres e do corpo da paisagem em que habitamos. Em *Becoming Animal* [*Tornando-se animal*], Abram escreve que "todas as nossas utopias tecnológicas e nossos sonhos de imortalidade mediados por máquinas podem acender nossas mentes, mas não podem alimentar nossos corpos. Na verdade, a maioria das visões tecnológicas transcendentais de nossa era é motivada por um medo do corpo e de suas inúmeras suscetibilidades, um medo de nossa incorporação carnal em um mundo além do nosso controle — por nosso terror da própria selvageria que nos alimenta e sustenta".[33]

Alguns gostariam de usar a tecnologia para viver mais ou para sempre. De modo irônico, esse desejo ilustra perfeitamente a pulsão de morte em jogo no "Manifesto da arte da manutenção" ("separação, individualidade, vanguardista por excelência; seguir seu próprio caminho — fazer suas próprias vontades; mudança dinâmica").[34] A essas pessoas, proponho humildemente uma maneira muito mais parcimoniosa de viver para sempre: sair da trajetória do tempo produtivo, para que um único momento se abra quase ao infinito. Como John Muir disse: "A vida mais longa é aquela que contém a maior quantidade de prazer que anula o tempo".

Claro, essa solução não é boa para os negócios, nem pode ser considerada particularmente inovadora. Mas, enquanto me sento no profundo recôndito do Rose Garden, rodeada por vários corpos humanos e não humanos, habitando uma realidade entrelaçada por uma miríade de sensibilidades corporais além da minha — na verdade, os próprios limites do meu próprio corpo superados pelo aroma do jasmim e das amoras maduras —, olho para o meu celular e me pergunto se ele não é uma espécie de câmara de privação sensorial. Aquele mundo minúsculo e luminoso de métricas não pode se comparar a isto, que fala comigo na forma de brisa, luz e sombra, e os detalhes indescritíveis e bagunçados do mundo real.

Capítulo 2

O retiro impossível

Muitas pessoas experimentam se afastar da sociedade [...]
Então pensei em me afastar e ver quanto isso me iluminaria.
Mas descobri que não é iluminador. Acho que o
melhor a fazer é encontrar um meio-termo.

— AGNES MARTIN[1]

Se fazer nada exige espaço e tempo longe da paisagem implacável da produtividade, podemos ser tentados a concluir que a resposta é virar as costas para o mundo, temporariamente ou para sempre. Mas essa resposta seria medíocre. Com muita frequência, coisas como retiros de desintoxicação digital são comercializadas como uma espécie de *"hack* da vida" para aumentar nossa produtividade quando voltarmos ao trabalho. O impulso de dizer adeus a tudo, *para sempre*, não nos aliviará de nossa responsabilidade para com o mundo em que vivemos, além de ser quase completamente inviável — e por boas razões.

No verão passado, protagonizei, de modo acidental, meu próprio retiro de desintoxicação digital. Sozinha, fui para Sierra Nevada para trabalhar em um projeto sobre o rio Mokelumne, e a cabana que reservei não tinha sinal de celular nem wi-fi. Como eu não esperava esse cenário, também não havia me preparado: eu não disse às pessoas que ficaria *offline* pelos próximos dias, não respondi a *e-mails* importantes, não baixei músicas. Sozinha na cabana, levei cerca de vinte minutos até me acalmar por ficar desconectada de modo repentino.

Mas, depois daquele breve pânico, fiquei surpresa ao descobrir como parei de me importar quase imediatamente. Não apenas isso, fiquei fascinada com o modo como meu telefone parecia *inerte* como um objeto qual-

CAPÍTULO 2: O RETIRO IMPOSSÍVEL

quer; não era mais um portal para milhares de outros lugares, uma máquina cheia de pavor e potencialidades, ou mesmo um dispositivo de comunicação. Era apenas um retângulo negro de metal, deitado lá tão silencioso e prosaico como um suéter ou um livro. Seu único uso era como lanterna e cronômetro. Com uma nova paz de espírito, trabalhei em meu projeto sem me perturbar com as informações e interrupções que, de outra forma, iluminariam aquela tela minúscula a cada poucos minutos. Por certo, aquilo me deu uma nova e valiosa perspectiva sobre o uso da tecnologia. Mas, por mais romântico que fosse desistir de tudo e viver como um eremita naquela cabana isolada, eu sabia que precisava voltar para casa, onde o mundo me esperava e o verdadeiro trabalho precisava ser realizado.

Essa experiência me fez pensar em Levi Felix, um dos primeiros defensores da desintoxicação digital. A narrativa de Felix é uma história arquetípica não apenas de esgotamento tecnológico, mas de um ocidental "descobrir-se" no Oriente. Em 2008, aos vinte e três anos, Felix trabalhava setenta horas por semana como vice-presidente de uma *startup* em Los Angeles, quando foi hospitalizado por complicações decorrentes de estresse. Tomando isso como um alerta, ele viajou para o Camboja com Brooke Dean, sua namorada e depois esposa; juntos, eles se desconectaram e descobriram a atenção plena e a meditação com um toque budista. No caminho de volta, Felix e Dean notaram que "cada restaurante, cada bar, cada café, cada ônibus, cada metrô estavam cheios de pessoas olhando para suas telas".[2] Compelidos a divulgar a consciência que descobriram em outro continente, abriram o Camp Grounded, um acampamento de verão de desintoxicação digital para adultos em Mendocino, Califórnia.

Felix se preocupava especialmente com as propriedades viciantes da tecnologia cotidiana. Ele não rejeitava a tecnologia por completo, tanto que alegava ser um "*geek*, não um ludita", mas achava que as pessoas poderiam ao menos criar uma relação mais saudável com ela. "Gostaria de ver mais pessoas olhando no rosto de outras em vez de olharem para telas", dizia.[3] Ao chegarem a Camp Grounded, os visitantes passavam por uma "tenda de verificação técnica administrada pelo International Institute of Digital Detoxification

29

RESISTA: NÃO FAÇA NADA

(Instituto Internacional de Desintoxicação Digital)",[4] onde eles declamavam uma promessa, assistiam a um vídeo de cinco minutos com fantoches de meia e entregavam seus celulares aos guias do acampamento vestidos com roupas de contenção. Os telefones eram então selados em sacos plásticos e rotulados como "lixo biológico". Eles concordavam com um conjunto de regras:

- Nada de tecnologia digital
- Nada de fazer contatos
- Nada de celulares, internet ou telas
- Nada de falar do trabalho
- Nada de relógios
- Nada de chefe
- Nada de estresse
- Nada de ansiedade
- Nada de FOMO (medo de perder)[5]

Em vez dessas coisas, os visitantes escolhiam entre cinquenta atividades evidentemente analógicas, como "confecção de brigadeiros supernutritivos, terapia de carinho, fazer conservas, caminhadas com pernas de pau, ioga do riso, escultura solar, coro no *brunch* de pijama, escrita criativa em máquinas de escrever, comédia *stand-up* e arco e flecha". Tudo isso exigiu muito planejamento. Em sua homenagem a Felix, que faleceu em 2017 em decorrência de um câncer no cérebro, Smiley Poswolsky escreveu que "Levi passava horas (literalmente, horas) caminhando com a equipe de produção, à noite, certificando-se de que cada árvore estivesse perfeitamente iluminada para fazer as pessoas sentirem o poder mágico de estar na natureza".[6]

A estética, a filosofia e o humor maluco do acampamento sugerem que a vibração projetada de modo tão meticuloso por Felix foi especificamente derivada do festival Burning Man. E, de fato, Felix era um entusiasta do Burning Man. Poswolsky se lembra com carinho de quando Felix foi convidado para falar ao lado de Dennis Kucinich no IDEATE, um *campus* do Burning Man. Felix aproveitou para evangelizar:

CAPÍTULO 2: O RETIRO IMPOSSÍVEL

Levi tomou um *shot* de tequila e preparou um Bloody Mary. Usando um vestido branco e uma peruca rosa, entrou e falou por 45 minutos sobre a importância de se desconectar da tecnologia, enquanto nosso amigo Ben Madden tocava um sintetizador Casio ao fundo. Eu não saberia dizer exatamente o que Levi disse naquela manhã, pois eu estava viajando, mas me lembro de todos que estavam lá dizerem que foi uma das palestras mais inspiradoras que já ouviram.

Muito tem se falado ultimamente de como o Burning Man não é mais como antes. Na verdade, ele quebrou a maioria das regras que Levi adotou em seu próprio experimento. O festival, que começou como uma fogueira ilegal em Baker Beach, em São Francisco, em 1986, antes de se mudar para o deserto de Black Rock, tornou-se uma atração para a elite tecnológica libertária, algo que Sophie Morris resume bem no título de seu artigo sobre o festival: *"Burning Man: From far-out freak-fest to corporate schmoozing event"* [Burning Man: de festival alternativo dos freaks a evento de balela comercial]. Mark Zuckerberg desceu de helicóptero ao Burning Man 2015 e serviu sanduíches de queijo quente, enquanto outros do alto escalão do Vale do Silício tinham cozinheiros de renome mundial e *yurts*, cabanas circulares tradicionalmente usadas pelos nômades, com ar-condicionado. Morris cita o diretor de comunicações e negócios do festival, que descreve inflexivelmente o Burning Man como "algo como um retiro corporativo. O evento é uma caldeira, uma panela de pressão e, por natureza, um lugar para pensar em novas ideias ou fazer novas conexões".[7]

Embora Felix e Poswolsky fossem *burners* da velha-guarda que desdenhavam de *yurts* corporativas com ar-condicionado, a direção que Camp Grounded estava tomando quando Felix faleceu tinha lá suas semelhanças. Conquanto inicialmente frisasse que o acampamento não era um evento de *networking*, a Digital Detox, proprietária do acampamento, passou a oferecer retiros corporativos para o pessoal do Yelp, da VMWare e do Airbnb. Os representantes da Digital Detox vendiam a essas empresas "recessos",

RESISTA: NÃO FAÇA NADA

"grupos focais" e "cuidados pessoais", pílulas das atividades oferecidas nos acampamentos. Eles ofereciam uma espécie de associação vitalícia — os funcionários poderiam voltar a cada trimestre, mês ou mesmo semanalmente —, praticamente se rebaixando ao nível de mais uma dependência corporativa, como uma academia ou um café. E, embora a palavra *produtivo* não apareça em nenhum lugar do *site* da Digital Detox, pode-se deduzir os tipos de benefício que uma empresa deve esperar de seus produtos:

> Nossa equipe dá às pessoas a liberdade e a permissão necessárias para realmente relaxar e se desconectar, renovando sua inspiração criativa, sua perspectiva e seu crescimento pessoal.
>
> Queremos ajudar sua equipe a desenvolver ferramentas e estratégias para o equilíbrio em seu dia a dia com técnicas de estilo de vida para mantê-los firmes e conectados, mesmo nos momentos de maior estresse ou pressão.[8]

O que é especialmente irônico nisso é que o esgotamento de Felix fez com que ele enxergasse uma verdade básica e profunda. Sua resposta não foi um retiro de final de semana para se tornar um funcionário melhor, mas uma reavaliação total e permanente de suas prioridades — provavelmente semelhante ao que aconteceu com ele em suas viagens. Em outras palavras, a distração digital era uma desgraça não porque tornava as pessoas menos produtivas, mas porque as afastava da única vida que deveriam viver. Poswolsky escreveu sobre sua descoberta inicial: "Acho que também encontramos a resposta para o universo, que é: simplesmente passar mais tempo com seus amigos".

Isso talvez explique por que em certo ponto Felix começou a conjeturar uma fuga do que ele mesmo havia construído — uma fuga permanente. Em seu panegírico, Poswolsky diz que Felix "sonhava em escapar do estresse de dirigir o Camp e se mudar para uma bela fazenda de sequoias, onde pudesse ouvir discos o dia todo com Brooke". Ele também se lembra de que Felix às vezes falava em comprar terras no norte da Califórnia. Ainda mais longe

CAPÍTULO 2: O RETIRO IMPOSSÍVEL

da cidade do que o velho Camp Grounded, esse novo retiro permitiria que eles fizessem o que quisessem, incluindo nada: "Poderíamos apenas relaxar e olhar para as árvores".

O SONHO DE Felix em viver permanentemente em um retiro conota uma reação familiar e amadurecida a uma situação insustentável: sair e buscar um recomeço. Ao contrário dos eremitas das montanhas solitárias do Leste Asiático ou dos Padres do Deserto que vagavam pelas areias do Egito, esse sonho envolve não apenas renunciar à sociedade, mas tentar construir outra com outros, mesmo que em miniatura.

Um dos primeiros exemplos nesse sentido foi a escola-jardim de Epicuro, no século 4 a.C. Epicuro, filho de um professor, era um filósofo que considerava a felicidade e a contemplação lenta como os objetivos mais elevados da vida. Ele também odiava a cidade, onde via apenas oportunismo, corrupção, maquinações políticas e abusos militares — o tipo de lugar no qual Demetrius Poliorcetes, ditador de Atenas, poderia taxar seus cidadãos em centenas de milhares de dólares, ostensivamente, apenas porque sua esposa queria mais sabonete. De forma mais geral, Epicuro observou que as pessoas na sociedade moderna corriam em círculos, sem saber onde sua infelicidade se originava:

> Em todos os lugares encontramos homens que vivem para desejos vazios e não têm interesse na boa vida. Tolos estúpidos são aqueles que nunca estão satisfeitos com o que possuem, mas apenas lamentam o que não podem ter.[9]

Epicuro decidiu comprar um jardim na área rural de Atenas e estabeleceu ali uma escola. Como Félix, ele queria criar um espaço que fosse tanto de fuga como de cura para as pessoas que o visitavam, embora no caso de Epicuro seus visitantes fossem alunos que moravam ali permanentemente. Essa forma de felicidade era chamada de *ataraxia* (livremente, "ausência de

RESISTA: NÃO FAÇA NADA

problemas"), e Epicuro descobriu que o "problema" de uma mente perturbada vinha de uma bagagem mental desnecessária na forma de desejos descontrolados, ambições, ego e medo. O que ele propunha em substituição a tudo isso era simples: basicamente uma contemplação relaxada em uma comunidade longe do centro urbano. "Vivam no anonimato", Epicuro ordenou a seus alunos, que, em vez de se envolverem em assuntos cívicos, cultivavam sua própria comida no Jardim, conversando e teorizando entre as alfaces. Na verdade, Epicuro viveu tanto de acordo com seus próprios ensinamentos que, durante a maior parte de sua vida, ele e sua escola permaneceram, de certo modo, desconhecidos em Atenas. Tudo bem, pois ele acreditava que "a mais pura segurança é aquela que vem de uma vida tranquila e afastada de muitos".[10]

Muito ao contrário do significado moderno do termo *epicurista* — com frequência associado ao hábito autocomplacente de comer em excesso —, o que a escola de Epicuro ensinava era que o homem precisava de muito pouco para ser feliz, contanto que tivesse acesso à razão e à capacidade de limitar seus desejos. Não por acaso isso soa semelhante às ideias de desapego da filosofia oriental. Antes de fundar a escola, Epicuro lera Demócrito e Pirro de Élis, ambos os quais sabidamente tiveram contato com os gimnosofistas, ou "sábios nus", da Índia. Certamente, podem-se ouvir ecos do budismo na prescrição de Epicuro para a alma: "A perturbação da alma não pode ser eliminada, nem a verdadeira alegria criada pela posse de grande riqueza ou pela honra e pelo respeito aos olhos da comunidade ou por qualquer outra coisa que esteja associada a causas de desejo ilimitado".[11]

A escola de Epicuro não buscava apenas libertar os alunos de seus próprios desejos, mas do medo associado a superstições e mitos. Os ensinamentos incorporavam a ciência empírica com o propósito expresso de dissipar ansiedades sobre deuses míticos e monstros que foram pensados para controlar coisas como o clima — ou, nesse caso, a sorte de cada um. Nesse sentido, o objetivo da escola pode ter sido semelhante não apenas ao Camp Grounded, mas a qualquer centro de recuperação de vícios. Ali, os alunos eram "medicados" contra desejos fora de controle, preocupações desnecessárias e crenças irracionais.

CAPÍTULO 2: O RETIRO IMPOSSÍVEL

O jardim de Epicuro era diferente de outras escolas em importantes aspectos. Como apenas o indivíduo era capaz de decidir se havia sido "curado", a atmosfera não era competitiva, e os alunos se autoavaliavam. E, ao mesmo tempo que evitava um tipo específico de comunidade, a escola de Epicuro se esforçava para ser seu oposto: o Jardim era a única escola a admitir estrangeiros, escravos e mulheres (incluindo *hetaera*, ou cortesãs profissionais). A entrada era gratuita. Observando que durante a maior parte da história humana a escolaridade tem sido um privilégio restrito a determinadas classes sociais, Richard W. Hibler escreve:

> Nada era tradicional no Jardim se comparado à maioria das escolas da época. Por exemplo, qualquer pessoa empenhada em aprender como viver uma vida de prazeres refinados era bem-vinda. A irmandade estava aberta a todos os sexos, nacionalidades e raças; os ricos e os pobres sentavam-se lado a lado com "bárbaros", como escravos e estrangeiros. Mulheres que abertamente ostentavam o fato de já terem sido prostitutas reuniam-se com pessoas de todas as idades na busca pela felicidade epicurista.[12]

Isso é ainda mais significativo quando visto que os alunos da escola não procuravam uma educação isolada. Estavam fugindo da cidade, mas não fugiam de outras pessoas — a própria amizade era um assunto de estudo, um requisito para o tipo de felicidade que a escola ensinava.

Epicuro não foi o primeiro nem o último a buscar um refúgio comunitário distante. O programa epicurista — um grupo de pessoas que cultivam vegetais e se concentram em relaxar, com influências vagamente orientais — soa familiar para muitos de nós. Embora experimentos semelhantes tenham sido repetidos muitas vezes ao longo da história, essa escola-jardim lembra muito o movimento comunitário dos anos 1960, quando milhares de pessoas decidiram abandonar o mundo moderno e tentar a vida em campo aberto. Obviamente, a chama desse movimento brilhou mais forte e por menos tempo do que a escola de Epicuro. Mas, em uma época em que muitas

RESISTA: NÃO FAÇA NADA

vezes somos tomados pela necessidade de fugir para as montanhas (as de Santa Cruz, no meu caso) e jogar nosso celular no oceano em San Gregorio — sem ter de fato refletido sobre isso antes —, acho que os diversos destinos das comunidades dos anos 1960 são especialmente instrutivos.

Em primeiro lugar, como versões relativamente recentes desse experimento, essas comunidades exemplificam os problemas da aspiração de uma fuga da mídia e dos efeitos da sociedade capitalista, incluindo o papel do privilégio. Em segundo, mostram como, com facilidade, uma "folha em branco" apolítica e abstrata leva a uma solução tecnocrática na qual seu projeto substitui a política, ironicamente preconizando os sonhos libertários dos magnatas da tecnologia do Vale do Silício. Por fim, seu desejo de romper com a sociedade e a mídia — sentimentos pelos quais tenho simpatia — acaba por me lembrar não apenas da impossibilidade de tal ruptura, mas de minha responsabilidade para com essa mesma sociedade. Esse lembrete abre caminho para uma forma de recusa política que se refugia não no espaço, mas na mente.

SE AS COISAS parecem ruins agora, alguns argumentariam que no final dos anos 1960 estavam piores. Nixon era presidente, a Guerra do Vietnã estava em andamento, Martin Luther King Jr. e Robert Kennedy foram assassinados e estudantes desarmados foram baleados no estado de Kent enquanto se manifestavam. Sinais de devastação ambiental se acumulavam, e projetos de replanejamento urbano e rodoviário em grande escala destruíam a estrutura de bairros étnicos. O tempo todo, a vida adulta bem-sucedida era retratada como uma garagem para dois carros em um subúrbio branco. Para os jovens, tudo isso parecia uma farsa à qual estavam prontos para resistir.

Entre 1965 e 1970, mais de mil grupos comunitários se formaram nos Estados Unidos. O escritor Robert Houriet, que visitou cinquenta desses "experimentos comunitários" entre 1968 e 1970, descreveu o movimento como "a reação instintiva de uma geração" que não viu outra maneira de resistir:

CAPÍTULO 2: O RETIRO IMPOSSÍVEL

Em um país aparentemente entrincheirado em seus próprios interesses, surdo para mudanças e cego para seu próprio perigo, eles disseram "foda-se" e se libertaram. Se as cidades eram inabitáveis e os subúrbios, feitos de plástico, eles precisavam encontrar algum outro lugar para viver. Se o espírito da comunidade e da cultura humanas estava morto na América urbana, eles teriam de criar o seu próprio.[13]

Aqueles que fugiram para as comunidades tinham uma visão particularmente a-histórica. De acordo com Houriet, as comunidades eram um tanto alheias à história dos experimentos utópicos — talvez até mesmo da escola-jardim de Epicuro. Mas isso talvez seja natural a qualquer pessoa que busca com desespero uma ruptura completa com tudo. Houriet escreve que aqueles que fugiram "não tiveram tempo para avaliar os paralelos históricos ou de fato planejar o futuro [...] Foi um voo desesperado". Afinal, não era a década de 1960; era a Era de Aquário, uma cápsula atemporal e uma chance de começar do zero:

Em algum lugar na linha da história, a civilização pegara o caminho errado, um desvio que nos levou a um beco sem saída. Para eles, a única maneira plausível era desistir e voltar ao início, à fonte primordial de consciência, à verdadeira base da cultura: a terra.[14]

Em sua descrição da comunidade de Drop City em um livro com o mesmo nome, um de seus moradores, Peter Rabbit, descreve uma visão geral: "Junte um pouco de comida, compre um pedaço de terra, divida a terra com todos e comece a reconstruir o ambiente econômico, social e estruturas espirituais humanas de baixo para cima". Ele acrescenta, no entanto, que "nenhuma dessas pessoas tinha a menor ideia de que era isso que estavam fazendo [...] Apenas achávamos que estávamos caindo fora".[15]

Algumas das comunidades que Houriet visitou tornaram-se viáveis por alguns anos; outras, das quais tinha ouvido falar, já haviam desaparecido

RESISTA: NÃO FAÇA NADA

quando ele chegou. Em um antigo *resort* em Catskills, Houriet encontrou apenas duas pessoas que já estavam de saída. Em um dos quartos havia sobrado um colchão, uma caixa, o toco de uma vela e algumas bitucas em um cinzeiro. "Eles queimaram todos os móveis e fumaram toda a erva. Na parede, escrito em pincel atômico, estava o autoepitáfio de uma comunidade que nunca foi concretizada: MUDAR SEMPRE".[16]

O que as comunidades tinham em comum era a busca pela "boa vida", uma experiência oposta ao sistema competitivo e exploratório que rejeitaram. No início, alguns se inspiraram na articulação do anarquismo moderno de *Growing Up Absurd: Problems of Youth in the Organized System* (*Crescendo no absurdo: problemas juvenis no sistema organizado*), de Paul Goodman. Nesse livro, Goodman sugere substituir as estruturas capitalistas por uma rede descentralizada de comunidades individualizadas, fazendo uso criterioso de novas tecnologias e sustentando-se com recursos caseiros.

Compreensivelmente, isso acabou sendo muito mais fácil de falar do que de fazer nos Estados Unidos dos anos 1960, e a maioria das comunidades mantinha relações infelizes com o mundo capitalista externo. Afinal, as hipotecas tinham de ser pagas, os filhos tinham de ser educados e a maioria das comunidades não conseguia plantar todos os seus próprios alimentos. Mesmo que estivessem longe da cidade, continuavam na América. Para administrar isso, muitos membros tiveram de continuar trabalhando em empregos normais, e algumas comunidades contavam com ajuda externa. O menu eclético da High Ridge Farm, no Oregon, ilustra essa mistura de receitas. Entre os muitos potes de produtos cultivados no local, Houriet observou alimentos orgânicos caros comprados em lojas e produtos doados pelo Departamento de Agricultura dos Estados Unidos (o "queijo-padrão" era um dos favoritos). Junto com "saladas exóticas de couve-de-bruxelas e couve-rábano", eles tinham "ensopados ou *curry* feitos com perus doados no último dia de Ação de Graças pelo Departamento de Assistência Social".[17]

Por mais que quisessem romper com a sociedade capitalista, os que dela escaparam às vezes carregavam consigo suas influências, como se sofressem de um contágio crônico. Escrevendo sobre uma casa comunal na Filadélfia, em

CAPÍTULO 2: O RETIRO IMPOSSÍVEL

1971, Michael Weiss diz que todos os oito membros do grupo eram "mais ou menos anticapitalistas" e esperavam que a comunidade oferecesse uma alternativa na distribuição igualitária de riqueza. Mas, como alguns dos membros ganhavam muito mais do que outros, concordaram que cada um contribuiria com metade, e não o todo, de seus ganhos para manter a casa. Mesmo assim, Weiss escreve que todas as conversas sobre dinheiro eram marcadas por "atitude defensiva, hipocrisia, inexperiência em compartilhar dinheiro e o medo de abrir mão dos confortos e prazeres em nome da amizade do grupo".[18] Em sua comunidade, a primeira "crise financeira" acabou sendo causada não por escassez, mas pela decepção quando um dos membros mais abastados chegou à casa com um casaco de sessenta dólares. O casaco desencadeou uma longa reunião doméstica sobre consciência de classes, que, como muitas das outras reuniões narradas em *Living Together*, acabou ficando sem solução.

Outros fantasmas do mundo "em ordem" complicaram os sonhos de radicalidade das comunidades. Assim como no movimento *hippie* de onde vieram, os membros das comunidades eram em sua maioria de classe média e com ensino superior — muito distante do corpo estudantil variado de Epicuro. A maioria esmagadora era de brancos. Várias vezes em *Getting Back Together* [*Voltando a ficar juntos*], Houriet menciona conversar com "o único negro" de uma comunidade e descreve uma cena estranhamente tensa entre um membro de Twin Oaks e uma família negra local. O ambiente rural às vezes criava "um ímpeto natural para voltar aos papéis tradicionais: as mulheres ficam dentro de casa, cozinham e cuidam das crianças, enquanto os homens cultivam, cortam madeira e constroem estradas".[19] Em *What the Trees Said: Life on a New Age Farm* [*O que as árvores disseram: a vida em uma fazenda da Nova Era*], Stephen Diamond não faz rodeios: "Nenhum dos homens lavava pratos, e eles raramente cozinhavam".[20] Mudar-se para o campo ou para uma casa comunitária isolada não é como abandonar ideologias já sedimentadas.

Provavelmente, o maior problema enfrentado pelas comunidades foi a ideia de começar do zero. De muitas maneiras, "voltar ao início" significava reviver lutas já desgastadas pelo tempo sobre governança e os direitos do indivíduo, embora em formatos reduzidos. Afinal, havia um potencial

RESISTA: NÃO FAÇA NADA

paradoxo no centro desse grande desafio. Recuo e recusa são os exatos momentos nos quais um indivíduo se distingue da multidão, recusando-se a comprar uma casa e um carro e a se conformar a uma sociedade enfadonha e opressora onde, como diz Diamond, "sempre há algum trabalho esperando por você na Companhia de Mortes em Geral". Mas, para que esses *refuseniks* permanecessem e funcionassem como uma comunidade, era preciso negociar um novo equilíbrio entre indivíduo e grupo. Como Weiss registrou na comunidade da Filadélfia, "as decisões mais desastrosas sempre envolveram conciliar privacidade e comunidade, o indivíduo e a casa"[21] — em outras palavras, os próprios fundamentos da governança.

De modo inevitável, a política surgiu, às vezes como uma convidada indesejada em uma festa doméstica. Em Bryn Athyn, uma comunidade de vida curta perto de Stratford, Vermont, Houriet descreve a apatia geral dos membros quando um deles tentou descobrir os detalhes legais da compra da fazenda. E, quando surgiram conflitos, restou evidente que faltava um processo político:

> As longas reuniões após o jantar foram interrompidas quando alguns membros as rejeitaram como "sessões de lavagem cerebral que deixam as pessoas tristes". Tudo corria bem quando todos faziam amor, diziam alguns. Outros diziam que os conflitos pessoais deviam ser resolvidos por meio da interação natural e espontânea de sentimentos. E, caso não funcionasse, então aqueles que não se sentissem acolhidos que fossem embora.[22]

Na verdade, sair era uma solução comum. Um membro de Twin Oaks chamou a situação de "tirania de todos fazerem suas próprias coisas", da qual haviam escapado uma vez e agora se viam forçados a escapar novamente — desta vez da comunidade. Houriet testemunhou o caso em especial nos primeiros anos das comunidades mais instáveis: "Sempre havia alguém saindo, arrumando sua bolsa, seu violão e dando um beijo de despedida — de volta à busca de uma comunidade verdadeiramente livre".[23]

CAPÍTULO 2: O RETIRO IMPOSSÍVEL

OBVIAMENTE, NÃO ERA apenas a política interna que perturbava as comunidades; eles também estavam fugindo da política nacional e da mídia. A experiência de Michael Weiss, da comunidade que discutiu sobre o casaco, é bastante reveladora. Weiss fora um jornalista do *Baltimore News-American*, onde a cobertura política lhe deu uma visão ainda mais cínica dos políticos. Em 1968, ele percorreu o país com Spiro Agnew durante sua campanha para vice-presidente de Nixon, observando horrorizado "como [Agnew] insidiosamente incentivava o medo de pessoas decentes preocupadas com as questões mundiais".[24] Embora Weiss acreditasse que Agnew fosse um homem de fato perigoso ("um pedante ignorante com sede de poder "), escreveu uma longa análise da campanha na qual se esforçou para permanecer objetivo. A primeira parte do artigo foi publicada antes de ser cancelado e chamado de parcial pelo editor-chefe do jornal, que pertencia a Hearst.

Irremediavelmente desiludido, Weiss pediu demissão. Por meses, ele e dois amigos se esconderam em uma casa que seus pais tinham em Catskills: "Havia mais de um metro de neve, e ao fim do dia sentávamos para observar o sol tornar o céu roxo e laranja acima do lago congelado". Me lembro de minha feliz temporada naquela cabana sem comunicação nas Sierras quando ele acrescenta: "Passei meses sem ler um jornal, depois de anos lendo quatro ou cinco por dia".[25]

Mesmo na New Age Farm, de Stephen Diamond, uma comunidade dissidente do Liberation News Service (Serviço de Libertação da Mídia, ou LNS) — uma organização *underground* radical de Nova York com o propósito evidente de administrar seu próprio serviço de notícias —, o mundo da política parecia cada vez mais distante da fazenda. "[Nós] estávamos cada vez mais longe de tudo, das notícias da resistência a recrutamentos, dos artigos sobre controle de natalidade, de Abbie Hoffman em Chicago, da poesia da 'revolução'."[26] A certa altura, Diamond fantasiou incendiar o celeiro no qual o LNS preparava suas correspondências:

Mas isso os faria parar? Será que o ato de incendiar o prédio ajudaria a reduzir os contrastes e tensões ("as ironias que matam")

RESISTA: NÃO FAÇA NADA

que estavam me deixando louco? Aquilo acabaria com o LNS, com aquela gangorra desequilibrada entre começar do zero, do nada, e a tentativa de se manter "conectado", carregando todo o antigo karma da morte conosco para as colinas — para consequentemente sermos derrotados por ele mesmo.[27]

O problema, segundo Diamond, é que eles escolheram sair. "Simplesmente não tínhamos mais nada a dizer, a não ser, talvez, conseguir um terreno, reunir as pessoas e ver no que daria."

Para aqueles de nós jovens demais para nos lembrar do atoleiro intelectual e moral do final dos anos 1960, essa atitude pode facilmente soar irresponsável ou escapista. Na verdade, a Grécia do século 4 fez quase o mesmo julgamento sobre a escola de Epicuro, cujos alunos evitavam o serviço cívico e optavam por viver à margem. Um dos críticos mais severos da escola foi Epiteto. Como outros estoicos, ele valorizava o dever cívico e achava que os epicuristas precisavam voltar à realidade: "Em nome de Zeus, eu pergunto a você como imaginar um estado epicurista?... As doutrinas são ruins, subversivas ao Estado, destrutivas para a família. Abandone essas doutrinas, homem. Vivemos em um Estado imperial; é seu dever ocupar cargos e ser comedido".[28]

A resposta dos epicuristas pode ter sido semelhante à de Houriet: em primeiro lugar, eles próprios estavam em mutação. Como acusações de egoísmo poderiam ser dirigidas a uma escola que ensinava altruísmo a ponto de se esperar que alguém morresse por um amigo? De forma mais pragmática, para construir o tipo de mundo que Epicuro queria, ele precisava se isolar do mundo vigente. Mas seus críticos não enxergavam isso. Obviamente, os alunos do Jardim sentiam uma profunda responsabilidade para com cada colega, mas a responsabilidade por todos os outros foi deixada de fora. Eles haviam abandonado o mundo.

EM *GETTING BACK TOGETHER*, Houriet distingue duas "etapas" na evolução das comunidades da época. Em face da desorganização e da frustração — cúpulas

CAPÍTULO 2: O RETIRO IMPOSSÍVEL

geodésicas inacabadas, colheitas arruinadas, discussões sobre como criar filhos e "o fenômeno dos potes sem rótulos" —, a atmosfera de otimismo ingênuo acabou cedendo lugar a um ambiente mais rígido e a uma abordagem menos idealista. Esse segundo estágio foi resumido pela visão de uma nova sociedade no romance utópico de 1948, *Walden Two* [*Walden dois*].

Publicado originalmente sem muito alarde, *Walden Two* tornou-se extremamente popular na década de 1960, o suficiente para que alguns o usassem como inspiração para fundar suas próprias comunidades. O livro foi escrito por B. F. Skinner, um psicólogo e cientista comportamental estadunidense famoso pela Caixa de Skinner, na qual um animal de laboratório aprende a pressionar uma alavanca em resposta a estímulos específicos. *Walden Two* parece exatamente o que é: um romance escrito por um cientista. Para Skinner, todo mundo era potencialmente um objeto de estudo e a utopia era um experimento — não político, mas científico.

Em *Walden Two*, um professor de psicologia chamado Burris (o primeiro nome de B. F. Skinner era Burrhus) visita uma comunidade de mil pessoas, estranhamente harmoniosa, fundada por um ex-colega chamado Frazier. Quando ele chega, a cena é bucólica: as pessoas passeiam e fazem piqueniques, organizam apresentações improvisadas de música clássica e sentam-se satisfeitas em cadeiras de balanço. As crianças são fortemente condicionadas desde muito jovens, e toda a comunidade funciona como um experimento de engenharia comportamental. Como resultado, ninguém está infeliz com a vida. O projeto de Frazier, o fundador, era exatamente esse. "Nossos membros sempre fazem praticamente o que querem — o que 'escolherem fazer'", diz Frazier com alegria, "mas cuidamos para que eles queiram fazer precisamente as coisas que são melhores para eles e para a comunidade. Seu comportamento é determinado, mas eles são livres".[29] Os membros não votam, necessariamente; eles vivem de acordo com "o Código", cuja evolução é obscurecida de modo deliberado para seu próprio bem. Dos planejadores e "especialistas", quase anônimos e linguisticamente ocultos na voz passiva, emana todo o poder em *Walden Two*. Por sua vez, eles estão a serviço da abrangente visão de Frazier.

RESISTA: NÃO FAÇA NADA

Na lacuna deixada pela política, a ênfase em *Walden Two* está na estética. Levando Burris para um passeio pelos jardins, Frazier exalta as vantagens de suas xícaras de chá serem mais bem projetadas e mais eficientes. Até mesmo as pessoas são reduzidas a elementos decorativos. A certa altura, Burris observa que todas as mulheres são lindas, e uma mulher que passa — com um penteado e roupas que ele aparentemente acha agradáveis — o faz lembrar de "uma peça de escultura moderna em madeira escura envernizada".[30]

Burris é acompanhado em sua visita por um professor de filosofia chamado Castle, um resmungão que supostamente representa a academia dos veteranos. Quando Castle acusa Frazier de ser um déspota fascista, Frazier não responde com um argumento real, mas com uma imagem pastoral:

> Frazier [...] nos levou de volta ao longo do caminho. Entramos em um dos salões de relaxamento e fomos até as janelas olhar a paisagem pontilhada por grupos de pessoas curtindo o verde frescor do campo.
>
> Frazier ficou em silêncio por cerca de um minuto. Então ele se virou para Castle.
>
> — O que você estava dizendo sobre despotismo, sr. Castle?
>
> Castle foi pego de surpresa e olhou para Frazier com um forte rubor invadindo seu rosto. Ele tentou dizer algo. Seus lábios se abriram, mas as palavras não saíram.[31]

No entanto, para que essa "imagem" persista, cada parte deve ter uma função estática e controlável. Frazier trata disso primeiro condicionando todos os membros de *Walden Two* para que, embora não sejam literalmente estáticos, exibam um comportamento previsível. Nesse aspecto, os membros não são muito diferentes dos "apresentadores" de inteligência artificial da série de TV *Westworld*, que acreditam agir por vontade própria quando na verdade apenas executam uma série de roteiros e *loops* projetados por humanos que eles sequer conhecem.

Além disso, assim como os hospedeiros de *Westworld* são projetados para serem domesticados, mas tecnologicamente superiores aos humanos,

CAPÍTULO 2: O RETIRO IMPOSSÍVEL

Frazier almeja a reprodução eugênica e, portanto, diz que os "inadequados" de *Walden Two* são desencorajados a ter filhos. (De modo presumível, Frazier decide quem é impróprio e para quê.) Os dispositivos semelhantes ao iPad que os engenheiros usam em *Westworld*, com controles deslizantes para qualidades como inteligência e agressão, vêm à mente quando Frazier se gaba de sua própria tecnologia comportamental:

> Dê-me as especificações, e eu lhe darei o homem! O que você diria sobre o controle da motivação, construindo os interesses que tornarão os homens mais produtivos e mais bem-sucedidos? Isso não parece fantástico? No entanto, algumas das técnicas estão disponíveis e outras podem ser trabalhadas de maneira experimental. Pense nas possibilidades![32]

O exemplo de Frazier de uma humanidade mais produtiva não é casual. Como se conduzisse um retiro corporativo de desintoxicação digital, ele é obcecado por produtividade e alega de modo fantástico que a humanidade é apenas 1% produtiva em relação ao que poderia ser.

Memória e alianças horizontais são duas marcas da individualidade. Em *Westworld*, os humanos mantêm a docilidade dos hospedeiros apagando suas memórias de modo periódico, mantendo-os efetivamente presos ao presente. Na verdade, o drama da série se origina quando as aberrações anfitriãs se tornam capazes de acessar memórias de vidas passadas, permitindo-lhes não apenas entender como estão sendo usadas, mas reconhecer antigos parentescos com outros anfitriões que atuam fora de suas narrativas. Não devemos nos surpreender, então, que *Walden Two* proíba os membros de discutir o Código entre si ou que o estudo da história tenha sido totalmente dispensado. De maneira surpreeendente, Frazier diz a Burris que "não podemos fazer uso real da história em nosso enredo atual", e passa um parágrafo inteiro zombando de grandes bibliotecas acadêmicas e dos bibliotecários que armazenam seu "lixo [...] sob o frágil pretexto de que algum dia alguém vai querer estudar a 'história de um pasto'".[33] Em vez disso,

45

a biblioteca de *Walden Two* é pequena e serve apenas para fins de entretenimento. De maneira inacreditável e assustadora, Burris fica "pasmo com a clarividência com que os bibliotecários de *Walden Two* reuniram a maioria dos livros que eu sempre quis ler".[34]

EM UM NOVO prefácio para a edição de 1976, Skinner reflete sobre o motivo de seu livro ter chamado tanta atenção nos anos 1960. Como outros, ele detecta que "[o] mundo começava a enfrentar problemas de uma magnitude completamente nova". Mas os problemas que ele lista são sem dúvida científicos: "exaustão de recursos, poluição do meio ambiente, superpopulação e a possibilidade de um holocausto nuclear" — ele não menciona nem a Guerra do Vietnã nem as lutas pela igualdade racial.[35] Mesmo em 1976, as questões prementes para Skinner não eram a redistribuição do poder ou a correção de injustiças, mas sim problemas técnicos que poderiam ser resolvidos com os mesmos métodos da Caixa de Skinner: "Como induzir as pessoas a usar novas formas de energia, comer grãos em vez de carne e limitar o tamanho de suas famílias; e como os silos atômicos deveriam ser mantidos fora das mãos de líderes insensatos?". Ele propôs evitar totalmente a política e, em vez disso, trabalhar o "planejamento de práticas culturais".[36] Para ele, o final do século 20 foi um exercício de pesquisa e desenvolvimento.

O tipo de fuga que *Walden Two* personifica me lembra uma proposta utópica mais recente. Em 2008, Wayne Gramlich e Patri Friedman fundaram a organização sem fins lucrativos Seasteading Institute, que busca estabelecer comunidades autônomas em águas internacionais. Para Peter Thiel, o libertário investidor do Vale do Silício que apoiou o projeto desde o início, a perspectiva de uma colônia flutuante totalmente nova em um lugar longe da lei parecia muito interessante. Em seu ensaio de 2009, *The Education of a Libertarian* [*A educação de um libertário*], Thiel ecoa a conclusão de Skinner de que o futuro requer uma fuga completa da política. Tendo decidido que "democracia e liberdade são incompatíveis", o gesto de Thiel em direção a outra opção que não seja totalitária é ingênuo ou hipócrita:

CAPÍTULO 2: O RETIRO IMPOSSÍVEL

Como não há lugares verdadeiramente livres em nosso mundo, suspeito que a fuga deva envolver algum processo até então inédito que nos levará a algum país desconhecido; e por essa razão tenho concentrado meus esforços em novas tecnologias que possam criar um novo espaço de liberdade.[37]

Para Thiel, apenas o mar, o espaço sideral e o ciberespaço podem fornecer esse "novo espaço". Como em *Walden Two*, as relações de poder são cuidadosamente omitidas no texto de Thiel, desaparecendo na voz passiva ou associadas a abstrações como planejamento ou tecnologia. Mas não é difícil inferir que o resultado, nesse caso, seria uma ditadura tecnocrática comandada pelo Seasteading Institute. Afinal, as massas não interessam a Thiel, para quem "[o] destino de nosso mundo pode depender do esforço de uma única pessoa que constrói ou propaga a máquina de liberdade que torna o mundo seguro para o capitalismo".

ENQUANTO CONJETURAS DE retiro, tanto o ensaio de Thiel como *Walden Two* quase parecem ter sofrido um processo de engenharia reversa pelo clássico trabalho de Hannah Arendt, *The Human Condition* [*A condição humana*], de 1958, no qual ela diagnostica a velha tentação de substituir o processo político pelo de planejamento. Ao longo da história, ela observa, as pessoas foram movidas pelo desejo de escapar "do acaso e da irresponsabilidade moral inerentes a uma variedade de agentes". Infelizmente, ela conclui, "a marca registrada de todas essas fugas é a regra, ou seja, a noção de que os homens podem viver de maneira legal e política juntos apenas quando alguns têm o direito de comandar e os outros são forçados a obedecer".[38] Arendt atribui essa tentação especificamente a Platão e ao fenômeno do rei-filósofo, que, como Frazier, constrói sua cidade a partir de uma imagem:

Em *A República*, o rei-filósofo aplica as ideias como um artesão aplica suas regras e seus métodos. Ele "constrói" sua cidade como

RESISTA: NÃO FAÇA NADA

um escultor faz uma estátua. Na obra platônica final, essas mesmas ideias chegam a se tornar leis que só precisam ser executadas.[39]

Essa substituição introduz uma divisão entre o especialista/planejador e o leigo/executor, ou "entre aqueles que sabem e não agem e aqueles que agem e não sabem". Essa divisão é evidente em *Walden Two*: o funcionamento do Código é ocultado dos membros, cujo único trabalho é viver o sonho de Frazier. Também é seu trabalho não interferir. Arendt escreve que essas fugas "sempre equivalem a buscar abrigo contra as calamidades da ação em uma atividade na qual um homem, isolado de todos os outros, permanece senhor de suas ações do início ao fim".[40]

A DESCRIÇÃO DE Houriet sobre o que aconteceu com Bryn Athyn, a comunidade que evitava reuniões domésticas, ilustra esse desenvolvimento. Como em muitas comunidades, Bryn Athyn começou graças a uma pessoa rica que simpatizava com a causa. Nesse caso, era um homem chamado Woody Ransom, "herdeiro de uma fortuna corporativa" que recentemente havia descoberto o anarquismo e comprara uma fazenda para ele e sua esposa fazerem um retiro artístico. Quando o casamento fracassou, convidou amigos para iniciar uma comunidade. No início, Ransom se contentou em ficar em segundo plano: "Anarquicamente, ele declarou que a terra e a casa pertenciam à comunidade".[41]

Mas Ransom gastou uma grande soma em equipamentos, impostos e manutenção e por vezes ficou inquieto com a falta de autossuficiência econômica da fazenda. Enquanto o resto das pessoas explorava a cultura comunal e praticava o amor livre, Ransom perseguia com obsessão a ideia de produzir xarope da plantação de bordo da fazenda, comprar livros e equipamentos e estabelecer uma cota de produção de mil litros. Ele queria recuperar o dinheiro investido não por motivos pessoais, mas para provar que uma comunidade economicamente autossuficiente era possível. Quando chegou a época da colheita, porém, os outros membros estavam em um novo plano de existência:

CAPÍTULO 2: O RETIRO IMPOSSÍVEL

Certa manhã, ele amarrou os cavalos para coletar a seiva que pingava rapidamente em baldes espalhados pela propriedade. No entanto, naquele dia, os outros estavam viajando. Quando ele entrou na sede da fazenda em busca de ajuda para a corrida de seiva, Woody encontrou todos amontoados em uma "pilha de amor" no chão. Ele saiu, furioso, e recolheu a seiva sozinho.[42]

O antagonismo cresceu entre Ransom e o resto da comunidade, e ele acabou indo embora.

Depois, no mesmo ano, voltou com seis novos amigos que conheceu na Costa Oeste, determinado a formar uma nova comunidade voltada para o trabalho, inteiramente sob seu comando. Ransom havia desistido do anarquismo em favor da ciência comportamental e queria criar uma *Walden Two* tecnocrática, cuja rigidez seria sua vingativa resposta ao "monte de amor". Quando Houriet o visitou pela segunda vez, encontrou um tirano arendtiano praticando algo "diametralmente oposto à ausência de liderança e governo de Bryn Athyn". Agora, os membros viviam em uma casa moderna com eletrodomésticos normais, trabalhavam oito horas por dia, seis dias por semana e mantinham um horário de visita restrito. A nova ênfase estava na "eficiência mecanizada". Na esperança de recomeçar do zero mais uma vez, Ransom mudou o nome de Bryn Athyn para Fazenda Rock Bottom.[43]

ACONTECE, PORÉM, QUE não há recomeço possível dessa maneira — nem mesmo no mar. Em 2018, dois anos depois que o Seasteading Institute firmou um acordo informal com autoridades da Polinésia Francesa para permitir o desenvolvimento de uma *offshore*, o governo recuou, citando preocupações com o "colonialismo tecnológico". Um documentário sobre os esforços da iniciativa revelou que os polinésios não recebiam muita atenção nos eventos do Seasteading Institute. Em uma descrição que pode até ter agradado Peter Thiel, uma celebridade local de rádio e TV chamou o projeto de um cruzamento entre "gênio visionário" e "megalomania".[44]

RESISTA: NÃO FAÇA NADA

Na verdade, Thiel já havia desistido do Seasteading Institute porque decidira que os planos para nações insulares não eram realistas — surpreendentemente, não em termos políticos. "Eles não são muito viáveis do ponto de vista da engenharia", disse ele ao *The New York Times*.[45] Parece provável, no entanto, que, mesmo que suas ilhas tivessem sido projetadas com perfeição (por um contingente de designers de elite inspirados em Platão, sem dúvida) e aceitas pelos governos existentes, as coisas poderiam facilmente ter se desviado do plano.

Como Arendt observa, parte do que essas fugas da política evitam, de modo específico, é a "imprevisibilidade" de "uma variedade de agentes". É essa pluralidade impossível de ser erradicada das pessoas reais que representa a queda da cidade platônica. Ela escreve que o plano onisciente é incapaz de suportar o peso da realidade, "não tanto a realidade das circunstâncias exteriores, mas das relações humanas reais que não podem ser controladas".[46] Escrevendo sobre *Walden Two*, a professora de psicologia Susan X. Day observa uma ausência artificial de grupos de amigos ou casais entre os personagens da obra, embora esse fenômeno seja tão natural que ocorre em outros grupos de animais e "tem início inevitavelmente na diferenciação entre os indivíduos".[47] O fato de Skinner se digladiar com a pluralidade em seu livro é sugerido não apenas pela implicação de que todos os membros de *Walden Two* são brancos e heteronormativos, mas porque Skinner originalmente tinha um capítulo sobre raça que decidiu suprimir.[48] Aliada à memória (alguém poderia trazer um livro de história clandestinamente?), não é difícil entender como tais diferenças e alianças poderiam desembocar na temida *política*, contaminando assim o experimento científico que é *Walden Two*.

Como a cena bucólica de Frazier, na qual ele responde sem palavras à acusação de fascismo, a "fuga da política" de Thiel nunca passará de uma imagem que existe fora do tempo e da realidade. Chamar a isso de "projeto pacífico", de modo preventivo, afasta o fato de que, independentemente da mais alta tecnologia em uma sociedade, "paz" é uma negociação sem fim entre agentes com livre-arbítrio cujas vontades não podem ser planejadas.

CAPÍTULO 2: O RETIRO IMPOSSÍVEL

A política necessariamente existe até mesmo entre dois indivíduos com livre-arbítrio; qualquer tentativa de reduzir a política a planejamento (a "máquina da liberdade" de Thiel) também é uma tentativa de reduzir as pessoas a máquinas ou seres mecânicos. Então, quando Thiel escreve sobre "novas tecnologias que podem criar um novo espaço para a liberdade", ouço apenas um eco de Frazier: "Seu comportamento é determinado, mas eles são livres".

OBVIAMENTE QUE A distância entre a imagem e a realidade é uma questão endêmica à própria ideia de *utopia*, com utopia significando literalmente "nenhum lugar", em oposição à totalidade do lugar da realidade. Não existe um rompimento evidente ou uma folha em branco neste mundo. E mesmo assim, em meio aos escombros do presente, a fuga nos encanta. Para mim, pelo menos, as histórias das comunas da década de 1960 exercem um fascínio tão grande quanto antes, em especial agora.

Um fascínio similar levou o curador suíço Harald Szeemann a fazer uma exposição incomum em 1983, chamada *Der Hang Zum Gesamtkunstwerk* [*Tendência rumo à arte total*]. Os artistas que ele incluiu nessa exposição em Zurique variavam de muito famosos a obscuros, mas todos com algo em comum: uma fusão total da arte com a vida, às vezes até uma tentativa de viver a própria arte. Ao lado de um modelo em escala do *Monumento à Terceira Internacional* de Vladimir Tatlin, que nunca foi construído, podia-se encontrar um traje do tecnoutópico *Triadisches Ballett*, de Oskar Schlemmer, as teorias espirituais da cor de Wassily Kandinsky, uma partitura de John Cage (para quem "todos os sons são música") ou a documentação do *Palais Idéal*, uma estrutura com milhares de pedras construída manualmente por um carteiro, depois de tropeçar numa delas e decidir que era bonita. As cúpulas e outras obras de arte da comunidade de Drop City não estariam deslocadas nesse evento. Como a mostra foi repleta de reconstruções de coisas nunca construídas e documentações de sonhos efêmeros, a curadoria criava um ar potencialmente melancólico. Sua mistura de inspiração e fracasso ecoava na descrição de Brian Dillon para o *Monumento à Terceira Internacional*, na qual

RESISTA: NÃO FAÇA NADA

a torre "sobrevive como um monumento da mente: metade ruína e metade canteiro de obras, receptora e transmissora de mensagens confusas sobre a modernidade, o comunismo e os sonhos utópicos do século passado".[49]

Szeemann não estava interessado em visões acabadas e totalmente materializadas. Em vez disso, ele se preocupava com a energia gerada pela lacuna entre arte e vida, sustentando que "só se poderia aprender com o modelo da arte enquanto a arte permanecesse o Outro — algo que difere da vida e a transcende, sem ser assimilado por ela".[50] Ele procurava por registros de um impulso que levava a representação ao seu limite máximo. O escritor Hans Müller deu um nome a esse impulso: "Afinal, histórias individuais da totalidade ainda existiam, e, mesmo que nenhuma grande ideia fosse viável, a grande intensidade — o *Hauptstrom*, como Beuys o chamou —, a grande ideia ainda era essencial para energizar a sociedade".[51] *Hauptstrom* se traduz em algo como "corrente principal", no sentido de corrente elétrica. E a palavra *Hang* no título da exposição, *Der Hang Zum Gesamtkunstwerk*, pode ser traduzida como "vício", "inclinação" ou mesmo "declive", implicando uma tendência humana inata de imaginar visões sempre inovadoras e eletrificadas da perfeição.

Não se tratava apenas de desespero, mas também de esperança e inspiração — o *Hauptstrom* — que levaram as pessoas às comunidades, e foi o mesmo *Hauptstrom* que abandonou as histórias, a arquitetura, a arte e as ideias. Essa corrente elétrica, que Szeemann certa vez descreveu como uma "unidade de energia apreendida com alegria, embora pré-freudiana, que não dá a mínima se é expressada ou se pode ser aplicada de forma socialmente negativa, positiva, prejudicial ou útil",[52] se mantém em funcionamento ao longo da história, lançando novas formas cada vez que se manifesta.

Quando olhamos para essas formas agora, ainda podemos ver evidências da centelha inicial. Algumas cenas gloriosas e fantásticas são intercaladas ao longo de *Getting Back Together*, de Houriet: pequenos momentos de utopia onde se pode ver o que eles almejavam, mesmo que não pudessem ser sustentados por muito tempo. Na casa comunitária de Michael Weiss, as coisas pareciam bastante promissoras no final de seu livro. Ele descreve uma cena

CAPÍTULO 2: O RETIRO IMPOSSÍVEL

que soa extremamente epicurista, com membros da comunidade cultivando alimentos dentro e ao redor da casa, fazendo cerveja, germinando sementes da "erva divina" que fumaram no verão anterior ou apenas observando as flores crescerem. Pelo menos, naquele momento, parecia estar funcionando:

> Todas essas criações e evoluções me davam a sensação de que éramos saudáveis e suficientes, que estávamos aprendendo pouco a pouco como escapar do veneno que às vezes parecia vazar pelos poros do rosto avarento de nossa sociedade, em seu ambiente poluído, com sua comida adulterada, sua distorção da linguagem, suas leis discriminatórias, sua brutal busca pela guerra no exterior.[53]

O *Hauptstrom* que ocorre no espaço entre a arte e a vida é útil para entender o legado mais importante e óbvio das comunidades: mesmo que apenas brevemente, elas abriram novas perspectivas sobre a sociedade que haviam abandonado. Alguns dos seus membros eram ativistas e professores, e eles viajavam não apenas para marchas e protestos, mas para dar palestras em escolas. Embora comunidades muito visitadas como Drop City tenham sofrido com a publicidade, elas mostraram aos visitantes um modo de vida diferente, uma opção que antes não existia. As comunidades continuam a ser importantes marcos de dissidência para aqueles de nós ainda em desespero cinquenta anos depois. Em 2017, no Berkeley Art Museum, vi uma incrível pintura giratória de Drop City que se transformava por completo conforme o espectador alterava a velocidade de uma luz estroboscópica. Continuava sempre linda, como uma pergunta igualmente franca sobre o que a arte poderia ser, o que a vida poderia ser.

Até mesmo Epicuro, que evitava multidões e ensinava que não se deve falar em público a menos que seja solicitado, mostrou algum interesse pelo mundo exterior ao usar sua residência como base para a publicação dos escritos da escola. É apenas por esse motivo que, em 2018, alguém (eu) os está lendo em outro jardim. Essa troca faz com que tais experimentos se tornem valiosos para o mundo, como argumentos em um diálogo entre o dentro e o fora, o real e o irrealizado. Ursula K. LeGuin escreve em *The Dispossessed* [*Os despossuídos*], um romance no qual um homem retorna à Terra pela primeira vez vindo de uma colônia anarquista: "O explorador que não volta ou envia suas naves para contar sua história não é um explorador, mas apenas um aventureiro".[54]

Na verdade, entendemos tão instintivamente o valor da perspectiva de um estrangeiro que a história está cheia de pessoas procurando eremitas e sábios em lugares remotos, ávidos pelo conhecimento de uma mente despreocupada com confortos bem conhecidos. Assim como eu preciso de alguém para observar coisas que não consigo enxergar em mim ou em minha escrita, a sociedade dominante precisa da perspectiva de estrangeiros e contemplativos para iluminar problemas e alternativas invisíveis internamente. Essa mesma jornada que leva o peregrino em direção ao sábio o afasta do mundo como ele o conhece.

Na biografia de Atanásio sobre Santo Antônio, um eremita que viveu no deserto egípcio, há a história de dois burocratas do imperador romano que passeiam enquanto o imperador está hipnotizado por um circo. Vagando pelos jardins externos do palácio, os homens encontram a cabana de alguns eremitas pobres e descobrem um livro sobre o exílio de Santo Antônio no deserto. Ao ler, um dos funcionários do imperador tem "sua mente despojada do mundo" e se vira para o outro:

> Diga-me, por favor, o que tentamos realizar com todos esses nossos trabalhos? O que procuramos? Por que estamos em guerra? Devemos depositar mais esperanças no palácio do que na amizade com o imperador? E, quando lá, o que não é frágil e cheio de perigo? [...] E quanto tempo tudo isso vai durar?[55]

Essas perguntas desesperadoras podem soar familiares para qualquer um que forçosamente tenha se ejetado de uma situação opressora apenas para descobrir que suas pretensões são completa e assustadoramente questionáveis. Na verdade, Levi Felix pode ter feito essas perguntas para si

CAPÍTULO 2: O RETIRO IMPOSSÍVEL

mesmo no avião para o Camboja, depois de abandonar seu emprego desumano. Ao menos nessa história, os dois homens decidem abandonar totalmente suas vidas (incluindo suas mulheres!) para se tornarem eremitas como Santo Antônio. Eles não voltarão ao trabalho na segunda-feira. Em qualquer narrativa de fuga, esse é um ponto crucial. Você coloca toda a sua bagagem em uma van, diz "foda-se" e nunca olha para trás? Que tipo de responsabilidade sobrou para com o mundo que foi deixado para trás? E o que você vai fazer? As experiências das comunidades da década de 1960 sugerem que essas não são perguntas fáceis de responder.

HÁ OUTRA HISTÓRIA de um eremita que começa parecida, mas termina de maneira diferente. Alguns dos que viveram nas comunidades talvez conheçam os escritos do monge trapista anarquista Thomas Merton, que morreu em 1968. (Houriet relata ter visto uma passagem de Merton colada na parede da cozinha da Fazenda High Ridge.) Merton era um candidato improvável para a ordem católica: ele trabalhou na revista de humor da faculdade em Columbia, nos anos 1930, e andava com um grupo irreverente e etílico de proto-*beatniks*. Em *The Man in the Sycamore Tree: The Good Times and Hard Life of Thomas Merton* [*O homem na árvore: os bons tempos e a dura vida de Thomas Merton*], o amigo de Merton, Edward Rice, relembra o clima na década de 1930: "[O] mundo está louco, a guerra é iminente, as pessoas perderam sua própria identidade [...] As pessoas estão desistindo [...] O resto de nós está perdido. Lemos *Look Homeward, Angel* [*Olhe na direção de casa, anjo*] e enviamos uns aos outros cartões-postais dizendo: 'Tudo está perdido!'".[56]

Mas, enquanto outros se desesperavam e se embriagavam para esquecer, Merton se concentrava na espiritualidade e na ideia de renunciar ao mundo. "Não estou fisicamente cansado, apenas tenho uma sensação profunda, vaga e indefinida de angústia espiritual, como se uma grande ferida corresse dentro de mim e precisasse ser estancada." Ele se fixou na ideia de se juntar aos trapistas, uma ordem católica de monges que, embora não façam propriamente um voto de silêncio, em geral se resignam a uma vida

RESISTA: NÃO FAÇA NADA

silenciosa e asceta. "Fico cheio de admiração e desejo", escreveu Merton em uma carta. "Volto à ideia de novo e de novo: 'Desista de *tudo*, desista de *tudo!*'."[57]

Merton chegou e foi aceito na Abadia de Gethsemani, no interior do Kentucky, em 1941. Ele desejava tanto a solidão que passou anos pedindo para se tornar um eremita no terreno do mosteiro. Nesse ínterim, entre suas obrigações, encontrou tempo para manter um diário que viraria um livro. Em 1948, no mesmo ano em que foi ordenado monge, publicou a autobiografia *The Seven Storey Mountain* [*A montanha dos sete patamares*], que, além de narrar sua ida para o mosteiro, era uma personificação do *contemptus mundi* — a rejeição espiritual ao mundo. Continha, como Rice descreve, a "evocação de um jovem em uma época em que a alma da humanidade havia sido dissecada como nunca antes, durante a depressão, a agitação mundial e a ascensão do comunismo e do fascismo, quando a Europa e a América pareciam destinadas à guerra em uma escala brutal e inimaginável". O livro vendeu dezenas de milhares de exemplares poucos meses após sua publicação e só foi excluído da lista dos mais vendidos do *The New York Times* por ser considerado um livro religioso. Chegou a vender vários milhões de exemplares.[58]

Apenas três anos após sua publicação, Merton escreveu a Rice rejeitando o livro: "Tornei-me muito diferente do que costumava ser [...] *The Seven Storey Mountain* é a obra de um homem que nem sequer conheço". Tinha a ver, disse ele, com uma epifania que teve enquanto acompanhava um colega clérigo em uma viagem a Louisville:

> Em Louisville, na esquina da Fourth com a Walnut, no centro do distrito comercial, fiquei subitamente surpreso ao perceber que amava todas aquelas pessoas, que elas eram minhas e eu delas, que não deveríamos parecer estranhos uns aos outros, embora totalmente desconhecidos. Foi como acordar de um sonho de separação, de autoisolamento espúrio em um mundo especial, o mundo da renúncia e da suposta santidade.[59]

CAPÍTULO 2: O RETIRO IMPOSSÍVEL

Desse episódio até o fim de sua vida, Merton publicaria uma série de livros, ensaios e resenhas que não apenas comentavam sobre questões sociais (em particular a Guerra do Vietnã, os efeitos do racismo e do capitalismo imperialista), mas também criticavam a Igreja Católica por desistir do mundo e recuar para o abstrato. Em suma, ele participou.

Em um desses livros, *Contemplation in a World of Action* [*Contemplação num mundo de ação*], Merton reflete sobre a relação entre a contemplação do espiritual e a participação no mundano, duas coisas que a Igreja há muito articulava como opostas. Ele descobriu que estavam longe de ser mutuamente exclusivas. A remoção e a contemplação eram necessárias para poder enxergar o que estava acontecendo, mas essa mesma contemplação sempre traria de volta a sua responsabilidade para com o mundo e no mundo. Para Merton, não havia dúvida se participaria ou não, apenas não sabia como:

> Se não tenho escolha sobre a época em que vivo, não obstante tenho a escolha sobre qual atitude tomar e sobre a forma e a extensão de minha participação em seus eventos em curso. Escolher o mundo é [...] aceitar uma tarefa e uma vocação neste mundo, em sua história e em seu tempo. No meu tempo, que é o presente.[60]

Essa questão — de "como" *versus* "se" — tem a ver com a indústria da atenção, na medida em que apresenta uma atitude útil em relação ao desespero, o próprio objeto da indústria da atenção. Isso também me ajuda a distinguir do que realmente estou com vontade de fugir. Já escrevi que o "fazer nada" é mais do que um retiro de final de semana. Mas isso não significa que proponho um retiro permanente. Compreender a impossibilidade de uma saída definitiva — para a maioria de nós, pelo menos — prepara o terreno para um tipo diferente de recuo, ou recusa no lugar, que desenvolverei no próximo capítulo.

Aqui está minha escolha de fuga. Para mim, uma das formas mais preocupantes de usar as mídias sociais nos últimos anos é fomentar ondas de histeria e medo, tanto pela mídia de notícias quanto pelos próprios usuários.

RESISTA: NÃO FAÇA NADA

Levadas a um estado de frenesi permanente, as pessoas criam e se submetem aos ciclos de notícias, reclamando da ansiedade ao mesmo tempo que retornam com cada vez mais atenção. A lógica da publicidade e dos cliques dita a experiência da mídia, que é exploradora por natureza. As empresas de mídia que tentam acompanhar umas às outras criam uma espécie de "corrida armamentista" da urgência que abusa de nossa atenção e não nos deixa tempo para pensar. O resultado é algo parecido com as táticas de privação de sono que os militares usam com seus prisioneiros, mas em uma escala maior. Nos anos 2017 e 2018 ouvi um número imenso de pessoas dizer: "A cada dia há um fato novo".

Mas a tempestade é criada em conjunto. Depois da eleição, também vi muitos conhecidos entrando na confusão, despejando longas diatribes *on-line*, emocionadas, escritas apressadamente e que de modo inevitável chamaram muita atenção. Não sou uma exceção; minha postagem no Facebook mais curtida de todos os tempos foi um desabafo anti-Trump. Na minha opinião, esse tipo de expressão hiperacelerada nas redes sociais não é exatamente útil (sem mencionar o enorme valor que ela produz para o Facebook). Não é uma forma de comunicação impulsionada pela reflexão ou pela razão, mas sim uma reação impulsionada pelo medo e pela raiva. Obviamente, esses sentimentos são justificados, mas sua expressão nas redes sociais muitas vezes parece fogos de artifício disparando outros fogos de artifício em uma sala muito pequena que logo se enche de fumaça. Nossas expressões desesperadas e sem foco nessas plataformas não nos ajudam muito, mas são extremamente lucrativas para anunciantes e agências de mídias sociais, pois o que move a máquina não é o conteúdo da informação, mas sua taxa de engajamento. Enquanto isso, as agências de mídia continuam produzindo conteúdo deliberadamente incendiário, e ficamos tão indignados com suas manchetes que nem podemos considerar a opção de não ler ou não compartilhar.

Nesse contexto, a necessidade de se afastar periodicamente é mais óbvia do que nunca. Como os executivos que se afastaram de seus empregos, precisamos de fato de distância e tempo para poder enxergar os mecanismos

58

CAPÍTULO 2: O RETIRO IMPOSSÍVEL

aos quais nos submetemos sem pensar. Mais do que isso, como argumentei até agora, precisamos de distância e tempo para sermos funcionais o suficiente para fazer ou pensar algo significativo. William Deresiewicz fala sobre isso em "Solitude and Leadership" [Solidão e liderança], um discurso para uma plateia de estudantes universitários feito em 2010. Por gastar muito tempo nas redes sociais e acorrentado ao ciclo de notícias, ele diz: "[Você] está sendo marinado na sabedoria convencional. Na realidade de outras pessoas: para os outros, não para você. Você está criando uma cacofonia na qual é impossível ouvir sua própria voz, quer esteja falando de você mesmo ou de qualquer outra coisa".[61]

Dada a realidade atual de meu ambiente digital, distância para mim em geral significa coisas como fazer uma caminhada ou mesmo uma viagem, ficar fora da internet ou tentar não ler as notícias por algum tempo. Mas o problema é: não posso ficar lá para sempre, nem física nem mentalmente. Por mais que eu queira viver na floresta onde meu telefone não funciona, ou evitar jornais como Michael Weiss em sua cabana em Catskills, ou devotar minha vida contemplando batatas no jardim de Epicuro, a renúncia total seria um erro. A história das comunidades me ensina que não há como escapar da trama política do mundo (a menos que você seja Peter Thiel e tenha acesso ao espaço sideral). O mundo precisa da minha participação mais do que nunca. Novamente, não é uma questão de saber *se*, mas *como*.

Pensando nessa responsabilidade inevitável, lembro-me de uma estadia mais recente em uma cabana na montanha. Dessa vez, foi nas montanhas de Santa Cruz, e eu tentava me concentrar especificamente em escrever este livro. Mas, em minhas caminhadas vagarosas por entre as sequoias, percebi que a luz filtrada pelas árvores era vermelha à tarde. Isso porque as montanhas ao norte, como tantas outras da Califórnia, estavam em chamas — parte de mais uma devastadora temporada de incêndios exacerbada pelas mudanças climáticas, secas e má gestão ecológica. No dia em que saí, um incêndio começou no sopé perto da casa dos meus pais.

Alguma reação híbrida é necessária. Temos que saber fazer as duas coisas: contemplar e participar, sair e sempre voltar onde somos necessários.

RESISTA: NÃO FAÇA NADA

Em *Contemplation in a World of Action* [*Contemplação em um mundo de ação*], Merton apresenta a possibilidade de realizarmos esses movimentos exclusivamente dentro de nossas próprias mentes. Seguindo essa orientação, vou sugerir algo mais no lugar do retiro ou do exílio. É uma disjunção simples que chamarei de "estar à parte".

Estar à parte é ver quem está de fora sem sair, sempre orientado para o que você teria deixado. Não significa fugir do inimigo, mas conhecê-lo, e ele não é o mundo — *contemptus mundi* —, mas os canais pelos quais você o acessa no cotidiano. Também significa dar a si mesmo a pausa crítica que os ciclos da mídia e as narrativas não darão, permitindo-se acreditar em um outro mundo enquanto vive neste. Ao contrário da tábula rasa libertária que apela para o espaço sideral, ou mesmo das comunidades que buscaram romper com o tempo histórico, esse "outro mundo" não é uma rejeição daquele em que vivemos. Pelo contrário, é uma imagem perfeita deste mundo quando a justiça for cumprida com e para todos e tudo o que já está aqui. Estar à parte é olhar o mundo (o agora) do ponto de vista do mundo como ele poderia ser (o futuro), com toda a esperança e toda a contemplação dolorosa que isso acarreta.

Tanto à parte quanto como responsáveis para com o presente, podemos nos permitir sentir um toque de uma boa vida epicurista, livre de "mitos e superstições" como racismo, sexismo, homofobia, transfobia, xenofobia, negação da mudança climática e outros medos sem base na realidade. Não é um exercício inútil. Como a indústria da atenção trabalha para nos manter presos em um presente assustador, torna-se mais importante não apenas reconhecer as versões anteriores de nossa situação, mas reter a capacidade de imaginação — de alguma forma isenta de decepção.

Mas, o mais importante, ficar à parte representa o momento em que o desejo desesperado de partir (para sempre!) amadurece na forma de um compromisso de viver em recusa permanente, onde já se está, e de encontrar os outros no espaço em comum dessa recusa. Esse tipo de resistência ainda se manifesta como participante, mas participando da "maneira errada": uma forma que mina a autoridade do jogo hegemônico e cria possibilidades fora dele.

Capítulo 3

Anatomia de uma recusa

De: X

Enviado em: 27 de fevereiro de 2008, 00h16

Para: Z, Y

Assunto: *trainee* em marketing

Importância: Alta

Oi,

Como já comentei com Z, há uma pessoa sentada na janela da biblioteca com o olhar perdido...

Mulher, cabelo bem curto, disse que é *trainee* do marketing quando perguntaram.

Ficou sentada na frente de uma mesa vazia desde as 10h30, depois foi almoçar...[1]

Em 2008, os funcionários do escritório de contabilidade Deloitte ficaram incomodados com o comportamento de uma nova contratada. Em meio a um agitado ambiente de trabalho, ela parecia não estar fazendo nada além de ficar sentada diante de uma mesa vazia e olhar para o nada. Sempre que alguém perguntava o que estava fazendo, respondia que estava "fazendo um trabalho mental" ou "trabalhando em [sua] tese". Então ela passou um dia subindo e descendo os elevadores sem parar. Quando uma colega de trabalho a abordou e perguntou se estava "pensando de novo", respondeu: "É bom ver as coisas de uma perspectiva diferente".[2] Os funcionários ficaram inquietos. *E-mails* urgentes foram trocados entre os departamentos.

Acontece que a equipe involuntariamente participava de uma *performance* chamada The Trainee [A trainee]. A funcionária silenciosa era

RESISTA: NÃO FAÇA NADA

Pilvi Takala, uma artista finlandesa conhecida por vídeos nos quais silenciosamente ameaça normas sociais com ações simples. Em uma delas, chamada *Bag Lady* [*Mulher da sacola*], por exemplo, passou dias vagando por um shopping em Berlim com uma sacola de plástico transparente cheia de notas de euro. Christy Lange descreve a *performance* na *Frieze*: "Embora essa óbvia demonstração de riqueza devesse ter feito dela a 'cliente perfeita', ela apenas despertou suspeita nos seguranças e desdém nos lojistas. Outros lhe ofereceram uma sacola mais discreta para o seu dinheiro".[3]

The Trainee condensou o método de Takala. Conforme observado por uma escritora da Pumphouse Gallery, que exibiu seu trabalho em 2017, não há nada de muito incomum na noção de não trabalhar enquanto se está no trabalho; as pessoas geralmente estão no Facebook em seus celulares ou procuram outras distrações durante o expediente. Foi a imagem de total inatividade que irritou os colegas de Takala. "Parecer não estar fazendo nada é visto como uma ameaça ao funcionamento geral da empresa e cria a sensação de incerteza", escreveram eles, acrescentando com solenidade: "O potencial do nada é tudo".[4]

OLHANDO PARA *THE TRAINEE*, fica claro que as reações dos outros são o que torna tais atos engraçados e muitas vezes lendários. Parar ou se recusar a fazer algo só desperta essa sensação se todos os outros estiverem fazendo o que se espera sem permitirem que alguém se desvie disso. Uma calçada lotada é um bom exemplo: espera-se que todos continuem andando. Tom Green provocou essa convenção quando interpretou "The Dead Guy" ["o Cara Morto"] em seu programa na TV pública do Canadá, na década de 1990. Reduzindo sua caminhada até parar, ele cuidadosamente se abaixou e se deitou de bruços por um bom tempo. Depois que uma multidão se reuniu, ele se levantou, olhou em volta e se afastou despreocupadamente.[5]

Quanto mais alarmada a multidão na calçada ficava, mais a audiência se deleitava com a atuação prolongada de Green. Da mesma forma, Takala pode ser lembrada de maneira confusa até por aqueles que enviaram os

CAPÍTULO 3: ANATOMIA DE UMA RECUSA

e-mails frenéticos, assim como a funcionária que fez o (mais) inesperado. De maneira geral, essas recusas podem significar a capacidade individual de ação autodirigida contra o fluxo em questão; no mínimo, interrompem a monotonia do dia a dia. Dentro de ciclos de comportamento inquestionáveis, essas recusas produzem ramificações bizarras que permanecem na memória. Na verdade, algumas recusas são tão notáveis a ponto de ser lembradas muitos séculos depois.

É o caso de Diógenes de Sinope, o filósofo cínico que viveu na Atenas do século 4 e depois em Corinto. Muitas pessoas o conhecem como "o homem que vivia em um barril", desprezando todos os bens materiais, exceto um pedaço de pau e uma capa esfarrapada. O ato mais notório de Diógenes foi vagar pelas ruas da cidade com uma lanterna, em busca de um homem honesto. Nas pinturas, em geral ele é mostrado com sua lanterna, emburrado dentro de uma banheira redonda de terracota, enquanto a vida da cidade flui ao seu redor. Há também pinturas da época em que ele insultou Alexandre, o Grande, que fez questão de visitar o famoso filósofo. Ao encontrar Diógenes relaxando ao sol, Alexandre expressou sua admiração e perguntou se havia algo de que Diógenes precisava. Diógenes respondeu: "Sim, que não bloqueie minha luz".[6]

A descrição de Diógenes por Platão, "um Sócrates que enlouqueceu", não era exagerada. Enquanto estava em Atenas, Diógenes esteve sob a influência de Antístenes, um discípulo de Sócrates. Ele foi, portanto, o herdeiro de uma evolução do pensamento grego que valorizava a capacidade de raciocínio individual em detrimento da hipocrisia das tradições e dos costumes, mesmo — e especialmente — que fossem comuns. Mas uma das diferenças entre Sócrates e Diógenes era que Sócrates privilegiava a conversa enquanto Diógenes praticava algo mais próximo da arte performática. Ele vivia suas convicções de maneira aberta e fazia o possível para tirar as pessoas de sua letargia habitual, usando uma forma de filosofia que era praticamente cômica.

Isso significava fazer sempre o oposto do que as pessoas esperavam. Como Chuang-Tzu antes dele, Diógenes pensava que toda pessoa "sã" era na verdade louca por seguir qualquer dos costumes que defendessem um

RESISTA: NÃO FAÇA NADA

mundo ganancioso, corrupto e ignorante. Exibindo algo como uma estética reversa, ele andava de costas pela rua e entrava no teatro apenas quando as pessoas estavam saindo. Questionado sobre como gostaria de ser enterrado, ele respondeu: "De cabeça para baixo. Pois logo o que está embaixo ficará no alto".[7] Nesse ínterim, ele rolava sobre a areia quente do verão e abraçava estátuas cobertas de neve.[8] Avesso às abstrações e à educação que preparavam os jovens para carreiras em um mundo doente, em vez de ensiná-los a como viver bem, uma vez ele foi visto colando as páginas de um livro durante uma tarde inteira.[9] Enquanto muitos filósofos eram ascetas, Diógenes criou uma *performance* até sobre isso. Certa vez, ao ver uma criança bebendo água com as mãos, Diógenes jogou fora seu copo e disse: "Uma criança me venceu na simplicidade da vida". Em outra ocasião, ele falou de sua admiração a um rato por sua vida econômica.[10]

Quando Diógenes se conformou, ele o fez ironicamente, empregando o que os artistas conceituais do século 20, os Yes Men, chamaram de "superidentificação". Nesse caso, a recusa é (vagamente) mascarada como conformidade dissimulada:

> Quando os coríntios receberam a notícia de que Filipe e os macedônios se aproximavam da cidade, toda a população ficou imersa em uma imensidão de atividades, alguns preparavam suas armas, transportavam pedras, reforçavam fortificações e ameias, todos se mostravam úteis para a proteção da cidade. Diógenes, que nada tinha para fazer e a quem ninguém estava disposto a pedir nada, assim que percebeu o alvoroço à sua volta passou imediatamente a empurrar seu barril para cima e para baixo no Craneum, com toda a sua energia. Quando questionado, sua resposta foi: "Apenas para parecer tão ocupado quanto vocês".[11]

De diversas maneiras as ações de Diógenes foram precursoras da arte performática, e isso não passou despercebido pelo mundo da arte contemporânea. Em uma edição de 1984 da *Artforum*, Thomas McEvilley apresentou algumas

CAPÍTULO 3: ANATOMIA DE UMA RECUSA

das melhores "obras" de Diógenes em "Diógenes de Sinope (c. 410-c. 320 a.C.): *performances* selecionadas". Organizados nesse contexto, seus atos parecem mesmo parentes das excêntricas obras de Dada e Fluxus do século 20.

McEvilley, como tantos outros ao longo da história, admira a coragem de Diógenes quando se trata de desrespeitar costumes tão habituais que nem sequer são comentados. Ele escreve: "O tema geral [de Diógenes] era a reversão completa e imediata de todos os valores mais comuns, com base no fato de que são forças automatizadoras que mais obscurecem a vida do que a revelam".[12] Quando McEvilley diz que as ações de Diógenes "[trespassam] as rachaduras da psicologia comunitária" e "revelam uma dimensão de possibilidades ocultas que ele pensava poderem constituir liberdade pessoal", é fácil pensar não apenas na facilidade com que Pilvi Takala perturbou seus colegas na Deloitte, mas em todas as pessoas que, ao recusar ou subverter um costume tácito, revelam contornos tradicionais muitas vezes frágeis. Por um momento, o costume se apresenta não como um horizonte de possibilidades, mas como uma ilhota em um mar de alternativas inexploradas.

MUITAS HISTÓRIAS SOBRE Diógenes podem ser apócrifas. Como Luis E. Navia escreve em *Diogenes of Sinope: The Man in the Tub* [*Diógenes, o cínico*], sua atitude de "cão" intransigente que "se ergueu com orgulho para ser a negação viva de seu mundo" deve ter inspirado um grande número de histórias com vários níveis de embelezamento. Até hoje, embora tenha seus críticos, Diógenes é frequentemente saudado como herói. Para Foucault, ele foi o modelo do filósofo que fala com franqueza;[13] para Nietzsche, foi a origem da abordagem cínica por trás de qualquer filosofia genuína.[14]

No século 18, Jean-Baptiste le Rond d'Alembert escreveu que "toda época [...] precisa de um Diógenes".[15] Eu concordo. Precisamos de um Diógenes não apenas para nos entreter ou nos mostrar que existem alternativas, mas porque histórias como a dele contribuem para nosso repertório de recusas mesmo depois de tantos séculos. Quando ouvimos sobre Diógenes dispensando Alexandre, o Grande, é difícil não rir e pensar: "Caralho, que

RESISTA: NÃO FAÇA NADA

foda!". Embora a maioria das pessoas provavelmente não fosse fazer algo tão extremo, a história apresenta um lugar para o nosso desejo de fazê-lo.

Mas, além de mostrar que a recusa é possível — destacando as "rachaduras" do cotidiano —, Diógenes também tem muito a nos ensinar sobre *como* recusar. É importante notar que, diante da implacável hipocrisia da sociedade, Diógenes não fugiu para as montanhas (como alguns filósofos) nem se matou (também como fizeram outros filósofos). Em outras palavras, ele nem assimilou nem abandonou totalmente a sociedade: viveu no meio disso tudo em um estado de recusa permanente. Como Navia descreve, ele sentiu que era seu dever ser uma recusa viva em um mundo às avessas:

> [Diógenes] optou por permanecer no mundo com o propósito expresso de desafiar seus costumes e suas práticas, suas leis e convenções, com seus próprios mundos e, mais ainda, com suas ações. Praticando seu extremo cinismo, então, ele permaneceu como uma sólida refutação ao mundo e, como o Evangelho diria de São João Batista, como "uma voz clamando no deserto" (Mt 3:3).[16]

Então, para uma pergunta do tipo "Você participará seguindo as regras ou não?", Diógenes teria respondido algo totalmente diferente: "Eu vou participar, mas não seguirei regras", ou "Vou ficar, mas serei sempre sua pulga". Essa resposta (ou a falta dela) é algo que considero como a produção de um "terceiro espaço" — uma saída quase mágica para outra esfera de referência. Para alguém que não consegue viver sob os termos de sua sociedade, o terceiro espaço pode fornecer um porto seguro, embora inesperado.

DELEUZE DESCOBRIU UMA fórmula útil para encontrar esse espaço em uma das mais famosas histórias sobre recusa: o conto de Herman Melville, *Bartleby, the Scrivener* [*Bartleby, o escrivão*]. Bartleby, o funcionário famoso por repetir a frase "Prefiro não", usa uma estratégia linguística para invalidar os pedidos de seu chefe. Ele desobedece, simplesmente; recusa os termos da própria pergunta.

CAPÍTULO 3: ANATOMIA DE UMA RECUSA

A extrema popularidade de Bartleby demonstra sua importância no imaginário cultural. O narrador, um advogado estabelecido de Wall Street, contrata um escriturário chamado Bartleby, um homem moderado que desempenha bem seus deveres até ser solicitado a comparar sua própria escrita com um original. Sem se perturbar, Bartleby diz que preferia não o fazer e, a partir daí, continua a dar a mesma resposta quando instado a realizar alguma tarefa. Ele então para de trabalhar e até mesmo de se mover. O advogado descobre que ele fixou residência em seu escritório. Sem saber o que fazer, o advogado muda de escritório, mas o próximo inquilino não é tão complacente com Bartleby — ele manda o escrivão para a cadeia.

Assim como a melhor parte de *The Trainee* são os atordoados trabalhadores da Deloitte, minhas partes favoritas em *Bartleby, o escrivão* são as reações do advogado, que rapidamente passam da incredulidade ao desespero. Não apenas isso, mas cada recusa subsequente produz variações cada vez mais extremas do mesmo fenômeno: o advogado, que muitas vezes está apressado com seus negócios, se vê paralisado, buscando sentido e significado como Wile E. Coyote quando passa reto da beira do penhasco. Por exemplo, a primeira vez em que ele pede a Bartleby para revisar um texto, o advogado está tão absorto e apressado que apenas entrega o papel a Bartleby sem olhar para ele, com a "pressa e a expectativa naturais da conformidade instantânea". Quando Bartleby diz "prefiro não", o advogado fica tão surpreso que lhe faltam palavras: "Fiquei sentado por um tempo em completo silêncio, reunindo minhas faculdades atordoadas". Após uma segunda recusa, o advogado é "transformado em uma estátua de sal", precisando de alguns momentos para "se recuperar". O melhor de tudo é quando o advogado chega em seu escritório e encontra a porta trancada por dentro por Bartleby (que educadamente se recusa a abrir a porta porque está "ocupado"), e o advogado fica pasmo:

> Por um instante, fiquei como o homem que, de cachimbo na boca, foi morto em uma tarde sem nuvens, há muito tempo na Virgínia, por um raio de verão. Ele foi morto em sua janela e permaneceu apoiado ali, naquela tarde onírica, até que alguém o tocou e ele caiu.[17]

RESISTA: NÃO FAÇA NADA

A certa altura, o advogado fica tão perturbado com as recusas de Bartleby que se sente compelido a ler *Freedom of the Will* [*Livre-arbítrio*], de Jonathan Edwards, e *The Doctrine of Philosophical Necessity* [*A doutrina da necessidade filosófica*], de Joseph Priestley. Ambas as obras versam sobre as possibilidades do livre-arbítrio. A primeira sustenta que o homem tem o livre-arbítrio para buscar o que é bom, mas o que é bom é predestinado por Deus (isso pode nos lembrar da descrição de Frazier de "liberdade" em *Walden Two*). A segunda afirma que todas as nossas decisões decorrem de disposições predeterminadas, de uma forma um tanto mecanicista (outra boa descrição de *Walden Two*). Em outras palavras, tudo acontece por uma razão, e as pessoas não podem evitar a maneira como agem. "Nessas circunstâncias", diz o advogado, "aqueles livros induziram um sentimento salutar".[18]

Essas "circunstâncias", é claro, são a constante impermeabilidade de Bartleby. Quando o advogado pergunta a Bartleby onde ele nasceu, este responde: "Prefiro não dizer". O advogado pergunta desesperadamente: "Você vai me dizer algo sobre você?". "Prefiro não." "Mas por quê?" "No momento, prefiro não responder." Ele não dá uma explicação, nenhuma explicação sobre não dar explicações, e assim por diante.

A situação leva Bartleby a um novo patamar de recusa: ele não apenas não fará o que lhe é pedido, mas responderá de maneira a negar os termos da própria pergunta. Alexander Cooke resume a leitura que Deleuze fez da história:

> Bartleby não se recusa a fazer algo. Se Bartleby tivesse dito "Não farei", seu ato de resistência simplesmente estaria negando a lei. Se negasse em relação à lei, essa transgressão cumpriria perfeitamente a função da lei.[19]

Na verdade, isso explica por que o advogado deseja que Bartleby se recuse de modo aberto para que eles possam, pelo menos, travar a batalha no mesmo plano: "Eu me senti estranhamente instigado a encontrá-lo em um novo confronto, para obter dele alguma faísca de raiva que correspondesse à minha própria. Mas, na verdade, foi como tentar acender o fogo esfregando

CAPÍTULO 3: ANATOMIA DE UMA RECUSA

meus dedos em um pouco de sabão Windsor". Bartleby, que permanece irritantemente plácido ao longo da história, expõe e habita um espaço ao redor da questão original, minando sua autoridade. Para Deleuze, por sua própria estrutura linguística, a resposta de Bartleby "esculpe uma espécie de língua estrangeira dentro da língua, para fazer com que todo o confronto silencie e o faça cair no silêncio".[20]

O advogado nos diz que uma recusa de qualquer outra pessoa teria sido motivo para banimento, mas, com Bartleby, "eu deveria ter colocado meu busto de gesso de Cícero para fora da casa".[21] A menção de Cícero é significativa. Em uma obra parcialmente perdida chamada *De Fato*, o estadista e filósofo do século 1 a.C. chega a uma conclusão muito diferente sobre o livre-arbítrio de Edwards ou Priestley, e seus escritos decididamente *não* "induziriam um sentimento salutar" no advogado. Para Cícero, não pode haver ética sem vontade, e isso basta para pôr fim à questão. Em *Cicero's Treatment of the Free Will Problem* [*Tratamento de Cícero sobre o problema do livre-arbítrio*], Margaret Y. Henry escreve:

> Cícero está longe de negar a lei da causalidade. Ele admite abertamente que causas ancestrais e naturais dão aos homens a tendência de seguir uma ou outra direção. Mas ele insiste que os homens são, não obstante, livres para realizar atos específicos independentes de tais tendências e até mesmo em desafio a elas [...] Assim, um homem pode construir um caráter totalmente diferente de sua inclinação natural.[22]

Cícero cita os exemplos de Stilpo e Sócrates: "Dizia-se que Stilpo era um bêbado, que Sócrates era maçante e ambos eram dados à indulgência sexual. Eles teriam erradicado por completo essas falhas naturais por meio da vontade, do desejo e do treinamento (*voluntate, studio, disciplina*)".[23]

Se acreditássemos que tudo é apenas obra do destino ou da disposição, raciocina Cícero, ninguém seria responsável por nada, e portanto não poderia haver justiça. Nos termos de hoje, todos seríamos apenas algoritmos.

RESISTA: NÃO FAÇA NADA

Além disso, não teríamos razão para tentar nos tornar melhores ou diferentes de nossas inclinações naturais.

VOLUNTATE, STUDIO, DISCIPLINA. É por meio dessas três coisas que encontramos e habitamos o terceiro espaço, e, mais importante, é com elas que permanecemos lá. Em uma situação em que responderíamos "sim" ou "não" (em seus termos), é preciso esforço e *vontade* para continuar respondendo outra coisa. Isso talvez explique por que o herói de Diógenes foi Hércules, um homem cujas realizações foram em grande parte testes de sua própria vontade. Por exemplo, uma das histórias favoritas de Diógenes sobre Hércules foi quando ele decidiu limpar os excrementos de milhares de bois do curral de um rei, que não era limpo há pelo menos trinta anos. (Ao contar essa história em um palco nos Jogos Ístmicos, Diógenes teve seu próprio e singelo teste de vontade. Como piada final para essa história sobre merdas, ele levantou sua capa, agachou-se e fez "algo vulgar" no palco.)[24]

Disciplina e pura força de vontade explicam muito por que valorizamos os *refuseniks* em nossa cultura. Imagine como ficaríamos desapontados, por exemplo, se descobríssemos que mais tarde Diógenes começara a preferir o conforto e acabou se mudando para um condomínio, ou se Bartleby tivesse obedecido ou olhado nos olhos do advogado e dito em voz alta: "*Tá bom!*" ou "*Não!*". É desconfortável definir a vontade de alguém comparando-a aos costumes e à inclinação, mas é isso que a torna admirável. Quanto mais tempo Tom Green fica deitado na calçada, mais difícil (tanto física quanto socialmente) é para ele ficar ali, mas ele permanece. Provavelmente era esse tipo de resistência social que Diógenes tinha em mente quando disse que só aceitaria discípulos dispostos a carregar um peixe grande ou um pedaço de queijo em público.

O artista performático Tehching Hsieh provavelmente seria aceito como discípulo de Diógenes. Em 1978, ele construiu uma gaiola de quase três metros quadrados em seu estúdio para *Cage Piece* [*Peça da gaiola*], uma *performance* na qual ele permaneceria dentro da gaiola por exatamente um ano. Todos os dias, um amigo ia visitá-lo para levar comida e remover o lixo.

70

CAPÍTULO 3: ANATOMIA DE UMA RECUSA

Além disso, Hsieh estabeleceu alguns termos draconianos para si mesmo: não tinha permissão para falar, ler ou escrever (exceto marcar os dias na parede); televisão ou rádio eram proibidos. Na verdade, a única outra coisa na cela além da cama e da pia era um relógio. A *performance* era aberta ao público uma ou duas vezes por mês. No resto do tempo, ele permanecia sozinho. Questionado mais tarde sobre como passava seu tempo, Hsieh disse que apenas se manteve vivo e pensava em sua arte.

No início de *Cage Piece,* Hsieh pediu que um advogado visitasse a gaiola para testemunhar seu fechamento e retornasse no final para confirmar que o selo não havia sido violado. Em um ensaio sobre Hsieh, a crítica de arte Carol Becker observa a ironia de apelar para a lei, "mesmo que a lei que governa o trabalho de Hsieh seja um sistema rigoroso, fruto de sua própria invenção".[25] Ela o compara a um atleta — de salto em altura ou com vara, que impressiona o espectador com seu treinamento e seu "domínio sobre si mesmo". Na verdade, Hsieh é um artista conhecido por sua disciplina. Depois de *Cage Piece,* ele continuou fazendo peças de um ano cada: *Time Clock Piece* [*Peça do relógio*], na qual batia ponto em um relógio de hora em hora; *Outdoor Piece* [*Peça ao ar livre*], na qual não se permitia entrar em nenhum lugar fechado (incluindo carros e trens); *Rope Piece* [*Peça da corda*], na qual uma corda o ligava à artista Linda Montano (eles deviam ficar na mesma sala mas não podiam se tocar); e *No Art Piece* [*Peça sem arte*], na qual ele não fez, olhou, leu ou falou sobre arte.

Em uma entrevista de 2012, Hsieh disse que não é um artista de resistência, mas também que a palavra mais importante para ele é "vontade".[26] Isso faz muito sentido se aceitarmos que *Cage Piece* é mais um experimento do que um ato de resistência. Na entrevista, Hsieh, que se preocupava com o tempo e a sobrevivência, descreveu o processo pelo qual as pessoas preenchem o tempo na tentativa de dar sentido às suas vidas. Ele estava bastante interessado no oposto: o que aconteceria se ele esvaziasse tudo? Sua busca por essa resposta ocasionou muitos dos "controles" severos do experimento — para que funcionasse, precisava ser puro. "Eu levei meu isolamento ao público sem prejudicar sua qualidade", disse ele.[27]

RESISTA: NÃO FAÇA NADA

A formulação desse projeto como experimento de subtração pode lembrar um outro *refusenik* bem conhecido. Explicando sua necessidade de viver com parcimônia em uma cabana longe dos costumes e confortos da sociedade, Henry David Thoreau escreveu:

> Fui para o bosque porque queria viver deliberadamente, para enfrentar apenas os fatos essenciais da vida e saber se conseguia aprender o que ela tinha a me ensinar, e não quando viesse a morrer e descobrir que não tinha vivido [...] Eu queria viver de modo profundo e sugar o tutano da vida, viver de forma tão vigorosa e espartana a ponto de destruir tudo o que não era vida, fazer a colheita bem rente, conduzir a vida a um canto e reduzi-la aos seus termos mais básicos e, se isso se mostrasse árduo, por que então extrair toda a sua genuína rudeza e publicá-la para que o mundo todo a conheça?; ou, se fosse sublime, sabê-lo por experiência e ser capaz de um relato verdadeiro em minha próxima incursão.[28]

THOREAU TAMBÉM BUSCOU um terceiro espaço externo a uma questão que de outra forma parecia estabelecida. Desiludido com o tratamento dado pelo país à escravidão e sua guerra abertamente imperialista contra o México, a questão para Thoreau não era sobre como votar, mas se deveria votar — ou fazer algo completamente diferente. Em *On the Duty of Civil Disobedience* [*Sobre o dever da desobediência civil*], essa "outra coisa" era a recusa em pagar impostos a um sistema com o qual Thoreau já não concordava. Embora entendesse que, tecnicamente, isso significava infringir a lei, Thoreau se colocou à parte da questão e julgou a própria lei: "Se [a lei] é de tal natureza que exige que sejamos o agente da injustiça para com outrem, então eu digo 'infrinja a lei'", escreveu ele. "Deixe que sua vida seja uma força contrária à máquina".[29]

Como Platão e sua alegoria da caverna, Thoreau vê a verdade como dependente da perspectiva. "Estadistas e legisladores, estando tão completa-

CAPÍTULO 3: ANATOMIA DE UMA RECUSA

mente imersos na instituição, nunca a contemplam distinta e abertamente", diz ele. É preciso subir a um patamar superior para enxergar a realidade: o governo é admirável em muitos aspectos, "mas, vistos de um ponto um pouco mais elevado, eles são como os descrevi; vistos ainda mais de cima, e cada vez mais alto, quem pode dizer o que são, ou se vale a pena olhar ou pensar neles, afinal?", Quanto a Platão, para quem o fugitivo da caverna sofre e deve ser "arrastado" para a luz, a elevação de Thoreau não é um passeio no parque. Em vez disso, é uma longa caminhada até o cume de uma montanha quando a maioria prefere ficar nas encostas:

> Aqueles que não conhecem fontes mais puras da verdade, que não traçaram sua correnteza rio acima, permanecem e, sabiamente, defendem a Bíblia e a Constituição e bebem delas com reverência e humildade. Mas aqueles que enxergam de onde vêm as gotas deste lago ou daquela lagoa cingem seus lombos[30] mais uma vez e continuam sua peregrinação até a nascente.[31]

As coisas parecem diferentes vistas de cima, o que explica por que o mundo de Thoreau, assim como o de Diógenes e Chuang-Tzu, era cheio de reversos. Em uma sociedade na qual os homens se tornaram máquinas cumpridoras da lei, os piores homens são os melhores, e os melhores são os piores. Os soldados que vão lutar no México "não merecem mais respeito do que espantalhos ou um punhado de terra". O governo "crucificou Cristo, excomungou Copérnico e Lutero e declarou Washington e Franklin rebeldes", e o único lugar na cidade onde Thoreau se sentia verdadeiramente livre era a prisão. Para ele, estar vivo é exercer julgamento moral, mas ao aplicar esse padrão quase todos ao seu redor já estão mortos. Em seu lugar, ele vê homens-máquina, nada diferentes dos membros programados e livres dentro de seus limites como em *Walden Two* ou *Westworld*.

O título de Thoreau, *Sobre o dever da desobediência civil*, é uma réplica a outra peça que ele menciona, *Duty of Submission to Civil* Government [Dever de submissão ao governo civil], de William Paley. Para Thoreau, Paley é um desses homens basicamente mortos, uma vez que ele vê a ocasião para resistência como "um cálculo entre quantidade de perigo e a penúria de um lado, e entre a probabilidade e o esforço para repará-lo do outro".[32] O julgamento moral é substituído pela análise de custo-benefício. A ideia de Paley se parece com o modo como uma IA (Inteligência Artificial) decidiria quando e se a resistência seria necessária. Mas do poleiro de Thoreau, no topo da montanha da razão, Paley parece preso às planícies, onde ele "nunca parece ter contemplado aqueles casos aos quais a regra da conveniência não se aplica, nos quais um povo, assim como um indivíduo, deve fazer justiça, custe o que custar".

Isso significa, no entanto, que, mesmo quando ele é libertado da prisão, a perspectiva de Thoreau o confina a uma vida de recusa permanente. Ele "calmamente declara guerra ao Estado" e passa a viver exilado em um mundo que não compartilha de nenhum de seus valores. O próprio "estado" de Thoreau é na verdade o que descrevi anteriormente como "estar à parte". Vendo o presente a partir do futuro, ou a injustiça pela perspectiva da justiça, Thoreau acaba por viver no desconfortável espaço do não realizado. Mas a esperança e a disciplina o mantêm ali, orientado na direção de "um Estado ainda mais perfeito e glorioso, que eu também já imaginei, mas que ainda não vi em lugar nenhum".

Como toda expressão de descontentamento, *Desobediência civil* já é uma tentativa de buscar aqueles que abrigam os mesmos sentimentos. A esperança final de Thoreau era de que, se um número suficiente de pessoas decidisse ao mesmo tempo exercer seu julgamento moral em vez de continuar a jogar, o jogo poderia de fato mudar de uma vez. Esse salto do individual para o coletivo envolve outra versão do que até agora tenho descrito como *voluntate, studio, disciplina*. Em Diógenes, Bartleby e Thoreau, vemos como a disciplina envolve um alinhamento estrito com as "leis" próprias de cada um, sobre e contra as leis ou os hábitos vigentes. Mas recusas coletivas bem-sucedidas demandam um nível de disciplina e treinamento de segunda ordem, no qual os indivíduos se alinham uns com os outros para formar estruturas flexíveis que mantêm o espaço para a recusa aberto. Esse alinhamento coletivo surge a partir de intensa autodisciplina individual — como uma multidão de

CAPÍTULO 3: ANATOMIA DE UMA RECUSA

Thoreaus recusando em sequência. Ao fazer isso, o "terceiro espaço" — não de recuo, mas de recusa, boicote e sabotagem — pode se tornar um espetáculo de discordância que se registra em uma escala maior do público.

QUANDO EU TRABALHAVA com marketing corporativo em São Francisco, costumava fazer longos intervalos para o almoço como um pequeno ato egoísta de resistência. Eu me sentava na orla do Embarcadero, olhando com melancolia para a Bay Bridge e o mergulho dos patos. Eu ainda não sabia que eles eram cormorões-de-crista-dupla. A outra coisa que eu ainda não sabia era que estava sentada onde uma inspiradora e sem precedentes coordenação de resistência acontecera em 1934.

Antes que as atividades portuárias se mudassem principalmente para o porto de Oakland, estivadores trabalhavam nos movimentados cais próximos ao meu futuro local de almoço. Vivendo com salários de subsistência, eles suportavam combinações inconstantes entre o trabalho extenuante e fazer fila para serem contratados outra vez — um processo desmoralizante conhecido como "formação". Suas horas de trabalho estavam sujeitas não apenas aos caprichos dos chefes de gangues nepotistas que os contratariam ou não, mas também aos ritmos imprevisíveis da economia marítima. Uma vez no trabalho, eles encontravam a "aceleração", esperando-se que trabalhassem cada vez mais rápido e enfrentassem taxas cada vez maiores de lesões e risco. Mas, em sua condição deplorável, os estivadores não podiam recusar tais termos, pois sempre havia alguém que ocuparia seu lugar com facilidade, mesmo com todos esses abusos. Um ex-estivador que se lembra de ter trabalhado até trinta horas em um único turno disse que reclamar não era uma opção: "Se você dissesse algo, simplesmente seria demitido".[33]

Em 1932, um grupo anônimo começou a produzir e distribuir um jornal chamado *The Waterfront Worker* [*O trabalhador do beira-mar*], sem um local de origem conhecido. Mike Quin, que se autodescreve como um "jornalista comum", escreve que "simplesmente contei o que todo estivador já sabia há muito e coloquei em linguagem franca o ressentimento que ardia

RESISTA: NÃO FAÇA NADA

no coração de cada um deles".[34] A desorganizada publicação logo circulava em alguns milhares de cópias. Então, em 1933, a Lei de Recuperação Industrial Nacional garantiu o direito de se filiar a um sindicato e se envolver em negociações coletivas. Muitos dos estivadores deixaram seus sindicatos administrados pelas empresas, em grande parte inúteis, para ingressar na International Longshoremen's Association [Associação Internacional de Estivadores, a ILA]. Começaram a organizar um novo corpo político que consistia de estivadores reais, em vez de funcionários sindicais assalariados.

Antes da greve, os estivadores organizaram uma convenção em São Francisco, onde os participantes — todos trabalhadores das docas — representavam catorze mil trabalhadores ao longo da costa. Considero as atividades de base uma instância do que tenho chamado de "terceiro espaço", pois era um espaço racialmente inclusivo e distintamente democrático exterior às linhas de batalha normais. "Enquanto os empregadores e dirigentes sindicais se engajavam em negociações totalmente improdutivas", escreve Quin, "os homens nas docas procederam com os preparativos para a greve".[35]

As coisas chegaram ao clímax quando a Associação Industrial não aceitou a demanda por uma central sindical de estivadores dirigida pelos sindicatos. Esse era um ponto difícil, pois as centrais determinavam quem seria contratado e, se não fossem dirigidas pelo sindicato, o estrangulamento político da formação continuaria o mesmo e os grevistas sofreriam retaliações. Os estivadores votaram, quase por unanimidade, pela convocação de uma greve. Em 9 de maio, estivadores invadiram todos os portos da Costa Oeste e embargaram quase 3,2 mil quilômetros da orla marítima.

A realidade diária da greve exigia uma coordenação disciplinada dentro e fora do sindicato. Redes de apoio formadas por simpatizantes de todo o país enviaram milhares de dólares. As cozinhas de sopas, que atendiam milhares de grevistas diariamente, recebiam carregamentos de produtos enviados por pequenos agricultores. Mulheres organizaram o Auxílio de Senhoras do ILA para tratar dos pedidos de socorro dos grevistas sob pressão financeira e ajudavam nas cozinhas da associação. Sentindo que a polícia obedecia à prefeitura e aos empregadores, os grevistas montaram sua própria polícia na orla

CAPÍTULO 3: ANATOMIA DE UMA RECUSA

para tratar dos distúrbios ao longo das docas, e havia um número de emergência atendido por um estivador que virou despachante.[36] O tempo todo, o sindicato continuou realizando reuniões e conquistando eleitores e afiliados.

Muito parecida com um piquete, uma greve é algo cuja força está em sua continuidade. Assim, como sempre, os empregadores concentraram seus esforços em quebrar a resistência. No início, tentaram fazer com que cada porto negociasse seu próprio acordo de modo separado, evitando assim uma aliança em toda a costa. Contrataram fura-greves — em alguns casos, jogadores de futebol universitário —, oferecendo-lhes escolta policial e alojamento a bordo de navios atracados com tratamento luxuoso: refeições, lavanderia, entretenimento e agências bancárias. Os patrões também tentaram fomentar o racismo entre os estivadores. Quin escreve que "contratantes que nunca contratariam negros, exceto para os piores trabalhos, agora se esforçavam para recrutá-los como fura-greves, no que não foram muito bem-sucedidos".[37] Enquanto milhares de homens faziam piquetes pelo Embarcadero, em um espetáculo diário e consistente que impressionava os espectadores, a polícia decidiu aplicar seletivamente uma lei um pouco esquecida contra piquetes, expulsando-os das calçadas com a cavalaria. Enquanto isso, os empregadores veiculavam anúncios enganosos, planejados para minar o ânimo dos grevistas, que chegavam a esperar por um almoço grátis em filas de quatro quarteirões ao redor do Embarcadero:

> Queremos pagar a você os melhores salários do mercado. Sempre pagamos salários altos — e esperamos mantê-los.

> A solução ainda não chegou — mas está a caminho. Você está impedindo, e não ajudando, que ela chegue até vocês, nós e São Francisco.

> Trata-se de uma greve imprudente.

> Seja razoável![38]

RESISTA: NÃO FAÇA NADA

Na verdade, esse esforço para quebrar a linha foi tão intenso que acabou por desencadear os eventos que levaram à Greve Geral de 1934. A Associação Industrial, representando os empregadores, abriu o porto à força e manobrou caminhões por entre as linhas dos piquetes. Quando tentaram abri-la ainda mais, a violência eclodiu, e dois homens foram mortos pela polícia — um estivador em greve e um voluntário de uma das cozinhas. As pessoas imediatamente cobriram o local com flores e grinaldas. A polícia chegou para retirar as flores e os grevistas, mas estes voltaram depois, colocaram novas flores e montaram guarda.

Amigos e familiares fizeram um singelo e sombrio memorial no dia seguinte. Mas, ao descerem a Market Street, de modo inesperado milhares de grevistas, simpatizantes e espectadores se juntaram a eles e marcharam silenciosamente ao seu lado. Em sua história da greve, David Selvin escreve que os jornais tiveram dificuldade em descrever a magnitude e o silêncio do evento. "Muitos vieram, a perder de vista, em uma fila silenciosa e organizada", escreveu Royce Brier do *Chronicle*, "uma imensa demonstração de protesto que transcendeu tudo o que São Francisco já vira."[39] Tillie Olsen imaginou o choque que a Associação Industrial deve ter sentido: "De onde veio a multidão, onde São Francisco a escondia, em quais fábricas e docas? O que eles estão fazendo ali? Marchando, ou parados e olhando, sem dizer nada, apenas assistindo".[40]

A assustadora imagem se provou uma reviravolta. Selvin escreve que, embora se falasse em uma greve geral, "esse desfile sombrio e silencioso a tornou inevitável". Nos dias seguintes, cento e cinquenta mil pessoas em torno da baía abandonaram seus trabalhos.

SE PENSARMOS SOBRE o que significa "concentrar-se" ou "prestar atenção" em um nível individual, é necessário um alinhamento: diferentes partes da mente — e até mesmo do corpo — agem em conjunto, orientadas para a mesma coisa. Prestar atenção em uma coisa é resistir a prestar atenção em outras; significa negar e frustrar constantemente as provocações de fora da

CAPÍTULO 3: ANATOMIA DE UMA RECUSA

esfera de sua atenção. Contrastamos isso com a distração, na qual a mente é desconstruída, apontando em muitas direções ao mesmo tempo e evitando ações significativas. Parece que isso é verdade em um nível coletivo. Assim como é necessário alinhamento para que alguém se concentre e aja com intenção, é necessário alinhamento para que um "movimento" entre em ação. É importante ressaltar que essa não é uma construção de cima para baixo, mas sim um acordo mútuo entre indivíduos que prestam intensa atenção às mesmas coisas e uns aos outros.

Faço a conexão entre a concentração individual e coletiva porque torna evidentes os objetivos da atenção. Viver apenas em constante estado de distração pode até ser desagradável, e ter uma vida sem pensamentos e ações obstinadas não necessariamente a empobrece. Se é verdade que a ação coletiva reflete e depende da capacidade individual de "prestar atenção", então, em uma época que exige ação, a distração parece ser (no âmbito coletivo) uma questão de vida ou morte. Um corpo social que não consegue se concentrar ou se comunicar consigo mesmo é como uma pessoa que não consegue pensar e agir. No Capítulo 1, mencionei a distinção de Berardi entre conectividade e sensibilidade em *After the Future*. Aqui, vemos *por que* essa diferença é importante. Para Berardi, a substituição da sensibilidade pela conectividade cria um "cérebro social" que "parece incapaz de se recompor, de encontrar estratégias de comportamento em comum, incapaz de uma narrativa em comum e de solidariedade".

Esse cérebro coletivo "esquizoide" não pode agir, mas apenas reagir de modo cego e de maneiras desalinhadas a uma enxurrada de estímulos, sobretudo quando com medo e raiva. Essa é uma má notícia para a recusa constante. Embora à primeira vista possa parecer que a recusa é uma reação, a decisão de realmente recusar — não uma ou duas vezes, mas de modo perpétuo até que as coisas mudem — significa o desenvolvimento e a adesão a compromissos individuais e coletivos dos quais nossas ações procedem. Na história do ativismo, mesmo as coisas que pareciam reações eram frequentemente ações planejadas. Por exemplo, William T. Martin Riches nos lembra em seu relato sobre o boicote aos ônibus de Montgomery que

RESISTA: NÃO FAÇA NADA

Rosa Parks estava "agindo, não reagindo" quando se recusou a sair de seu assento. Ela já estava envolvida com organizações ativistas, fora treinada na Highlander Folk School, que produziu muitas figuras importantes desse movimento.[41] A verdadeira estratégia do boicote aos ônibus é um lembrete de que atos significativos de recusa não se originam diretamente do medo, da raiva e da histeria, mas sim da clareza e da atenção que tornam sua organização possível.

O PROBLEMA É que muitas pessoas têm muito a temer, e por boas razões. A relação entre o medo e a capacidade de recusar fica evidente quando consideramos que, historicamente, alguns conseguem recusar com mais facilidade do que outros. A recusa requer certa latitude — uma margem — desfrutada em nível individual (ser capaz de arcar pessoalmente com as consequências) e no nível da sociedade (cuja atitude legal em relação ao descumprimento pode variar). De sua parte, Parks e sua família quase foram arruinados com sua prisão. Ela não conseguiu encontrar um emprego fixo por dez anos após o boicote, perdeu peso e teve de ser hospitalizada em razão de úlceras, passou por "profundas dificuldades financeiras" que não foram resolvidas até que os sindicalistas militantes de um pequeno ramo da NAACP (Associação Nacional para o Progresso das Pessoas de Cor, uma das mais influentes instituições a favor dos direitos civis dos Estados Unidos) forçaram a organização nacional a ajudá-la.[42]

Até Diógenes, que parecia não ter nada a perder, vivia em uma espécie de margem. Navia cita Farrand Sayre, um crítico de Diógenes, que sugere que as cidades gregas, sua legislação e seu clima eram amigáveis para com ele:

A felicidade da vida de Diógenes, que ele parece ter creditado à sua própria sabedoria, foi em grande parte devida a circunstâncias favoráveis sobre as quais ele não tinha controle. A Grécia tem um clima ameno e uniforme que favorece a vida ao ar livre; os governos de Corinto e Atenas eram liberais para com os estrangeiros e

CAPÍTULO 3: ANATOMIA DE UMA RECUSA

desocupados, e os gregos daquele período parecem ter sido generosos com os mendigos.[43]

Por sua vez, Thoreau nos escreve de fora da prisão porque, como revela a certa altura, alguém prontamente pagou seus impostos. Bartleby não teve esse recurso, e seu destino é revelador: ele morre na prisão.

As diferenças na vulnerabilidade social e financeira explicam por que os participantes em atos de recusa em massa foram e continuam sendo estudantes. James C. McMillan, um professor de arte do Bennett College que aconselhou os alunos que participaram das manifestações de Greensboro, em 1960, disse que os adultos negros estavam "relutantes" em "comprometer quaisquer ganhos, econômicos ou outros", mas que os alunos "não tinham qualquer tipo de investimento ou *status* econômico e, portanto, não eram vulneráveis ao tipo de represália que poderia ter ocorrido".[44] Os alunos participantes estavam sob os cuidados de faculdades negras, não à mercê de empregadores brancos. Em contraste, McMillan diz que os residentes negros da classe trabalhadora que chegaram a expressar apoio aos estudantes foram ameaçados com violência e demitidos. Para estes, a margem era bem menor.

O apoio institucional pode ajudar muito a permitir que os indivíduos "tenham recursos" para a recusa. Durante as manifestações, professores de faculdades negras ofereceram conselhos, a NAACP forneceu apoio jurídico e outras organizações ofereceram oficinas de treinamento não violento. Talvez tão importante quanto, a administração Bennett evidenciou a seus alunos que eles não seriam penalizados por sua participação nas manifestações. A dra. Willa B. Player, presidente da Bennett, disse na época que "os alunos estavam cumprindo os princípios de uma educação artística liberal, então mereciam permissão para continuar".[45] (Para um exemplo mais recente de apoio administrativo, consulte o anúncio do MIT de 2018, que diz que eles não rejeitariam alunos do ensino médio já presos por participar dos protestos contra a violência armada em Parkland, Flórida.)[46]

Atos de recusa coletiva são obviamente mais "caros" para os participantes quando considerados ilegais. Os sindicatos, sobretudo nas décadas

RESISTA: NÃO FAÇA NADA

de 1930 e 1940, forneciam a proteção formal necessária para que os trabalhadores participassem de uma greve, e essas proteções, por sua vez, foram transformadas em lei (por um tempo, pelo menos). Em seu livro sobre a Greve Geral de São Francisco, Selvin descreve a ineficácia de atos individuais de recusa antes que a Lei de Recuperação Industrial Nacional de 1933 garantisse o direito de filiação aos sindicatos:

> Em um mercado de trabalho livre, é claro, o estivador ou marinheiro era livre para aceitar ou não a oferta do patrão; em termos práticos, sozinho, sem recursos e no limite da subsistência, eles não tinham poderes para resistir.[47]

PARA AQUELES QUE já desfrutaram de algum tipo de margem, ela ultimamente parece estar cada vez menor. Embora tenham pouco em comum com um estivador na década de 1930, muitos trabalhadores modernos podem se sentir familiarizados com a rotina dos estivadores, conforme descrito por Frank P. Foisie, mais tarde líder da Waterfront Employers Association [Associação dos Empregados Marítimos]:

> [Seu trabalho] sofre todo o impacto de uma depressão, a lentidão das estações e, além disso, deve lidar com as inerentes flutuações diárias e horárias. Carga e descarga estão sujeitas a variáveis de chegada incerta dos navios, carregamentos diversos, equipamentos bons, ruins e corriqueiros, reagrupamento de homens e diferentes empregadores; e está à mercê dos elementos tempo, maré e clima [...] A contratação é feita por hora, não por dia, e nunca de maneira constante.[48]

Antes dos sindicatos, a experiência do tempo dos estivadores estava totalmente atrelada aos altos e baixos do mercado. Embora a lei de 1932 permitisse a organização sindical, as marés já haviam começado a se voltar contra os

CAPÍTULO 3: ANATOMIA DE UMA RECUSA

trabalhadores organizados com a Lei Taft-Hartley, de 1947, que, entre outras coisas, proibia a coordenação de esforços de greve entre diferentes sindicatos.

Hoje, a subordinação a uma estrutura capitalista implacável parece quase natural. Em seu livro de 2006, *The Great Risk Shift: The New Economic Insecurity and the Decline of the American Dream* [*A grande mudança do risco: a nova insegurança econômica e o declínio do sonho americano*], Jacob S. Hacker descreve um "novo contrato" que se formou entre empresas e empregados na ausência de regulamentação do governo nas décadas de 1970 e 1980:

> A essência do novo contrato trazia a ideia de que os trabalhadores deveriam ser constantemente confrontados com o que os economistas chamam de "vaga de mercado" para o trabalho — a quantidade de demanda de acordo com as habilidades e os contornos específicos da economia naquele determinado momento.[49]

O contrato é bastante diferente do antigo, no qual o destino das empresas e o dos funcionários evoluíam e sucumbiam juntos, como em um casamento. Ele cita um memorando aos funcionários escrito pelo CEO da General Electric na década de 1980: "Se a lealdade significa que esta empresa irá ignorar o mau desempenho, então a lealdade está fora da mesa".[50] Na "vaga de mercado" global, as empresas são impulsionadas apenas pelo que precisam para se manter competitivas, repassando a tarefa aos indivíduos para que se mantenham competitivos enquanto organismos produtores.

Esse "novo contrato", junto com outras formas ausentes de proteção governamental, reduz a margem para a recusa e leva a uma vida regida pelo temor econômico. Quando Hacker descreve a nova situação enfrentada por aqueles para quem a precariedade ainda não era uma questão natural, a margem desaparece por completo: "Os americanos se encontram cada vez mais na corda bamba econômica, sem uma rede de segurança adequada caso — como é cada vez mais provável — percam o equilíbrio".[51] Qualquer argumento sobre atenção plena ou concentração deve abordar essa realidade. É difícil para mim imaginar, por exemplo, sugerir "fazer nada" para

RESISTA: NÃO FAÇA NADA

alguma das pessoas que Barbara Ehrenreich conheceu enquanto pesquisava empregos de baixa renda para seu livro *Nickel and Dimed: On (Not) Getting by in America* [*Tostão e trocados: Sobre como (não) sobreviver na América*]. Ehrenreich e seus colegas de trabalho estão mais ocupados em resolver a impossível equação entre dinheiro, tempo e os limites do corpo humano. Mesmo que esse quebra-cabeça fosse resolvido, a pergunta permaneceria para Ehrenreich: "Se você se empenha em trabalhos braçais por mais de 360 dias por ano, algum tipo de lesão repetitiva espiritual se manifestará?".[52]

Em um tempo em que quase tudo, produtos e serviços, pode ser terceirizado, os trabalhadores atuais também se encontram no limite. Em *The Big Squeeze: Tough Times for the American Worker* [*O grande aperto: tempos difíceis para o trabalhador americano*], Steven Greenhouse observa entre os trabalhadores de escritórios a mesma atitude dos estivadores de Selvin ("você seria sumariamente demitido"):

> Muitos trabalhadores temem tanto ser demitidos que têm medo de pedir aumento ou protestar contra cargas de trabalho opressivas. A globalização, incluindo a recente corrida para terceirizar centenas de milhares de empregos administrativos, aumentou esses temores.[53]

Em 2016, a escritora e blogueira Talia Jane arriscou um protesto e se deu mal. Ela trabalhava como representante de atendimento ao cliente no Yelp, mas estava tendo problemas para pagar as contas devido ao alto custo de vida na Bay Area. Depois de escrever uma carta aberta ao Yelp sobre sua situação e pedir um salário digno, ela foi demitida, recebeu uma indenização de US$ 1.000 e foi proibida de ser recontratada. O Yelp mais tarde aumentou os salários, embora negue que Jane tenha algo a ver com isso. Sua história se tornou um ponto de contato na conversa sobre os *millennials*, tornando-a uma espécie de figura pública. Mas em setembro de 2018 ela ainda procurava algum trabalho de relevância. Sobre sua margem inexistente, Jane tuitou:

CAPÍTULO 3: ANATOMIA DE UMA RECUSA

juro por deus, se eu continuar fazendo *smoothies* para sobreviver mais 3 meses, vou pirar [...] levante-se e continue trabalhando porque não tenho uma rede de apoio que me dê a capacidade de deixar um trabalho infrutífero, insatisfatório e estagnado na busca dos meus sonhos.[54]

QUANDO LEIO AS descrições de Selvin sobre os estivadores dos anos 1930 antes da greve, desprotegidos das vicissitudes do capital e que "suportavam turnos ininterruptos, períodos de descanso reduzidos entre os trabalhos e sem pausas para o almoço", não apenas me vem à cabeça o "novo contrato" de hoje e a situação de Talia Jane, mas um outro grupo de pessoas em particular: meus alunos.

Em 2013, os alunos de minhas primeiras aulas de arte em Stanford ficaram surpresos por eu não saber sobre a "síndrome do pato de Stanford". Essa frase, que sugere alunos como patos de aparência plácida remando vigorosamente sob a água, é essencialmente uma piada sobre lutar de modo isolado em uma atmosfera obcecada por desempenho. Em "Duck Syndrome and a Culture of Misery" ["A síndrome do pato e uma cultura de miséria"], o jornalista Tiger Sun, do *Stanford Daily,* descreve uma amiga que trabalhou duas noites consecutivas no final de semana de seu aniversário. Sun e seus amigos ficaram preocupados quando perceberam que o rosto dela estava corado e, ao medirem sua temperatura: 40 graus. Quando imploraram para ela descansar, ela continuou trabalhando. Sun escreveu:

É uma das provas dessa atmosfera tóxica de "moer ou morrer" nas universidades que, mesmo diante de uma doença grave, afundamos o pé no acelerador e continuamos a conduzir nossa saúde para um precipício. Ser infeliz não é uma decisão consciente, mas às vezes parece que cuidar de nossa própria saúde é uma indulgência [...] Nós, subliminarmente, igualamos a sensação de esgotamento a ser um bom aluno.[55]

RESISTA: NÃO FAÇA NADA

Ele acrescenta que, embora Stanford enfatize o autocuidado em sua nova orientação aos alunos, "parece que não foi assimilado por todos aqui".

Um dos desabafos dos alunos sobre esse estresse está em uma página do Facebook específica para memes de Stanford ("Stanford Memes for Edgy Trees" ["Memes de Stanford para árvores irritadas"]), muitos dos quais são sobre ansiedade, fracasso e privação de sono. Como Tom Green deitado na calçada, eles são engraçados precisamente porque os alunos consideram que admitir a luta — o remar furioso do "pato de Stanford" — é um tabu. As piadas têm um tom triste e resignado. Quando meus alunos me contaram sobre a página, eles ecoaram o que os alunos de outras escolas relataram à *New York Magazine* sobre suas páginas de memes: as piadas "vêm do estresse e da ansiedade",[56] e a página fornece um espaço útil para reconhecer esses sentimentos.

Por esse motivo (e porque os memes costumam ser muito engraçados), fico feliz que "Stanford Memes for Edgy Trees" exista. Mas também me deprime. Por mais que o aperto seja reconhecido com humor e por mais que Stanford ou mesmo os alunos entre si enfatizem o autocuidado, eles estão enfrentando as mesmas demandas de mercado que assombram a todos nós. Pelo menos em minha experiência, os alunos não são *workaholics* por causa disso; o *workaholism* é impulsionado por um medo muito real, de consequências muito reais, que persiste dentro e fora da escola. Desabafar comentando "legit me" ["este sou eu"] em um meme sobre a privação de sono ou mesmo permitir-se um dia de folga para recuperar o sono (!) não ajudarão em nada na questão da precariedade econômica que aguarda o aluno — e isso já é realidade para estudantes menos privilegiados que precisam trabalhar para estudar. Não ajuda em nada quanto ao espectro da dívida estudantil, nem quanto ao medo de ficar de fora em uma piscina cada vez menor.

Na verdade, muitas das piadas mais contundentes das páginas se endereçam à percepção dos alunos sobre isso. Um meme de Stanford usa uma foto de Donald Trump conversando com Mike Pence enquanto gesticula em direção a um grande espaço vazio diante deles; Trump é rotulado de "minha faculdade", Pence é rotulado de "eu, depois de me formar na faculdade" e o espaço vazio é rotulado de "perspectivas de emprego".[57] Outro é

CAPÍTULO 3: ANATOMIA DE UMA RECUSA

uma captura de tela que mostra principalmente um teto e parte da cabeça de alguém, com o geofiltro do Snapchat na Universidade de Stanford e a legenda: "Estou cercado por enormes quantidades de riqueza nesta panela de pressão de empreendedorismo e tecnologia que orbita este subúrbio infinito onde a classe média não consegue encontrar um apartamento de um dormitório".[58] Na página de memes da UC Berkeley, alguém postou o "vídeo da dança do filhote de cachorro vendido", no qual um cachorrinho em uma loja de animais arranha adoravelmente sua gaiola de vidro com o aviso "Fui vendido". A legenda: "Quando você conseguir aquele estágio de verão e comemorar o compromisso de ser mais uma engrenagem da vasta máquina capitalista".[59]

Sabendo disso, consigo perdoar meus alunos por se frustrarem com o fato de minhas aulas de arte não serem "práticas" em algum sentido facilmente demonstrável. Comecei a suspeitar de que não se trata de falta de imaginação por parte deles. Em vez disso, arrisco dizer que é a consciência da dura e fria verdade de que cada minuto conta para seus projetos de empregos remunerados. Em *Kids These Days: Human Capital and the Making of Millennials* [*As crianças de hoje: capital humano e a formação dos* millennials], em que Malcolm Harris nos conduz pela implacável profissionalização da infância e da educação, ele escreve que, "se muitos de nós começarmos a viver assim, ficar acordado até tarde não será mais uma vantagem, mas sim uma amostra de vulnerabilidade".[60] Ele próprio um *millenial*, descreve a transferência do risco para os alunos enquanto funcionários em potencial, obrigados a se preparar para estar sempre ativos, prontamente disponíveis e "empreendedores" altamente produtivos que encontram maneiras "inovadoras" de renunciar ao sono e a outras necessidades. Os alunos se esforçam em realizar manobras complicadas, pois um simples passo em falso — tirar um B ou ser preso por participar de um protesto — pode ter consequências irreversíveis para o resto de suas vidas.

No contexto da atenção, arrisco dizer que esse medo torna os jovens menos capazes de se concentrar individual ou coletivamente. Uma atmosfera fragmentada e competitiva obstrui a atenção individual porque tudo o mais desaparece em uma batalha terrível e míope em busca da estabilidade. Isso obstrui a atenção coletiva porque os alunos estão travando lutas isoladas contra seus próprios limites ou, pior, são ativamente colocados uns contra os outros. Em *Kids These Days*, Harris está bem ciente da fragilidade inerente a qualquer tipo de organização entre os *millennials*: "Se somos construídos de cima a baixo para lutar uns contra os outros por migalhas, para não cooperar em nosso interesse coletivo, mas em prol do interesse de uma pequena classe de empregadores — e é isso que estamos fazendo —, então dificilmente estaremos equipados para nos proteger de abusos sistêmicos maiores".[61]

HÁ MUITOS "ABUSOS sistêmicos" a serem recusados no momento, mas proponho que um ótimo lugar para começar é o abuso de nossa atenção. Isso porque a atenção sustenta todos os outros tipos de recusa significativa: ela nos permite alcançar a perspectiva superior de Thoreau e forma a base de uma atenção coletiva e disciplinada que vemos em ataques e boicotes bem-sucedidos cujo foco resistiu a todas as tentativas de desmontá-los. Mas no cenário midiático de hoje é difícil imaginar como seria a recusa no nível de atenção. Por exemplo, quando menciono a alguém que estou pensando em "resistir à indústria da atenção", a primeira resposta é "Legal, então, tipo, sair do Facebook?" (geralmente seguida por reflexões sobre a impossibilidade de sair do Facebook).

Vamos considerar essa opção por um momento. Se o Facebook é uma parte tão importante do problema da indústria da atenção, então desistir dele seria um grande "foda-se" para a coisa toda. Para mim, porém, isso seria travar a batalha no campo errado. Em seu artigo de 2012, "Media refusal and conspicuous non-consumption: The performative and political dimensions of Facebook abstention" ["Recusa à mídia e ao consumo conspícuo: as dimensões performáticas e políticas da abstenção ao Facebook"], Laura Portwood-Stacer entrevista pessoas que deixaram o Facebook por motivos políticos e descobriu que essas ações isoladas muitas vezes refletem nos ami-

CAPÍTULO 3: ANATOMIA DE UMA RECUSA

gos abandonados do Facebook como algo pessoal. Abster-se do Facebook é como contar a alguém que você cresceu em uma casa sem TV, o que pode facilmente parecer estar relacionado meramente ao gosto pessoal ou à classe social. As entrevistas de Portwood-Stacer mostraram que "a decisão pessoal ou política de não participar do Facebook pode ser interpretada [por amigos] como uma decisão social de não interagir com eles" ou, pior, como "ascetismo digital, pois estou em um plano superior". Mais importante ainda, a decisão de deixar o Facebook abarca seu próprio tipo de "margem":

> É possível que a recusa esteja disponível como uma tática para pessoas que já possuem grande quantidade de capital social, pessoas cuja posição social se manterá sem o Facebook e pessoas cujo meio de subsistência não exija estar constantemente conectado e acessível [...] São pessoas que têm o que [Kathleen] Noonan (2011) chama de "o poder de se desligar".[62]

Grafton Tanner faz uma afirmação semelhante em "Digital Detox: Big Tech's Phony Crisis of Conscience" ["Detox digital: a falsa crise de consciência das *big techs*"], um pequeno artigo sobre o arrependimento de empreendedores digitais que perceberam quão viciantes são suas tecnologias. Trabalhando por meio de iniciativas como o Time Well Spent, um grupo de defesa que visa refrear o *design* tecnológico viciante, o ex-presidente do Facebook Sean Parker e os ex-funcionários do Google Tristan Harris e James Williams se tornaram oponentes fervorosos da indústria da atenção. Mas Tanner não se impressionou:

> Eles falham em atacar a indústria da atenção em suas raízes ou desafiar os blocos de construção básicos do capitalismo tardio: fundamentalismo de mercado, desregulamentação e privatização. Eles reforçam os ideais neoliberais, privilegiando o indivíduo em ação cujo tempo precisa ser usado de forma melhor — uma metáfora nitidamente consumista.[63]

RESISTA: NÃO FAÇA NADA

Só ficarei impressionada quando a tecnologia das mídias sociais que usamos não for comercial. Mas, enquanto as redes sociais comerciais reinarem supremas, vamos nos lembrar de que uma recusa real, como a resposta de Bartleby, recusa os termos da própria pergunta.

PARA TENTAR IMAGINAR como o "terceiro espaço" realmente seria na indústria da atenção, voltarei a Diógenes, ou melhor, à escola que ele inspirou: o *cinismo*. Em nítido contraste com o significado moderno da palavra *cinismo*, os cínicos gregos se empenhavam com seriedade em despertar a população de um estupor geral. Eles imaginaram esse estupor como algo chamado *tifão*, uma palavra que também conota névoa, fumaça e tempestades — como na palavra *tufão* ou *tai fung* em cantonês, que significa "um grande vento".[64]

Uma geração depois de Diógenes, um aluno dele chamado Crates escreveu sobre uma ilha imaginária chamada Pera (em homenagem à carteira de couro, um dos poucos pertences que os cínicos prezavam), "cercada, mas não afetada" por essa tempestade de confusão:

> Pera, assim chamemos a uma ilha cercada pelo mar de Ilusão,
> Gloriosa, fértil e bela terra não poluída pelo mal.
> Aqui, nenhum traficante traz seu navio para o porto.
> Aqui, nenhum tratante garante aos incautos seduções venais.
> Cebola, alho-poró, figos e cascas de pão são seus produtos.
> Nunca no tumulto da batalha os guerreiros se esforçam para possuí-la.
> Aqui há trégua e paz da luta por riquezas e honra.[65]

Navia nos lembra que a ilha obviamente é "um estado de espírito ideal e não um lugar real" e os habitantes de Pera, "contemplando a imensidão daquele 'mar de névoa cor de vinho' que circunda suas casas", levam suas vidas tentando atrair outros perdidos no tifão para suas praias por meio da prática da filosofia. Em outras palavras, chegar a Pera requer nada mais do que *voluntate, studio, disciplina*.

CAPÍTULO 3: ANATOMIA DE UMA RECUSA

A desobediência civil na indústria da atenção significa preservar a atenção. Mas fazer isso saindo do Facebook e tuitar em caixa-alta sobre o fato é o mesmo erro que pensar que a Pera imaginária é uma ilha real que podemos alcançar com um barco. Uma verdadeira renúncia à atenção acontece, antes de mais nada, na mente. O que é necessário, então, não é um tipo de desistência "de uma vez por todas", mas um treinamento contínuo: não apenas a capacidade de manter a atenção, mas investi-la em outro lugar, para ampliá-la, proliferá-la e melhorar sua acuidade. Precisamos ser capazes de pensar em diferentes escalas de tempo quando a paisagem midiática nos faz pensar em ciclos de vinte e quatro horas (ou ainda mais curtos) e fazer uma pausa para consideração quando o *clickbait* tenta nos atrair; para arriscar a impopularidade procurando por contexto quando nosso *feed* do Facebook é uma manifestação de indignações e acusações descontroladas; para estudar de perto as maneiras como a mídia e a publicidade influenciam nossas emoções; para compreender as versões algorítmicas de nós mesmos que essas forças aprenderam a manipular e para saber quando estamos sendo culpados, ameaçados e transformados em reações que não vêm da vontade e da reflexão, mas do medo e da ansiedade. Estou menos interessada em um êxodo em massa do Facebook e do Twitter do que em um movimento de atenção em massa: o que acontece quando as pessoas recuperam o controle sobre sua atenção e começam a dirigi-la novamente, em conjunto.

Ocupar o "terceiro espaço" dentro da indústria da atenção é importante não apenas porque, como argumentei, a atenção individual forma a base para a atenção coletiva e, portanto, para a recusa significativa de toda espécie. Também é importante porque em um tempo de margens cada vez menores, quando não apenas os alunos, mas todos os outros "afundam o pé no acelerador" e não podem se permitir outros tipos de recusa, *a atenção pode ser nosso último recurso*. Em um ciclo no qual as plataformas orientadas financeiramente e a precariedade geral cerceiam o espaço de atenção — a própria atenção necessária para resistir a esse ataque, que então avança —, pode ser que apenas no espaço de nossas próprias mentes poderemos começar a identificar essas conexões.

RESISTA: NÃO FAÇA NADA

Em *24/7: Late Capitalism and the Ends of Sleep* [*24/7: Capitalismo tardio e o fim do sono*], Jonathan Crary descreve o sono como o último vestígio da humanidade de que o capitalismo ainda não conseguiu se apropriar (explicando assim seus muitos ataques ao sono).[66] O cultivo de diferentes formas de atenção tem um caráter semelhante, visto que a verdadeira natureza da atenção muitas vezes está oculta. O que a indústria da atenção considera natural é a qualidade da atenção, porque, como todos os sistemas capitalistas modernos, ela imagina sua moeda como uniforme e intercambiável. As "unidades" de atenção são consideradas indiferenciadas e acríticas. Para dar um exemplo particularmente desolador, mas útil, se sou forçada a assistir a um anúncio, a empresa não sabe necessariamente como estou assistindo ao anúncio. Posso até estar observando com muito cuidado, mas como um praticante de *aikido* que busca entender melhor seu inimigo — ou, por exemplo, como Thomas Merton observava a corrupção do mundo de seu retiro. Minha "participação" pode não ser sincera, como Diógenes rolando seu barril diligentemente para cima e para baixo de um morro para parecer produtivo. Como um precursor da ação, esses exercícios e essas formações de atenção dentro da mente representam um espaço primário de volição. Tehching Hsieh referiu-se a esse tipo de tática quando, falando sobre o ano em que passou na gaiola, disse que, no entanto, sua "mente não estava aprisionada".[67]

Claro, a atenção tem suas próprias margens. Como observei anteriormente, há uma parcela significativa de pessoas para as quais o projeto de sobrevivência cotidiana não reserva atenção para mais nada; isso também faz parte do círculo vicioso. Por isso é ainda mais importante que qualquer um que tenha uma margem — mesmo que pequena — a coloque em uso para o alargamento constante dela. Espaços ínfimos podem abrir pequenos espaços, pequenos espaços podem abrir espaços maiores. Se for possível prestar outro tipo de atenção, faça-o.

Mas, além de nos apresentar uma possível saída para um dilema, o processo de treinamento da própria atenção tem ainda outro predicado. Se é a atenção (decidir em que prestar atenção) que cria a nossa realidade, recuperar o controle dela também pode significar a descoberta de novos mundos

CAPÍTULO 3: ANATOMIA DE UMA RECUSA

e novas maneiras de transitarmos por elas. Como mostrarei no próximo capítulo, esse processo enriquece não apenas nossa capacidade de resistir, mas, ainda mais simplesmente, nosso acesso à única vida que temos. Pode abrir portas onde não vemos nenhuma, criar paisagens para novas dimensões que podemos eventualmente habitar com outras pessoas. Ao fazer isso, não apenas refazemos o mundo, mas refazemos a nós mesmos.

Capítulo 4

Exercícios para a atenção

Na tradição zen, dizem que, se algo é entediante por dois minutos,
deve-se tentar fazê-lo por quatro minutos. Se continuar entediante,
então tente por oito minutos. Depois tente por trinta e dois minutos.
Por fim se descobrirá que não era nem um pouco entediante.

— JOHN CAGE[1]

Quando eu era adolescente, descobri um detalhe interessante sobre Cupertino. Para quem cresceu lá no começo dos anos 2000, não havia muito que fazer além de percorrer um shopping center atrás do outro, uma experiência que ao mesmo tempo entorpecia e ocupava minha mente sem nenhum foco específico. O shopping ao qual eu mais costumava ir se chamava Cupertino Crossroads, ficava no cruzamento entre duas estradas com seis pistas cada e um semáforo surpreendentemente demorado. Cupertino Crossroads tinha os estabelecimentos comerciais que se podia esperar para a época: o supermercado Whole Foods, a loja de departamentos Mervyn's, a loja de molduras e artigos de arte Aaron Brothers, a casa de sucos Jamba Juice e a lanchonete Noah's Bagels. O detalhe curioso é que o shopping está em um local histórico. Antigamente, havia ali um "cruzamento" (crossroads, em inglês) no qual ficavam a primeira agência de correios, a primeira mercearia e o primeiro ferreiro de Cupertino. Mas não restou nenhum sinal deles. Eu nunca soube ao certo se o nome do shopping center era uma referência àquele local ou se era apenas uma coincidência. Eu me lembro de que qualquer uma dessas hipóteses parecia deprimente para mim.

As pessoas costumam associar Cupertino com a Apple, que foi fundada lá e recentemente inaugurou uma sede com arquitetura futurista, não muito longe do Cupertino Crossroads. Embora Cupertino seja uma cidade tão real

CAPÍTULO 4: EXERCÍCIOS PARA A ATENÇÃO

quanto qualquer outra, ela me dava a mesma impressão que a tecnologia criada ali — algo fora do espaço e do tempo. Praticamente não tínhamos estações do ano e, em vez de pontos de referência, tínhamos centros comerciais com escritórios (onde meus pais trabalhavam), árvores bem cuidadas e amplos espaços para estacionamento. Ninguém que eu conheci lá parecia se identificar com Cupertino, pelo menos não mais do que com qualquer outro lugar. A razão, pensava eu, era por não haver nada com que se identificar. Cupertino não tinha um começo e um fim delimitados. Era como Los Angeles, você apenas continuava dirigindo até um ponto qualquer e chegava a Campbell, depois a Los Gatos, depois a Saratoga. Além da minha angústia adolescente natural, eu me desesperava para encontrar algo em que me agarrar ou que me interessasse, mas Cupertino não tinha peculiaridade nenhuma. Não é à toa que, quando eu conheço alguém que também cresceu em Cupertino, nossa principal memória em comum seja uma casca vazia da cultura de consumo: o Vallco Fashion Park, um shopping da década de 1990 desativado e quase totalmente vazio.

O que me faltava era contexto: algo que vinculasse minha experiência a determinado lugar e não a outro, a determinada época e não a outra. Era como se eu tivesse vivido em uma simulação. Mas agora entendo que eu olhava para Cupertino de um modo totalmente equivocado.

EM 2015, ME convidaram para dar uma palestra sobre David Hockney a funcionários e guias do The Young Museum, em São Francisco. O pretexto era a exibição de sua obra de vídeo digital chamada *Seven Yorkshire Landscapes* [*Sete paisagens de Yorkshire*]. Como eu trabalhava com arte digital, esperavam que eu contribuísse com alguma perspectiva, mas eu não sabia se de fato tinha algo a dizer sobre aquilo. Hockney não era só um pintor, era um pintor *de verdade*. Como a maioria das pessoas, eu o associava a seus quadros de cenas de Los Angeles em planos achatados e cores supersaturadas — como *A Bigger Splash*, de 1967, no qual se vê uma piscina, um trampolim e um bangalô cor de pêssego, típico da Califórnia. No entanto, quando passei a pesquisar seu interesse contínuo por tecnologia — não apenas tipos de mídia,

RESISTA: NÃO FAÇA NADA

mas tecnologias de visão —, percebi que tinha muito mais a aprender com Hockney do que com qualquer outro artista.

Ele valorizava a pintura por causa de sua relação com o tempo. Avaliava que uma imagem contém a quantidade de tempo necessária para fazê-la, por isso, quando alguém olha para uma de suas pinturas, passa a habitar o tempo físico e cronológico retratado ali. E, embora Hockney use fotos nos estudos para seus quadros, ele acredita que a relação entre fotografia e tempo é irrealista: "Fotografia pode até ser legal, se você não se importar em olhar para o mundo do ponto de vista de um ciclope paralisado — e apenas por uma fração de segundo", diz ele. "Mas viver em um mundo não é isso, tampouco transmite a experiência de viver em um mundo."[2]

Em 1982, um curador do museu Centre Pompidou foi até a casa de Hockney, em L.A., para registrar alguns de seus quadros com uma câmera Polaroid e acabou deixando um rolo de filme virgem por lá. Hockney foi vencido pela curiosidade e passou a tirar fotos de todos os cantos da casa. Desenvolveu uma técnica que continuaria usando nos anos seguintes: fotomontagens em um plano quadriculado, como se fossem tiradas por uma lente olho de peixe desregulada — no centro, fotos apontando para a frente; na esquerda, fotos apontando para a esquerda etc. Lawrence Weschler compara essas primeiras obras de Hockney aos estudos de movimento em sequências fotográficas de Eadweard Muybridge, no qual cada quadro representa uma etapa da sequência, como uma história em quadrinhos. Os quadriculados de Hockney, no entanto, não são sequenciais. Em vez disso, escreve Weschler, suas grades retratam "a experiência de observar uma cena enquanto ela transcorre no tempo".[3]

Na obra *Gregory in the Pool* [*Gregory na piscina*], uma fotomontagem horizontal de uma piscina, Gregory (ou uma parte dele), amigo de Hockney, aparece em quase todos os quadros, sempre em posições diferentes. Mais do que qualquer coisa, a impressão que se tem é a de que ele nada através do tempo. Quando Hockney usou a mesma técnica para seus retratos, a grade tinha um foco ainda mais estreito, mas sempre fazendo o olhar passear pela imagem: um sapato ou um rosto poderiam aparecer duas vezes (uma de frente e uma

CAPÍTULO 4: EXERCÍCIOS PARA A ATENÇÃO

de lado). Os temas de Hockney eram reconhecíveis, mas sem muita continuidade. Nesse sentido, Hockney tentava usar uma câmera para descontruir a maneira tradicional como entendemos a fotografia: um enquadramento estático de determinados elementos em um espaço de tempo. Mais especificamente, Hockney buscava a fenomenologia da visão:

> Desde o primeiro dia, eu fiquei extasiado [...] Percebi que esse tipo de imagem é o que mais se aproxima da forma como realmente vemos, ou seja, não tudo de uma vez, mas vislumbres separados e distintos, que então juntamos à nossa contínua experiência de mundo [...] Há centenas de olhares distintos, por meio dos quais eu sintetizo minha impressão viva de você. E isso é maravilhoso.[4]

Nessa busca pela "impressão viva", Hockney se influenciou por Picasso e pelo cubismo em geral. Fez referência ao quadro *Portrait of Woman in D'Hermine Pass* [*Retrato de uma mulher em D'Hermine Pass* (Olga)], de 1923 — no qual o rosto de uma mulher aparece de perfil, mas também é possível ver seu outro olho, que deveria estar escondido, além de algumas "possibilidades" de narizes —, dizendo não haver nenhuma distorção na pintura. Para ele, o cubismo era bastante simples: se há três narizes, significa que você está olhando para o nariz três vezes.[5] Este comentário demonstra não só a preocupação com o objeto representado, mas com a relação entre representação e percepção. Quando comparou *La toilette* [*A toalete*], quadro relativamente explícito de Jean-Antoine Watteau, com a obra *Femme Couchée* [*Mulher deitada*] de Picasso — ambos retratando momentos íntimos de uma mulher —, Hockney disse que o observador do quadro de Watteau não faz parte da cena, é como se olhasse pelo buraco da fechadura. Já na obra de Picasso, é como se estivéssemos no quarto com a mulher. Para Hockney, isso tornava a pintura de Picasso mais realista, já que "não observamos o mundo de longe, estamos nele e é assim que nos sentimos".[6]

Embora utilizasse uma câmera, Hockney não considerava suas representações cubistas de pessoas e momentos como fotografias. Para ele, o que

RESISTA: NÃO FAÇA NADA

fazia estava mais próximo do desenho. Ele inclusive comparava sua descoberta a usar um lápis para fazer pontos e descobrir que se consegue traçar linhas com eles. Essas "linhas" evocam movimentos do olho conforme se absorve a cena e se tornaram ainda mais evidentes quando Hockney abandonou de vez as fotomontagens quadriculadas. Na obra *The Scrabble Game, Jan. 1, 1983* [*O jogo de palavras cruzadas, 1 de janeiro de 1983*], as fotos se espalham de maneira imprevisível a partir do tabuleiro, sobrepondo-se de modo que inadvertidamente lembram um recurso de fusão de imagens do Photoshop, assim como peças de um jogo esparramadas sobre a mesa. Ao seguir uma das trajetórias formadas pela sobreposição de fotos, vemos as diversas expressões faciais de cada jogador (sérias, rindo, prestes a falar). Ao seguir outra, vemos o rosto pensativo de uma mulher sob diversos ângulos, apoiado sobre suas mãos. Do lado oposto, um gato preguiçoso descobre sua cara e presta atenção no jogo. Na parte inferior, vemos a mão do fotógrafo, como se fosse a de quem observa a cena, apoiada perto das peças ainda por jogar.

A mais famosa dessas obras, que Hockney chama de *joiners*, é *Pearblossom Highway, 11th-18th April 1986* [*Estrada Pearblossom, 11 a 18 de abril de 1986*]. Como o próprio título indica, Hockney levou oito dias para tirar as dezenas de fotografias e depois mais duas semanas para montá-las. Vista de longe, a composição mostra uma paisagem comum, mas logo se nota que o letreiro *STOP AHEAD* [*Pare à frente*] pintado no asfalto se aproxima de maneira estranha. O tamanho dos detritos nas margens da estrada parece desproporcional, e os cactos do tipo *cholla* ao fundo parecem tão detalhados quanto os que estão mais próximos do observador.

Tais disjunções e discrepâncias de tamanhos eliminam qualquer senso de continuidade ou subjetividade (*punctum*).[7] Sem a estrutura familiar de um ponto de fuga perceptível, o olho vagueia pela cena, prendendo-se a detalhes na tentativa de juntar todas as referências. Esse processo faz com que o observador perceba sua própria "construção" de cada cena na qual encontra seres vivos em um mundo vivo. Em outras palavras, a obra é uma colagem nem tanto pelo apreço que Hockney tem por colagens, mas porque é o que mais se aproxima do processo instável e altamente pessoal de percepção.

CAPÍTULO 4: EXERCÍCIOS PARA A ATENÇÃO

Hockney já chamou *Pearblossom Highway* de um "ataque panorâmico à perspectiva renascentista de um ponto de fuga".[8] Ele atacava esse tipo de perspectiva porque, diferentemente de estilos como o cubismo, estava associada a um tipo de visualização de que Hockney não gostava. Em uma palestra que deu em 2015 no Getty Museum de Los Angeles, Hockney apresentou uma pintura chinesa feita em um pergaminho como exemplo de uma forma de visualização na qual ele estava mais interessado. O pergaminho era tão comprido que Hockney o apresentou como um movimento cinematográfico de câmera que percorria suas diversas cenas — não era uma imagem em si, mas uma compilação de momentos: pessoas em fila para entrar em um templo, outras cruzando o rio em um barquinho, outras conversando sob uma árvore. Ao fundo, a visão da terra recua sem focar em nenhum ponto específico. A narrativa do pergaminho é excessiva, aberta e sem direção. Remete a uma das fotomontagens panorâmicas de Hockney, na qual se vê o parque Zion Canyon e, ao centro, uma placa na qual está escrito: VOCÊ FAZ A IMAGEM.

Em 2012, depois de experimentações com os primeiros modelos de computadores Macintosh, máquinas de fax e as primeiras versões do Photoshop, Hockney encontrou outra maneira de "fazer a imagem". Acoplou doze câmeras na lateral de um carro e dirigiu lentamente por pequenas estradas em Yorkshire, perto de onde nasceu. Cada peça de *Seven Yorkshire Landscapes* compõe uma grade de três telas por seis, de ponta a ponta. Como o campo de visão e o *zoom* de cada câmera foi intencionalmente desalinhado, o efeito gerado é parecido com um caleidoscópio, quase como um Google Street View alucinógeno. Como em *Pearblossom Highway*, a ligeira desconexão entre as "fotografias" engana nossos olhos e nos faz olhar mais de perto, sugerindo que há algo escondido em cada painel — e há.

Nesses trabalhos com vídeo, no entanto, Hockney utiliza uma espécie de "ritmo de formiga" para potencializar a sua tradicional técnica de desalinhamento. No YouTube, é possível ver um vídeo que um espectador gravou dessa obra, no qual crianças correm de um lado para o outro das telas, apontando, pulando e olhando as folhas das árvores. O vídeo parece confirmar a descrição de Hockney de seu próprio projeto: "A composição se mantém a mesma, e você passa lentamente por um arbusto. Há tanto a ser visto que é impossível ficar entediado. Todos assistem porque há muito a ser visto. Há muito a observar". Comparando seu projeto com a TV, ele diz que, "se você mostra o mundo de uma forma melhor, há muito, muito mais beleza. A beleza está no processo de enxergar".

Quando falei aos funcionários do The Young Museum sobre *Seven Yorkshire Landscapes*, mencionaram algo interessante. Alguns frequentadores do museu comentaram que, após verem a obra de Hockney, todo o exterior parecia diferente. Especificamente aqueles que, logo após a exposição, visitaram o Jardim Botânico de São Francisco (que fica perto do The Young Museum) perceberam que a obra de Hockney havia recondicionado sua maneira de observar — um olhar muito mais lento, que se deleitava a cada nova textura. Era como se vissem um outro jardim, de uma beleza caleidoscópica.

Hockney, que define o olhar como uma "ação afirmativa", teria ficado satisfeito. Para ele, o olhar real era uma habilidade e uma decisão consciente que poucas pessoas praticavam. "Há muito a ser visto", desde que você esteja disposto a ver.[9] Nesse sentido, o que Hockney e inúmeros outros artistas propõem é uma espécie de prótese para a atenção. Essa proposta parte do pressuposto de que os ambientes próximos merecem tanta atenção — se não mais — quanto as obras expostas em um museu.

PARA MIM, É muito fácil acreditar nos relatos desses frequentadores do museu porque eu tive uma experiência muito similar alguns anos antes — mas com sons, e não com observações. Eu estava no Davies Symphony Hall, em São Francisco, aonde às vezes ia após o trabalho me confortar com minhas obras antigas favoritas, vinho supercaro servido em taça de plástico e o anonimato entre pessoas mais velhas. Nessa noite, especificamente, eu fui ver um concerto de músicas de John Cage. A obra mais conhecida de Cage se chama 4'33", uma "música" com quatro minutos e meio de silêncio e três movimentos na qual o pianista não toca nada. Embora muitos a considerem apenas uma provocação de arte conceitual, há algo de bastante

CAPÍTULO 4: EXERCÍCIOS PARA A ATENÇÃO

profundo: cada vez que é "tocada", o som ambiente, incluindo tosses, risadas desconfortáveis e arranhões nas cadeiras, ajuda a compor a peça. É uma abordagem parecida com a de Eleanor Coppola em sua obra *Windows*, mas utilizando sons em vez de atividade visual.

Na época, eu já conhecia um pouco sobre Cage e sua filosofia de que "tudo o que ouvimos é música". Assisti a entrevista em que ele se senta ao lado da janela de um apartamento, extasiado com o som do trânsito lá fora. Em minha aula, mostrei algumas vezes o vídeo de sua *performance* chamada *Water Walk*, no programa *I've Got a Secret*, nos anos 1960, na qual ele rega um vaso de plantas dentro de uma banheira, dá pancadas em um piano e aperta um patinho de borracha diante de uma plateia perplexa e maravilhada. Eu já sabia que suas obras seguiam procedimentos e operações aleatórias, por isso não me espantei ao ver que o encarte do seu disco dizia que a duração era "de 15 a 45 minutos, depende do que acontecer".

No entanto, nunca havia visto uma obra de Cage ao vivo, ainda mais executada por uma orquestra e sua tradicional plateia. No lugar das fileiras de músicos vestidos de preto, as pessoas no palco usavam roupas comuns e se moviam ao redor de objetos como uma máquina de escrever, um maço de baralho e um liquidificador. Três vocalistas emitiam sons estranhos e assustadores enquanto alguém embaralhava cartas diante de um microfone e outra pessoa caminhava pela plateia distribuindo presentes — e tudo fazia parte da partitura, de alguma forma. Como eu imagino que deva acontecer em várias execuções de obras de Cage, a plateia parecia inquieta em seus assentos, fazendo muito esforço para não rir — o que não seria digno de uma sala de concertos. No entanto, quando Michael Tilson Thomas, maestro da Sinfônica de São Francisco, usou um liquidificador para bater uma vitamina e ao final deu um gole satisfeito, não houve jeito. As risadas preencheram o salão e passaram a fazer parte do concerto.

O decoro de uma sala de concertos não foi a única coisa a ser descontruída naquela noite. Quando saí do teatro e desci a Grove Street para pegar o bonde, ouvia cada som com uma clareza diferente — carros, passos, o vento, os bondes elétricos. Não que eu ouvisse as coisas com mais clareza, mas era capaz de ouvir absolutamente tudo. Eu me perguntava como era

RESISTA: NÃO FAÇA NADA

possível ter vivido em uma cidade por quatro anos — inclusive tendo caminhado por aquela mesma rua inúmeras vezes após ter assistido a espetáculos — e nunca ter ouvido nada?

Eu senti a diferença em mim por meses após aquele dia. Às vezes até ria alto sozinha. Me sentia a protagonista de um filme que havia visto sem querer um ano antes. É do cineasta Eran Kolirin e se chama *The Exchange* e, para ser sincera, não tem muito roteiro. Um estudante de doutorado esquece algo em casa, volta para buscar e percebe que seu apartamento parece estranho àquela hora do dia. (Tenho certeza de que muitos de nós tivemos a mesma experiência quando crianças, ao ficar doentes e voltar da escola mais cedo e acabar sentindo que a casa parecia diferente). Completamente alheio à realidade, o protagonista passa o restante do filme fazendo coisas como empurrar um peso de papel de uma mesinha da sala, atirar um grampeador pela janela, passar por entre arbustos ou simplesmente se deitar no chão do apartamento, que fica no subsolo. É como se ele deixasse de ser um homem que cuida de seus assuntos diários e se tornasse um alienígena que encontra pessoas, objetos e leis da física com os quais nunca teve contato.

Sempre apreciei esse filme por sua quietude ilusória: mostra como o menor rompimento pode, de súbito, nos fazer prestar mais atenção às coisas. Assim como os espectadores da obra de Hockney, que relataram "ver coisas" depois da exposição, ou como eu andando pela Grove Street, fascinada pelos sons ao redor, a reviravolta do filme está toda relacionada à percepção. Mostra como a realidade se torna infinitamente estranha quando olhamos *para* ela e não *através* dela.

QUALQUER UM QUE já tenha experimentado essa sensação de alheamento sabe que ela pode ser tanto emocionante como desorientadora. Há mais do que apenas um toque de delírio quando William Blake nos convida a "ver o mundo em um grão de areia / e o céu em uma flor silvestre / ter o infinito na palma de sua mão / e a eternidade em uma hora". Com essa maneira de olhar, pela qual todos somos Alice e tudo é uma possível toca de coelho,

102

CAPÍTULO 4: EXERCÍCIOS PARA A ATENÇÃO

tudo é potencialmente imobilizador, no mínimo nos coloca em descompasso com o cotidiano. Aliás, o único drama verdadeiro de *The Exchange* se dá na relação do protagonista com todas as outras pessoas, em especial sua namorada, para quem suas ações parecem desequilibradas.

Então por que se enfiar na toca do coelho? Primeiro, porque é divertido. A curiosidade, essa força propulsora que conhecemos desde crianças, vem da diferença entre o conhecido e o desconhecido. Até mesmo a curiosidade mórbida presume que há algo que não vimos e gostaríamos de ver, o que gera uma sensação agradável de incompletude e de que há algo novo a caminho. Sempre adorei essa sensação, embora nunca tenha me parecido uma escolha de fato. A curiosidade é o que me interessa em projetos que me façam esquecer de mim mesma.

Isso leva à segunda razão pela qual abandonamos as coordenadas do que em geral vivenciamos: ao fazer isso, transcendemos nosso Eu. Práticas de atenção e curiosidade são inerentemente abertas, orientadas para algo fora de nós mesmos. Por meio delas, suspendemos nossa tendência a compreender as coisas de maneira instrumental — enxergar objetos e pessoas como produtos unidimensionais de suas funções. Em vez disso, contemplamos a insondabilidade da existência de tais coisas, que se abre para nós sem nunca ser completamente compreendida ou conhecida.

O filósofo Martin Buber, em seu livro *Eu e tu*, de 1923, estabelece uma distinção entre as formas de ver que chama de Eu-Isso e Eu-Tu. Em Eu--Isso, o outro (que pode ser algo ou alguém) é um "isso" que existe apenas como instrumento ou meio para um fim, algo a ser apropriado pelo "Eu". Uma pessoa que conhece apenas o Eu-Isso jamais encontrará nada fora de si, porque não é capaz de realmente "encontrar". Buber diz que esse tipo de pessoa "conhece apenas o ávido mundo exterior e seu ávido desejo de usá--lo". Quando ele diz "você", quer dizer "você, minha capacidade de usar".[10]

Em contraste com o Eu-Isso, o Eu-Tu reconhece a irredutibilidade e a absoluta igualdade do outro. Nessa configuração, conhecemos inteiramente o "tu" de alguém dedicando atenção total a ele, pois dessa forma não projetamos nem interpretamos esse alguém, o mundo se contrai em um momento de exclusividade mágica entre duas pessoas. No Eu-Tu, o "tu" não precisa ser uma pessoa. O exemplo mais famoso que Buber oferece é o das diferentes formas de olhar para uma árvore, sendo que apenas uma pode ser classificada como Eu-Isso. Pode-se "aceitá-la como uma imagem", descrever seus elementos visuais, considerá-la membro de determinada espécie, uma expressão das leis da natureza ou uma pura relação de números. "Através de tudo isso, a árvore permanece sendo meu objeto e tem um lugar e uma duração, parentescos e condições", diz ele. Mas então há a opção Eu-Tu: "Caso haja vontade e encanto, também pode ser que, ao contemplar a árvore, eu seja atraído para uma relação, e ela deixa de ser um Isso. Então terei sido tomado pelo poder da exclusividade".[11]

Nesse caso, encontramos a árvore em toda a sua alteridade, um reconhecimento que nos atrai para fora de nós mesmos e fora de uma visão de mundo na qual tudo existe para nós. A árvore existe fora: "A árvore não é uma impressão, não é fruto da minha imaginação, nem uma expressão de humor; ela me confronta fisicamente e tem que se relacionar comigo da mesma forma que eu me relaciono com ela — apenas de modos diferentes. Não se deve tentar minimizar o significado dessa relação: relação é reciprocidade. (Walter Kaufmann, o tradutor do livro, observa que no alemão original o autor usa um verbo bastante incomum para "me confronta fisicamente": *leibt*, que significa *corpo*. Portanto, a tradução mais precisa seria "se incorpora através de mim".) Isso significa que a árvore tem consciência da maneira como a entendemos? Para Buber, essa pergunta é descabida, pois recai no pensamento do Eu-Isso: "Deve-se outra vez dividir o indivisível? O que eu encontro não é a alma da árvore, tampouco uma dríade, mas a própria árvore".[12]

Um dos meus exemplos favoritos de um encontro Eu-Tu é o poema de Emily Dickinson chamado "Um pássaro pousou na calçada". Quem me apresentou a ele recentemente foi o poeta e intelectual John Shoptaw, que também foi o orientador do meu TCC na Universidade de Berkeley. Hoje é um dos poemas dela de que mais gosto:

> *Um pássaro pousou no passeio*
> *Sem perceber que eu o via*

CAPÍTULO 4: EXERCÍCIOS PARA A ATENÇÃO

Partiu uma minhoca ao meio
E comeu crua a pobre iguaria

Sorveu uma gota de orvalho
Do providencial gramado
Para o lado do muro foi saltitando
Pois um besouro vinha apressado

Seus olhinhos assustados
Correram depressa por tudo
Como inquietas contas de vidro, pensei eu
Ele sacudia sua cabeça de veludo

Como se houvesse perigo, cauteloso
Ofereci a ele migalhas
Desenrolou suas asas
Que o levaram para casa

Suave como remos cruzando o oceano
Costurando uma leve linha prateada
Borboletas às margens do meio-dia
Que saltam e mergulham sem tocar a água.[13]

Shoptaw, sabendo do meu hábito de alimentar pássaros, apontou que o verso "Como se houvesse perigo, cauteloso" poderia tanto se referir ao passarinho como ao observador que oferece migalhas. Para explicar, ele me pediu para pensar em como fico quando me aproximo para dar amendoins a Crow ou Crowson em minha sacada. Nunca havia pensado nisso, mas percebi que tanto os corvos como eu agíamos "como se houvesse perigo, cautelosos", quase paralisados, completamente concentrados uns nos outros, atentos ao menor movimento de cada um e agindo de acordo com eles.

Além do mais, mesmo após anos observando os mesmos corvos, seu

RESISTA: NÃO FAÇA NADA

comportamento — assim como o movimento aparentemente aleatório do pássaro de Dickinson — ainda é inescrutável para mim (tanto quanto o meu deve ser para eles). Assim como o pássaro do poema voa suavemente para alguma "casa" desconhecida, nada indica que exista algo além em nós, não mais do que a partida para o céu, tão repentina e espontânea quanto sua chegada. Tudo isso compõe um ser que não pode ser "entendido" ou "interpretado" (Eu-Isso), apenas "percebido" (Eu-Tu). E o que não pode ser entendido — e isso é definitivo — demanda atenção constante e absoluta, um contínuo estado de encontro.

EM MEADOS DO século 20, como resposta a um longo período de arte figurativa, diversos pintores abstratos e minimalistas tentavam induzir um tipo de encontro "Eu-Tu" entre a obra e seu observador. Um exemplo disso é *Onement VI [Singularidade VI]*, pintado por Barnett Newman em 1953, uma tela de 2,5 x 3 m, um quadro azul-escuro dividido por uma grosseira linha branca. Quando o crítico e filósofo Arthur C. Danto escreveu sobre essa obra de Newman, chamou-a de a primeira pintura "verdadeira". Embora suas obras anteriores teoricamente fossem pinturas, Danto as considerava "meras imagens". Ele dá o exemplo das pinturas renascentistas, nas quais a imagem é como uma janela através da qual se observam eventos que ocorrem em um espaço que não ocupamos (Hockney tampouco teria gostado desse tipo de pintura). Uma pintura verdadeira, contudo, nos confronta em um espaço físico:

> As [novas] pinturas de [Newman] são objetos por si mesmas. Uma imagem representa algo exterior; uma pintura representa a si própria. Uma imagem é uma mediação entre o observador e o objeto em um espaço pictórico; uma pintura é um objeto com o qual o observador se relaciona em mediação [...] está na superfície e divide o mesmo espaço conosco. Pintura e observador coexistem na mesma realidade.[14]

CAPÍTULO 4: EXERCÍCIOS PARA A ATENÇÃO

Essa observação, a propósito, aponta outra maneira pela qual nossa atenção nos faz olhar para fora do nosso Eu: não é somente o outro que se torna mais real para nós, mas nossa própria atenção se torna mais palpável. Quando confrontamos a nós mesmos contra uma "parede" e não em uma janela, começamos a ver a forma como enxergamos.

Recentemente, fui arrebatada por esse tipo de encontro. Eu passava o tempo antes de uma reunião com uma pessoa do Museu de Arte Moderna de São Francisco, vagando pelos andares do museu, e encontrei a exposição *Approaching American Abstraction* [*Abordando a abstração americana*]. Em determinado momento dobrei um dos corredores e me deparei com o quadro *Azul Verde Preto Vermelho*, de Ellsworth Kelly, que é exatamente o que o título indica: quatro painéis, cada um de uma cor, praticamente do meu tamanho. A princípio, não dei muita atenção, nem pensei que era "sobre" qualquer coisa além de abstração (seja lá o que isso quer dizer). Mas, quando me aproximei do primeiro painel, fui toda tomada por uma sensação física. Mesmo a tela sendo lisa e sólida, a cor azul não era estável: vibrava e parecia empurrar ou atrair meu olhar para diversas direções. Por falta de descrição melhor, a pintura parecia ativa.

Devo enfatizar que foi uma sensação física — como a árvore de Buber, a pintura se "incorporou" através de mim. Percebi que precisava olhar cada painel, me deter durante o mesmo tempo em cada um, pois cada cor vibrava de maneira diferente, ou ainda minha percepção se alterava a cada cor. Por mais estranho que pareça chamar uma pintura lisa e monocromática de "mídia baseada em tempo", de fato havia algo a ser descoberto em cada painel — ou ainda na minha relação com cada um deles —, e, quanto mais eu observava, mais descobria. Com uma certa timidez, imaginei o que alguém do outro lado do salão, longe demais para conseguir entender, pensaria ao me ver: uma pessoa olhando fixamente para painéis "vazios", um após o outro.

Essas pinturas me ensinaram sobre atenção e duração, que o que eu vejo depende de como eu olho e por quanto tempo. É muito parecido com a respiração. Sempre haverá algum grau de atenção presente, mas, quando

RESISTA: NÃO FAÇA NADA

assumimos o controle, somos capazes de direcioná-la de modo consciente, expandi-la ou contraí-la. Muitas vezes me surpreendo com a superficialidade tanto da minha atenção como da minha respiração. Assim como uma respiração boa e profunda requer treinamento e marcações, todas as obras de arte que descrevi até agora podem ser vistas como instrumentos de treino de atenção. Quando nos estimulam a perceber dimensões e tempos com os quais não estamos acostumados, essas obras nos ensinam como manter a atenção, mas também a movê-la para a frente ou para trás de acordo com diferentes formas de registro. Como sempre, isso é divertido por si só. No entanto, a importância de direcionar nossa atenção torna-se clara quando baseamos nossa maneira de agir na forma como enxergamos.

TALVEZ SEJA ÚTIL considerar também exemplos de treinos de atenção menos artísticos e mais funcionais. O dr. Aaron Seitiz, neurocientista da Universidade da Califórnia, desenvolveu em 2014 um aplicativo de treinamento visual chamado ULTIMEYES e o testou em jogadores de beisebol universitário. O foco do aplicativo era a acuidade visual dinâmica — capacidade de discernir detalhes em objetos em movimento — e aparentemente teve um efeito positivo no desempenho dos atletas. Em uma seção de perguntas e respostas do *site* Reddit, Seitz constatou que os problemas de visão são acompanhados de dois fatores: distúrbios visuais reais e comprometimento de determinadas áreas do cérebro. Obviamente, problemas oculares requerem atenção médica; o objetivo do aplicativo era aprimorar funções cerebrais relacionadas à visão.[15]

No entanto, o aplicativo talvez seja útil para treinar outras formas de atenção. Na App Store, loja *on-line* de aplicativos, um dos usuários escreveu uma classificação intitulada "O mais idiota", na qual relatou só ter conseguido usar o *app* por dez minutos, até que se entediou e o deletou.[16] Eu diria que é uma experiência bastante simples. Quando decidi testar, o que vi foi uma tela cinza que aparecia muitas vezes e na qual eu deveria clicar em um sorrateiro conjunto de *Gabors* (quadradinhos com traços pouco nítidos

CAPÍTULO 4: EXERCÍCIOS PARA A ATENÇÃO

dentro deles). Se eu não conseguisse ver nenhum, o que acontecia com frequência, a tela tremia insistentemente até que eu enfim enxergasse.

A cada três sessões, um tipo diferente de exercício testava minha acuidade visual. Como era de esperar, minha pontuação aumentava a cada teste. Só que, mais do que melhorar minha visão, percebi que o aplicativo era um importante lembrete das várias formas possíveis de olhar para alguma coisa. Comecei a ficar obcecada quando eu sabia (racionalmente) que havia algo na tela mas não conseguia ver de jeito nenhum, seja porque estava transparente demais ou porque eu estava olhando para o lugar errado.

De certa forma, essa foi uma primeira experiência prática de um estudo que li sobre "cegueira não intencional". Arien Mack e Irvin Rock, pesquisadores da Universidade de Berkeley, cunharam o termo na década de 1990, quando estudavam como nossa capacidade de perceber algo muda de maneira drástica se estiver fora de nosso campo de visão. Em uma experiência simples, pediram que algumas pessoas olhassem uma cruz em uma tela e dissessem se alguma das linhas parecia maior do que as outras. Essa tarefa, no entanto, era um estratagema que escondia a verdadeira experiência. Enquanto as pessoas olhavam a cruz, um pequeno ponto piscava em alguma parte da tela. Quando esse ponto brilhava dentro do espaço onde a cruz se encontrava, as pessoas o percebiam com mais facilidade. "Resumindo, quando o ponto distrativo pisca fora da área onde seu olhar está concentrado, é muito menos provável que capte a atenção e seja visto", escreveram os pesquisadores.[17]

Pode parecer algo intuitivo, mas a coisa se complica. Se, mesmo por pouco tempo, o que piscasse fora da área de atenção visual fosse algo reconhecível como um rosto sorrindo ou o nome do voluntário, seria percebido. Isso depende de quão reconhecível é o estímulo. No teste, o observador não notava, por exemplo, um rosto triste ou embaralhado, ou mesmo uma palavra que não fosse seu nome, mesmo que parecida (a pessoa veria "Jenny", mas não perceberia a palavra "Janny", mesmo que piscassem no mesmo ponto da tela). A partir daí, Mack e Rock concluíram que toda informação — percebida ou não — estava sendo processada e que apenas na etapa final

109

do processamento o cérebro determinava o que seria registrado. "Se não for isso", escreveram, "é muito difícil explicar por que alguém enxerga "Jack", mas não "Jeck", ou por que um rosto feliz é notado muito mais vezes do que um rosto triste ou embaralhado. Os pesquisadores sugerem que a atenção é "a chave que abre o portão entre a percepção inconsciente e a consciente. Sem essa chave, o estímulo simplesmente não é percebido."[18]

Como sou uma artista interessada no uso da arte para influenciar e ampliar a atenção, não pude deixar de extrapolar as implicações da atenção visual para todo e qualquer tipo de atenção. É comum dizer que só enxergamos aquilo que estamos procurando, mas a ideia de que a informação chega ao nosso cérebro sem ser reconhecida de modo consciente parece explicar a estranheza de quando enfim notamos algo que estava o tempo todo à nossa frente. Por exemplo, nas inúmeras vezes em que caminhei pela Grove Street após ter assistido a um concerto, é de presumir que meu ouvido percebesse e processasse todos os sons ao redor, afinal, eu não tinha nenhum problema fisiológico de audição. A chave para que esses sons atravessassem o portão para minha percepção consciente foi o concerto de John Cage, ou melhor, o modo como ele ajustou minha atenção. Quando mudei meu foco de atenção, todos esses sinais que viajavam na minha cabeça finalmente receberam permissão para adentrar a percepção consciente.

Talvez haja ainda outros paralelos possíveis, uma vez que a cegueira não intencional é apenas uma forma de tendência visual, e o mesmo fenômeno parece ocorrer em tipos mais intensos de tendência. Jessica Nordell, em um artigo na revista *Atlantic* chamado "Is This How Discrimination Ends?" ["É assim que a discriminação acaba?"], participou de uma sessão do Prejudice Lab [Laboratório do Preconceito], projeto conduzido pela professora de psicologia Patricia Devine. Em sua pós-graduação, Devine realizou experiências sobre os aspectos psicológicos de tendências implícitas ao racismo. "Ela demonstrou que, mesmo que algumas pessoas não acreditem em estereótipos racistas, eles existem e, quando absorvidos, podem influenciar o comportamento de alguém mesmo sem ser percebido ou intencional." O Prejudice Lab realiza oficinas em empresas e escolas, com o intuito de mos-

CAPÍTULO 4: EXERCÍCIOS PARA A ATENÇÃO

trar às pessoas suas próprias inclinações — na prática, as ajuda a enxergar o que não enxergavam antes.[19]

Nordell participou de uma oficina de duas horas na qual Devine e seu colega Will Cox explicaram a ciência por trás das inclinações de pensamento, "apoiados por uma montanha de provas", e pediram que os alunos relatassem casos de como essas inclinações afetaram suas vidas. Nenhum deles teve dificuldade para lembrar de algum caso. Nordell escreve que, embora outros experimentos psicológicos considerem o preconceito como uma condição a ser corrigida, Devine o trata como um comportamento, e seu objetivo é simplesmente "fazer com que padrões inconscientes se tornem conscientes e intencionais". Na prática, o Prejudice Lab foi a "chave de atenção" que fez as pessoas tomarem consciência de seus pensamentos e comportamentos racistas. Até o momento, diz Nordell, os dados sugerem que a abordagem funciona. O sucesso da intervenção, no entanto, reside em grande parte no próprio indivíduo. "Para mudar um hábito", diz Devine, "é preciso estar consciente dele, motivado a mudar e ter uma estratégia para substituí-lo."

É NESTE PONTO que quero retomar a relação que abordei no capítulo anterior entre disciplina e atenção. A própria palavra *atenção* contém elementos de esforço e tensão, pois vem do latim *ad tendere*, "tensionar em direção a algo". Uma das expressões mais prementes dessa relação pode ser vista no livro *The Principles of Psychology* [*Princípios de Psicologia*], escrito por William James em 1890. James define a atenção como a capacidade de manter algo diante da mente, pois a inclinação natural da atenção é ser fugaz. Ele cita o médico e físico Hermann von Helmholtz, que realizou testes com diversos tipos de distração:

A tendência natural da atenção, por si só, é vagar por cada novidade que encontra; e, assim que perde o interesse por algum objeto, logo nota algo novo em outra parte. Ela desloca seu foco independentemente de nossa vontade. Se quisermos concentrá-la sobre um único objeto, devemos constantemente encontrar algo novo sobre ele, sobretudo se houver outros pensamentos nos impelindo à distração.[20]

Se, como eu havia dito, a atenção é um estado de abertura que presume algo novo a ser visto, também é verdade que esse estado deve resistir à nossa tendência de considerar que nossas observações foram concluídas, ou que não há mais nada a ser feito. Tanto para James quanto para von Helmholtz, isso significa que não existe atenção voluntária sustentável. O que é considerado como atenção contínua é na verdade uma série de esforços sucessivos para fazer a atenção voltar ao mesmo foco, com uma insistência inabalável. Além disso, se a atenção é atraída para o novo, devemos sempre encontrar novos ângulos para o objeto de nossa atenção sustentada — o que não é uma tarefa fácil. James então explica o papel da vontade na atenção:

> Embora a tendência natural do pensamento seja exatamente o contrário, a atenção deve se manter estrita ao objeto de foco até que finalmente seja completada, assim se manterá com facilidade. Esse esforço de atenção é o ato fundamental da vontade.[21]

Nordell conclui seu artigo sobre o Prejudice Lab com um exemplo eloquente desse retorno constante e incansável ao foco de atenção. Ela conta que no dia em que saiu da Universidade de Wisconsin-Madison, onde a oficina havia acontecido, chegou ao hotel onde estava hospedada e viu no saguão duas pessoas vestindo "roupas surradas, amarrotadas e rasgadas nos joelhos". Antes que se desse conta, já havia criado em sua mente uma história para aquelas pessoas: não era possível que fossem hóspedes, deviam ser amigos de algum funcionário. "Era uma história minúscula, apenas uma pequena suposição", conta ela, "mas é assim que as tendências começam: basta uma faísca — despercebida — para acionar comportamentos, reações e pensamentos." O laboratório a havia treinado para identificar esse tipo de tendência, e assim ela fez. Seu comprometimento com a prática demonstra que o cerne da atenção sustentada é a vigilância constante:

CAPÍTULO 4: EXERCÍCIOS PARA A ATENÇÃO

Mais tarde, continuei observando a flutuação de pensamentos, como alguém tentando apanhar libélulas com uma rede. E muitas vezes eu as apanhei. Talvez seja assim que meu preconceito termine. Observando-o. Capturando-o e o trazendo à luz. Libertando-o. Observando novamente.[22]

SE ATENÇÃO E vontade estão tão intimamente ligadas, é mais uma razão para nos preocuparmos com um sistema econômico e de informações que se alimenta da nossa atenção. James Williams, defensor da ética na tecnologia e fundador do movimento *Time Well Spent* [*Tempo bem gasto*], alertou sobre os riscos da indústria da atenção em um *post* sobre bloqueadores de anúncios digitais, publicado no blog "Practical Ethics" ["Ética Prática"], que faz parte do *site* da Universidade de Oxford:

> Sentimos as consequências indiretas da indústria da atenção em um grau pequeno, por isso costumamos descrevê-las usando palavras brandas como "irritantes" ou "distrativas". Mas essa é uma leitura equivocada sobre o que de fato são. A curto prazo, essas distrações nos impedem de fazer o que queremos. A longo prazo, porém, elas se acumulam e nos impedem de viver a vida que desejamos ou, pior, sabotam nossa capacidade de reflexão e autocontrole, dificultando o que Harry Frankfurt chama de "querermos o que queremos querer". Portanto, há o risco de implicações profundas para o bem-estar, a liberdade e a integridade do Eu.[23]

Conheci o trabalho de James Williams por meio de uma recente dissertação de mestrado chamada "Persuasive Design Techniques in the Attention Economy: User Awareness, Theory, and Ethics" ["Técnicas de *design* persuasivo na indústria da atenção: conscientização do usuário, teoria e ética"], cuja autora é Devangi Vivrekar, mestranda da Universidade de Stanford. O foco principal da tese é um sistema chamado Nudget, criado e

testado por Vivrekar e seus colegas do departamento de Interação Humano-
-Computador [Human-Computer Interaction]. Em um esforço para cons-
cientizar quanto ao *design* persuasivo, o Nudget usou sobreposições para
identificar e destacar vários elementos de *design* persuasivo encontrados pelos usuários do Facebook.[24]

Além disso, a dissertação também é útil como catálogo das várias formas de *design* persuasivo — do tipo que cientistas comportamentais estu-
dam na publicidade desde meados do século 20. Por exemplo, Vivrekar lista
as estratégias identificadas pelos pesquisadores Marwell e Schmitt, em 1967:
"recompensa, punição, conhecimento positivo, conhecimento negativo,
aprovação/incentivo, presentear/pré-doação, dívida, estímulo aversivo,
apelo moral, autoapreciação, autodepreciação, projeção positiva de identidade, projeção negativa de identidade, alta autoestima por outros, baixa
autoestima por outros". A própria Vivrekar pede a participantes do estudo
que identifiquem exemplos de *design* persuasivo no *site* LinkedIn e compilou
uma lista impressionante de 171 técnicas.[25] Aqui temos alguns exemplos:

Tela nº	Nº	Veículo de persuasão	Método de persuasão
1A	1	Selos de notificação na barra de ferramentas horizontal para "notificações", "mensagens" e "rede"	Induz a clicar e ver novas notificações (desperta a curiosidade)
1A	2	Cor vermelha nos selos de notificação na barra de ferramentas horizontal	Destaca / chama a atenção / indica urgência para clicar em páginas de outras pessoas ou empresas
1A	3	Número nos selos de notificação na barra de ferramentas horizontal	Simula lista de tarefas, incentivando a completá-la (desejo básico por ordem)
1A	4	Notificações variadas e intermitentes	O cronograma das notificações é variado e intermitente, mantendo-o interessante por meio da constante mudança
1A	5	Anúncio de texto na parte superior: "Pronto para uma mudança..."	Aparenta ser orgânico e relevante para estimular o clique

CAPÍTULO 4: EXERCÍCIOS PARA A ATENÇÃO

O detalhado glossário, muito preciso na descrição das diversas formas de persuasão, está completamente alinhado à minha crença de "conheça seu inimigo" quando se trata de indústria de atenção. É possível, por exemplo, traçar um paralelo entre o sistema Nudget, que ensina usuários a identificar como estão sendo persuadidos, e o Prejudice Lab, que mostra aos participantes como seus comportamentos são influenciados por determinadas tendências.

No entanto, Vivrekar e eu chegamos a conclusões bem diferentes após esse estudo. Em uma seção de sua tese, intitulada "Contra-argumentos", encontrei uma explicação bastante adequada para minha defesa da disciplina. Ela diz: "No debate entre agentes e estrutura, os defensores dos agentes afirmam que, em vez de tentar tornar a persuasão mais ética, deveríamos nos concentrar em empoderar pessoas para que tenham mais autocontrole (me identifiquei!)". Porém, Vivrekar e os defensores da ética citados por ela são pessimistas quanto a essa abordagem:

> Retratar o problema apenas como a necessidade de sermos mais atentos em nossas interações nos aplicativos é como dizer que precisamos ser mais atentos ao interagir com algoritmos de inteligência artificial programados para nos vencer no xadrez. Algoritmos igualmente sofisticados nos vencem no jogo da atenção o tempo todo.[26]

Para Vivrekar, a persuasão já está pressuposta, e só o que podemos fazer quanto a isso é redirecioná-la:

> Quando nos damos conta de que centenas de programadores e *designers* preveem e planejam nossos movimentos nessas plataformas, parece mais lógico mudarmos o foco da discussão para a persuasão ética.

Esse argumento desconsidera alguns fatores importantes. "Persuasão ética" significa persuadir o usuário a fazer algo bom para ele, por meio de um "*design* harmonioso que o empodera de modo contínuo, em vez de distraí-lo

RESISTA: NÃO FAÇA NADA

e frustrá-lo." Ao ler isso, me vêm as perguntas: "Me empoderar para fazer o quê? Algo bom para mim segundo quem? E segundo quais padrões? Felicidade? Produtividade? São os mesmos padrões que Frazier utilizou para criar *Walden Two*. Não me agrada a ideia de que a batalha da atenção já está perdida para mim, que um agente quer tomar o controle de minha atenção, em vez de simplesmente a direcionar para o que considera melhor para mim.

Essa solução também menospreza a própria indústria da atenção — algo que deve ser corrigido, mas que ao mesmo tempo é inevitável. Vivrekar observa que "métricas que se alinham melhor aos valores do usuário nem sempre contrariam os lucros a longo prazo de empresas que fazem parte da indústria da atenção; na verdade, representam uma oportunidade de mercado". Ela cita Eric Holmen, vice-presidente sênior da Urban Airship, uma empresa na qual, "todos os dias, profissionais de marketing e de desenvolvimento se esforçam [...] para promover bilhões de momentos em dispositivos móveis que despertem interesse e gerem engajamento". Holmen acredita que a autenticidade pode ser muito lucrativa:

> Cada vez mais, as pessoas não querem ter mais tempo, mas querem usá-lo bem [...] Se o que se reflete cada vez que acessamos o Facebook, o Instagram e o YouTube é o nosso aspecto mais superficial, atender às nossas aspirações pessoais pode ser a melhor oportunidade de negócios.[27]

Mas de quem são essas aspirações? Como se parece um *design* persuasivo de algo que quer despertar minhas "aspirações pessoais" e lucrar com isso? Socorro!

Por fim, há a própria atenção, que essa abordagem também parece menosprezar. Presume-se que nossa atenção, além de ser sempre capturada, também se manterá a mesma. No capítulo anterior, descrevi como o foco dessa indústria é nossa atenção, como se ela fosse uma moeda comum e intercambiável. A "persuasão ética" não é uma exceção. Quando consideramos os diferentes tipos de atenção que somos capazes de ter — sendo que

CAPÍTULO 4: EXERCÍCIOS PARA A ATENÇÃO

a mais poderosa seria a que William James descreve, desde que tenhamos a disciplina necessária —, torna-se claro que grande parte dos tipos de *design* persuasivo (maliciosos ou "empoderadores") pressupõe uma atenção superficial. Com base nessa conclusão, podemos presumir que formas de atenção mais profundas, mais sólidas e mais matizadas, por serem inerentemente mais disciplinadas e vigilantes, são menos suscetíveis de ser capturadas.

UM DIA ANTES de ler a dissertação de Vivrekar, eu tinha visto o filme *Ponto cego* [*Blindspotting*] em um velho cinema no bairro Grand Lake, em Oakland. O filme, que é essencialmente um poema virtuosístico sobre a gentrificação de Oakland, foi escrito e estrelado por Daveed Diggs (que também atua na peça *Hamilton*) e pelo poeta Rafael Casal, ambos criados em East Bay. Diggs interpreta Collin, um jovem negro em seus últimos dias de liberdade condicional após ter ficado preso, e Casal interpreta Miles, seu amigo de infância com problemas de temperamento. Perto de completar um ano sem incidentes, Collin luta contra suas próprias emoções ao testemunhar um policial branco atirar em um homem negro, após este correr e gritar "Não atire!".

Para piorar, Miles vive colocando os dois em problemas, arriscando a condicional de Collin, o que o faria ser preso outra vez. Em uma repugnante festa *hipster* em West Oakland, um jovem negro trata Miles como intruso, por ele ser branco, e Miles o espanca até o jovem perder os sentidos e então saca uma arma, que Collins tem de tirar dele. Tudo isso às vésperas do término da condicional. Após fugirem da festa, Collin e Miles têm uma intensa discussão, na qual a dimensão racial de sua amizade finalmente vem à tona. Estão bravos um com o outro não apenas como amigos, mas como um negro e um branco para quem as oportunidades e os riscos são muito diferentes.

Eles se confrontam de maneira tão intensa apenas em outra cena do filme, bem antes disso, em uma pequena galeria no centro da cidade chamada *Johansson Projects*. Collin e Miles visitam um fotógrafo de meia-idade que faz retratos dos moradores de Oakland. Enquanto a câmera se aproxima de cada retrato, focando nos olhos das pessoas retratadas, o fotógrafo explica a Collin e Miles que essa é sua forma de combater a gentrificação: mostrar o rosto daqueles que estão sendo expulsos pelos novos moradores. É quando, sem motivo aparente, ele pede a Collin e Miles que olhem um para o outro sem dizer nada. Um tanto tímidos, os dois concordam, e o que se segue é um momento incômodo e mágico. A câmera se afasta e se aproxima, mas não temos ideia do que um vê no outro. Essa falta de clareza reflete a forma como se veem: um ser insondável, mas inegavelmente real. A tensão é por fim quebrada quando os dois riem e fazem graça do estranho pedido do fotógrafo, tentando disfarçar suas emoções.

O momento em que Collin e Miles se encaram é tão desconfortável e antinatural que sentimos o "tensionamento" (*ad tendere*) da atenção. Eles não estão apenas com os olhos pousados um no outro, estão de fato *vendo* um ao outro. Para mim, essa cena deixou evidente a conexão entre atenção, percepção, tendência e vontade. Aliás, a percepção de Buber em "Eu-Tu", na qual o observador não restringe o outro a uma categoria fundamental, é o contrário do racismo. Buber, como se lembram, se recusa a ver a árvore como uma imagem, espécie ou relação de números. Em vez disso, o "Tu" tem a mesma profundidade que o Eu. Essa visão significa renunciar às muitas maneiras de "enxergar" que são mais comuns e mais fáceis, e por isso mesmo tal renúncia exige uma sustentação disciplinar.

Para confrontar a indústria da atenção, o argumento da persuasão ética se concentra em um plano bidimensional, pois presume que a atenção só pode ser direcionada de duas maneiras. Esse plano não me interessa tanto quanto uma atenção que requer disciplina profunda. Embora eu seja totalmente a favor de restrições legais para tecnologias viciantes, também me interesso em saber o que acontece quando aceitamos o desafio de William James de retomar de modo incessante a atenção em uma ideia, "mantendo-a firme diante da mente até que a preencha". A atenção sem treino, que pula de um objeto a outro, me desagrada pessoalmente não por ser superficial ou por ser mais força do hábito do que da vontade, mas porque prejudica minha própria experiência humana.

Para mim, o único hábito que vale a pena "ser criado" é o de questionar

CAPÍTULO 4: EXERCÍCIOS PARA A ATENÇÃO

nossas formas habituais de ver, e é isso que artistas, escritores e músicos nos ajudam a fazer. Não é por acaso que o momento em que Collin e Miles se encaram em *Ponto cego* seja proporcionado por um fotógrafo, cujo trabalho aborda os "pontos cegos" dos observadores quanto à realidade dos moradores de Oakland em toda a sua plenitude humana. É por meio da poesia que aprendemos a arte do encontro. Há grande significado no fato de esses encontros não serem otimizados para nos "empoderar", nos tornar mais felizes ou produtivos. Aliás, é provável que eles desestabilizem as prioridades do nosso Eu produtivo e até mesmo as fronteiras entre nossas múltiplas *personas*. Eles não nos dão alternativas fáceis; ao contrário, nos confrontam com questões sérias cujas respostas podem nos transformar irreversivelmente.

HÁ MAIS RAZÕES para intensificarmos nossa atenção do que apenas resistir à indústria da atenção. Essas razões estão relacionadas às maneiras pelas quais a atenção — onde a colocamos e onde não — representa nossa realidade em um sentido muito sério. É com base no mesmo conjunto de "dados" que chegamos a conclusões baseadas em nossas experiências e pressuposições. Em seu artigo sobre o Prejudice Lab, Nordell entrevista Evelyn R. Carter, psicóloga social na Universidade da Califórnia, e esta diz que, "frequentemente, pessoas que fazem parte da maioria e pessoas que fazem parte da minoria veem duas realidades diferentes", baseadas em suas próprias percepções. Por exemplo, "enquanto brancos apenas ouvem comentários racistas, negros registram ações sutis, como alguém que se afasta deles em um ônibus".

Quando penso sobre a ideia de representação, muitas vezes "renderizo" minha experiência (literal ou digitalmente). Nos últimos anos, dei aulas de Blender, um *software open-source* de modelagem 3D. Uma das coisas mais difíceis era explicar a meus alunos que nunca haviam trabalhado com 3D antes o conceito de "renderizar" (representar). Para quem já utiliza programas como o Photoshop, a imagem que aparece na área de trabalho reflete o que será o resultado final, a ponto de quase não haver diferença. É difícil se acostumar a um programa no qual não existe imagem até que ela seja renderizada, e, além disso, muitas vezes se tem a impressão de que a imagem representada não tem nada a ver com o que se vê na área de trabalho (sempre vejo alunos renderizarem uma imagem completamente preta porque deletaram sem querer a única luz da cena). Claro, há objetos no arquivo, mas a imagem real depende de uma longa lista de variáveis, como ângulo da câmera, iluminação, textura, material, mecanismo e qualidade de renderização. Sendo assim, qualquer cena pode produzir um número infinito de imagens, dependendo de como é renderizada, pois cada imagem é, essencialmente, um tratamento diferente do mesmo conjunto de objetos.

Não é difícil expandir esse conceito a um modelo mais generalista de renderização, no qual os elementos que compõem a cena são objetos, eventos e pessoas do mundo exterior e as decisões de representação são nosso mapa particular de atenção. Já em 1890 William James escreveu sobre como o interesse e a atenção transformam o mundo com base em uma "indiscriminação cinzenta e caótica", inadvertidamente evocando a tela cinza padrão do Blender anterior à renderização:

> Milhões de itens de ordem externa estão presentes para meus sentidos, sem de fato fazerem parte da minha experiência. Por quê? Porque não me interessam. Minha experiência é aquilo com que eu concordo me relacionar. Apenas os itens que reconheço moldam minha mente — sem o interesse seletivo, a experiência seria um completo caos. O interesse, por si só, provê tonicidade e ênfase, luz e sombra, perspectiva compreensível do que é explícito e do que é implícito. Varia em cada criatura, mas, sem o interesse, a consciência de cada um seria uma indiscriminação cinzenta e caótica, impossível sequer de ser concebida.[28]

A maioria de nós já presenciou mudanças de renderização: quando notamos algo pela primeira vez (ou quando alguém nos faz notar), começamos a vê-lo em todos os lugares. Um exemplo simplista é como minha atenção agora "renderiza" um mundo com muito mais pássaros do que antes de eu

CAPÍTULO 4: EXERCÍCIOS PARA A ATENÇÃO

me tornar uma observadora fanática. David Hockney fez com que a atenção dos visitantes do The Young Museum fosse reconfigurada para incluir novos detalhes, cores mais intensas e um arranjo caleidoscópico. O concerto de John Cage reconfigurou minha atenção para sons além da melodia musical. Quando o padrão de sua atenção é alterado, sua realidade tem uma nova representação. Você começa a se mover e a atuar em um mundo diferente.

Já descrevi o momento em que descobri a ancoragem. Mas ainda não contei o que se seguiu a partir daí, uma completa "re-renderização" de minha realidade. Quando desconstruí minha atenção e abandonei o consumo nocivo de notícias e a retórica da produtividade, comecei a reconfigurá-la apenas por meio de padrões de observação, tendo como base a comunidade supra-humana. No começo, isso significava escolher certas coisas para observar. Além disso, também consultei guias e usei o aplicativo iNaturalist, da Academia de Ciências da Califórnia, para identificar espécies de plantas pelas quais passei minha vida inteira. Como resultado, minha vida incorporava cada vez mais novos elementos; depois dos pássaros vieram as árvores, depois novos tipos de árvores e então os insetos que viviam nelas. Comecei a notar as comunidades animais, comunidades de plantas, cordilheiras, falhas geológicas e bacias hidrográficas. Era uma sensação já familiar de desorientação, mas agora em um novo campo. E, mais uma vez, fui arrebatada pela constatação de que todas essas coisas já estavam aqui antes, ainda que invisíveis para mim em versões anteriores da minha realidade.

BASICAMENTE, O QUE eu estava descobrindo sem sequer saber o nome era o *biorregionalismo*. De forma similar à relação que muitas culturas indígenas mantinham com a terra, o biorregionalismo é, principalmente, baseado na observação e no reconhecimento das espécies de plantas que crescem em determinada região e da complexa teia de relações entre elas. Mais do que observar, sugere também uma forma de se identificar com o lugar, construindo uma conexão com a região por meio de observação e responsabilidade com o ecossistema. Quando perguntavam a Peter Berg, precursor do biorregionalismo, de onde ele era, costumava responder: "Sou da confluência entre os rios Sacramento e San Joaquim, que deságuam na baía de São Francisco, biorregião de Shasta, orla norte do círculo do Pacífico, planeta Terra".[29] Nesses termos, o biorregionalismo não é apenas uma ciência, mas um modelo de comunidade.

Quando comecei a pesquisar sobre minha biorregião, me identificava cada vez mais com o conjunto totêmico de seus habitantes: lagarto-norte--americano, *Papilo crissalis*, pinheiro cinza, arbusto manzanita, framboesa vermelha, sequoia-gigante e carvalho venenoso. Quando viajo, só sinto que estou de fato no lugar quando "conheço" sua biorregião, caminhando e observando o que cresce lá e aprendendo sobre a história de seus nativos (que, na maioria das vezes, foram as últimas pessoas a terem uma relação significativa com aquela biorregião). Curiosamente, minha experiência mostra que, embora seja necessário um esforço inicial para perceber algo novo, com o passar do tempo a mudança é irreversível. Sequoias, carvalhos e amoreiras nunca mais serão "um matagal" para mim. Um pipilo jamais será apenas "um passarinho", mesmo que eu quisesse. Consequentemente, aqui jamais será um lugar qualquer.

HÁ UM ANO e meio, encontrei um mapa com a vista aérea do Rancho Rinconada, o bairro de Cupertino onde eu cresci, na época em que estava sendo construído, nos anos 1950. Comparando o mapa com a imagem atual do Google Maps, pude identificar suas ruas e encontrar minha casa. Sem essa comparação, não seria possível distingui-la em meio às fileiras de bangalôs estilo *faux-Eichler*. No entanto, havia uma rua sinuosa que eu não conseguia identificar no mapa atual, até que descobri que não era uma rua, e sim o riacho Saratoga. Me lembrei de já ter visto esse riacho, que passava pela piscina pública do bairro, mas não sabia que tinha um nome. Na minha memória, era apenas um riacho, que não vinha nem ia para lugar nenhum.

Aproximei o *zoom* do Google Maps e encontrei outro riacho, que passava pela escola onde fiz meu jardim de infância. Mais uma vez vasculhei

CAPÍTULO 4: EXERCÍCIOS PARA A ATENÇÃO

minha memória e só pude resgatar uma única lembrança. Aos cinco anos, aquele riacho era o lugar onde perdíamos nossas bolas se as jogássemos por cima da cerca do jardim da escola. Me lembro vagamente de espiar pela cerca e ver suas misteriosas águas verdes que corriam tortuosas entre margens com sacos de cimento. Naquela época, representava apenas o desconhecido, um terreno baldio ao lado do bem cuidado jardim da escola. Foi essa a única vez em que o riacho Calabazas emergiu à minha consciência; todas as outras vezes em que eu o vi ou passei por ele devem ter sido como os pontos brilhantes nas telas do experimento de Arien Mack e Irvin Rock: vistos, mas não percebidos.

Reconhecer o riacho me revelou uma topografia que eu nunca havia notado. Para onde o riacho Calabazas corria? Para a baía, claro, mas eu nunca havia feito essa conexão em minha mente. De onde ele vinha? Da montanha Table, para a qual eu havia olhado minha vida inteira, mas só aprendi seu nome recentemente. Eu sempre reclamei de Cupertino por ser tão plana, mas será que reclamaria se eu soubesse que, há milhões de anos, toda aquela região da Bay Area fazia parte do oceano e depois se tornara um pântano? Como eu sabia os nomes de cidades como Los Gatos, Saratoga e Almaden, mas nunca havia notado que estavam em uma curva bem acentuada — definida pelas montanhas próximas: Loma Prieta, monte Umunhum, monte McPherson? Como eu nunca havia percebido a forma do lugar onde eu morava?

Ano passado contei ao meu amigo Josh sobre ter (re)descoberto o riacho Calabazas. Ele mora em Oakland, mas cresceu perto de mim, em Sunnyvale, e também tinha um riacho enterrado em suas memórias. O riacho de Josh não tinha cercas, mas corria sobre uma vala trapezoidal de concreto e se parecia mais com uma construção do que um elemento natural que passava pela vizinhança sem ser percebido. Em determinado momento da conversa, Josh e eu nos demos conta de que falávamos do mesmo riacho — ele morou em um ponto mais ao norte do rio.

Em dezembro de 2017, fomos até Cupertino e atravessamos uma cerca de arame na qual havia uma placa dizendo ACESSO DE EMERGÊNCIA AO

RESISTA: NÃO FAÇA NADA

RIACHO ("E se a emergência fosse uma curiosidade?", pensei em voz alta).
A primeira coisa que eu vi foi o mesmo cenário de quando eu tinha cinco
anos: um tortuoso curso de águas verdes que passava entre margens de sacos
de cimento, que agora eu sabia que serviam para conter inundações. Ainda
não havia chovido muito e estávamos no final de uma seca que já durava
seis anos, então o leito estava tão seco que poderia ser usado como trilha.
Caminhávamos sobre o enrocamento, um maciço composto por cascalho
e entulho, tão surrealmente esculpido pelo curso da água que tinha uma
aparência orgânica de rocha. Acima de nós, as árvores cujos nomes agora eu
conhecia: carvalho do vale e loureiros — além de algumas surpresas como
um canteiro de cactos opúncia que cresciam rebeldes no quintal de alguém.

Ali, do leito do riacho, conseguíamos ver o prédio do Bank of America,
uma visão alienante e estranhamente familiar. Víamos as cercas de madeira
das casas. É possível que muitos de seus moradores nunca tenham estado
naquele riacho. Chegamos a um túnel que passa por baixo da Stevens Creek
Boulevard, a rua dos shoppings Vallco Fashion Park e Cupertino Crossroad.
A entrada do túnel era uma galeria escura cheia de grafites. Se entrássemos
no túnel, ficaríamos completamente no escuro e debaixo de um prédio chamado Main Street Cupertino, que de modo irônico era um dos novos shoppings centers. Se atravessássemos o túnel, sairíamos no terreno do novo
"*campus* espacial" da Apple.

Nada é ao mesmo tempo tão estranho e familiar quanto algo que esteve sempre presente. Entre e sob todas essas coisas havia uma entidade
que era mais velha que eu, mais velha que Cupertino. Representava um
tipo de movimento primordial, mesmo com seu curso alterado por engenheiros do século 19. Muito antes dos carros que vão do supermercado até
o *campus* da Apple, o riacho levava as águas da montanha Table até a baía
de São Francisco. E continua a fazer isso, da mesma forma que sempre fez,
indiferente a mim ou a qualquer outro ser humano. Mas quando enfim
o notamos, assim como todas as coisas às quais dedicamos nossa atenção
sustentada, o riacho revelou seu significado. Ao contrário do Main Street
Cupertino, que foi construído, ninguém colocou o riacho ali. Ele não está ali

CAPÍTULO 4: EXERCÍCIOS PARA A ATENÇÃO

por comodidade ou conveniência. É o testemunho de um divisor de águas que nos precede. Nesse sentido, o riacho é um lembrete de que não vivemos em uma simulação — um mundo automatizado de produtos, resultados, experiências e qualificações —, mas em uma rocha gigante onde outras formas de vida atuam de acordo com uma lógica antiga, fluida, quase ctônica. Em meio à banalidade cotidiana se esgueira uma estranheza profunda, um mundo de florescências, decomposições e infiltrações, de milhões de seres rastejantes, onde esporos e fungos se enfileiram, onde minerais reagem e coisas são devoradas — tudo isso do outro lado da cerca.

Se eu tivesse ido ao riacho Calabazas sozinha, não teria sido a mesma coisa. No momento em que Josh e eu juntamos os fragmentos de nossas memórias sobre o mesmo corpo de água, o riacho não era apenas objeto de atenção individual, mas coletiva. Ele se tornou parte de uma realidade compartilhada, um ponto de referência fora de nós. Quando andamos sobre o enrocamento, aquele caminho fundo e praticamente desconhecido — quando enfim ficamos fisicamente presentes sobre o riacho —, também renderizamos uma versão de nosso mundo na qual o riacho agora faz parte, junto com seus afluentes e com a montanha de onde ele vem, além de todas as coisas que crescem e nadam nele.

Afinal, as realidades são habitáveis. Se formos capazes de renderizar uma nova realidade juntos — dedicando-lhe atenção —, talvez consigamos nos encontrar nela.

Capítulo 5

Ecologia de estranhos

Há mais coisas na mente, na imaginação, do que "você" consegue acompanhar
— pensamentos, memórias, imagens, irritações, prazeres vêm à tona sem serem
convidados. As profundezas da mente, o inconsciente, estão em nossas áreas
selvagens, onde também está um lince neste momento. Não quero dizer um lince
pessoal, dentro da psiquê de cada um, mas um lince que ronda entre os sonhos.

— GARY SNYDER, A PRÁTICA DA NATUREZA SELVAGEM[1]

Em um sábado preguiçoso no final de 2017, eu estava andando do Rose Garden até o mercado Piedmont, um caminho que já fiz centenas de vezes. Quando cheguei ao topo da colina, vi uma jovem passeando com seu cachorro, vindo na direção oposta. Estávamos quase nos cruzando quando ela caiu no chão, convulsionando — por sorte sobre uma parte gramada, em frente a uma igreja. Não me lembro da ordem exata dos eventos seguintes. Sei que liguei para a emergência e gritei "Ajudem" tão alto que as pessoas no apartamento do outro lado da rua desceram para ver o que acontecia. Consegui ter lucidez suficiente para dar ao atendente o endereço aproximado e descrever a situação. No começo, os olhos da mulher estavam abertos e olhando diretamente para mim, mas sem de fato enxergar. Era surreal e aterrador. Antes de outras pessoas chegarem àquela rua que até então estava deserta, me senti completamente responsável por alguém que nunca havia visto.

Quando ela voltou a si, desconfiou de mim e das pessoas do prédio em frente que haviam trazido água. Descobri que pessoas que sofrem convulsões às vezes ficam confusas e até mesmo agressivas quando recobram a consciência. Para ela, havíamos surgido do nada. Sentei-me perto dela e segurei a coleira de seu cachorro enquanto os socorristas lhe faziam perguntas. Me sentia responsável pelo cachorro também, que estava visivelmente

CAPÍTULO 5: ECOLOGIA DE ESTRANHOS

aflito. Depois de algum tempo, os moradores do prédio voltaram para suas casas, e eu fiquei para responder a algumas perguntas, afinal fui a única pessoa a presenciar tudo. Estava evidente que os paramédicos pensaram que, por termos a mesma faixa etária, éramos amigas e caminhávamos juntas. Esclareci que não, que eu estava apenas passando por ali. Ao ouvir isso, um dos socorristas me agradeceu por ficar até aquele momento, deixando implícito que se tratava de uma inconveniência. Mas aquele outro mundo — no qual eu ia até o mercado comprar coisas para o jantar — já estava tão distante que eu mal me lembrava do que estava fazendo.

Quando tudo parecia sob controle, ao menos dentro do possível para as circunstâncias, continuei a descer a colina, com as pernas tremendo. Parei em uma pracinha ao lado do córrego Glen Echo para me recompor. Era uma cena familiar, mas agora parecia haver um contraste gritante — não na cena em si, mas entre a cena e a possibilidade de ela (ou eu) não existir. Assim como um terremoto nos lembra que vivemos sobre placas tectônicas, testemunhar a fragilidade da vida de outra pessoa me deixou, por um momento, incapaz de olhar para as coisas e considerá-las estáveis ou determinadas.

Quando por fim cheguei ao mercado, caminhava por entre os corredores com o olhar perdido, sem conseguir lembrar o que comprar. Ao meu redor, as pessoas calmamente cuidavam de suas próprias vidas, escolhendo cereais, maçãs e caixas de ovos. Naquele momento, eu era incapaz de tomar aquele tipo de decisão. Só conseguia enxergar que estávamos todos vivos e isso era um milagre. Me lembrei de um quadro de Hallie Bateman que meu namorado comprou e pendurou em nosso apartamento sem dar muita importância a isso. Era o desenho de uma rua com palavras espalhadas pelos prédios e pela calçada, dizendo "Estamos todos aqui juntos E NÃO SABEMOS POR QUÊ".

DAVID FOSTER WALLACE relatou uma experiência similar em um mercado cheio de estranhos, em seu discurso para formandos da Universidade Kenyon, de 2005, intitulado "This Is Water: Some Thoughts, Delivered on

RESISTA: NÃO FAÇA NADA

a Significant Occasion, about Living a Compassionate Life" ["Isto é água: pensamentos expressos em uma ocasião significativa sobre como viver uma vida com compaixão"]. Wallace descreve de forma brutal a vida adulta aos estudantes, uma vida na qual você tem de enfrentar um trânsito horrível ao final de um dia cansativo de trabalho e ir a um supermercado "com uma luz fluorescente horrenda" e cheio de pessoas irritantes. Nesse momento, é possível escolher a forma como perceber a situação e as pessoas envolvidas. E essa escolha está basicamente relacionada à atenção:

> Se eu não tomar uma decisão consciente sobre como pensar e no que prestar atenção, ficarei irritado e infeliz toda vez que for comprar comida, porque minha configuração-padrão natural é ter a certeza de que situações como essa têm a ver só comigo, com minha fome, meu cansaço e meu desejo de chegar em casa, e terei sempre a sensação de que todos os outros estão me atrapalhando, e quem são essas pessoas, afinal?[2]

Esse deslocamento de atenção permite, segundo os exemplos de Wallace, considerar a possibilidade de que o cara na SUV que acabou de te fechar fez isso porque está correndo para levar uma criança ao hospital — "e que de certa forma a pressa dele é maior e mais legítima que a minha e, portanto, sou eu quem está atrapalhando". Ou que a mulher à sua frente na fila que acabou de gritar com você talvez não faça isso nunca, mas está passando por uma fase difícil. Não importa se é verdade ou não. Apenas considerar a possibilidade dá margem às realidades vividas por outras pessoas, realidades tão verdadeiras quanto a sua. É uma maneira poderosa de mudar nossa "configuração-padrão" egocêntrica, que só nos permite ver as pessoas como seres inertes que nos atrapalham:

> Mas, se você aprender a pensar e a prestar atenção de verdade, verá que existem outras opções. Você será capaz de vivenciar uma situação infernal de consumo, onde há tumulto, lentidão e calor não

CAPÍTULO 5: ECOLOGIA DE ESTRANHOS

apenas como algo significante, mas sagrado, uma força como a que criou as estrelas: compaixão, amor, a unidade sob todas as coisas.[3]

O fato de Wallace colocar isso como uma escolha a ser tomada para combater a "configuração-padrão" reflete a relação entre disciplina, vontade e atenção que abordei no capítulo anterior. Para de fato encontrarmos algo fora de nós mesmos (transcendendo a relação Eu-Isso de Buber), devemos desejar esse encontro.

Sempre penso nesse encontro quando pego o ônibus no centro de Oakland para ir até meu estúdio, que fica no ponto final, já às margens da baía. Para muitos, inclusive para mim, o transporte público é o único espaço (exceto locais de consumo) no qual temos contato com uma diversidade de pessoas estranhas, cada qual indo a lugares diferentes por diferentes motivos. Para mim, dentro do ônibus esses estranhos ganham uma realidade diferente das pessoas com as quais cruzo em uma estrada, por exemplo, simplesmente porque há um acordo tácito de estarmos em um espaço fechado, sujeitos às ações uns dos outros. Há um entendimento mútuo de que precisamos chegar a nossos destinos, e por isso a maioria das pessoas age com respeito, literalmente dando espaço para outras quando necessário.

Na semana passada, após uma reunião, peguei o bonde F no Centro Cívico para ir até o terminal das balsas de São Francisco. É um caminho notoriamente lento, de tráfego intenso, sobretudo no meio do dia. A lentidão do bonde, além do fato de eu ter sentado à janela, me permitiu olhar para o rosto das pessoas na Market Street com a mesma alienação gerada pela obra *Yorkshire Landscapes* de Hockney. Quando assimilei o fato de que cada rosto (e eu tentava olhar todos) estava ligado a toda uma vida — nascimento, infância, sonhos e decepções, um universo de ansiedades, esperanças, rancores e arrependimentos completamente desconhecidos para mim —, tornou-se praticamente impossível absorver aquela cena. É como Hockney disse: "Há muito a ser visto". Mesmo eu tendo vivido quase toda a minha vida adulta em uma cidade, naquele momento fui tomada pela torrente de vidas que se desdobravam em uma única rua.

RESISTA: NÃO FAÇA NADA

Em seu livro *Philosophy of the Encounter* [*Filosofia do encontro*], como contraposição ao que constitui uma sociedade real, Louis Althusser explica como uma verdadeira sociedade requer algum tipo de restrição espacial. Ele compara o espaço urbano com o "estado de natureza" idealizado por Jean-Jacques Rousseau, um tipo de floresta primitiva onde as pessoas se movem sem serem vistas e raramente acontece algum encontro. Em sua descrição desse estado de natureza, Althusser cita as pinturas "do outro Rousseau" (Henri Rousseau, pintor), "cujos quadros retratam indivíduos isolados, perambulando sem relações uns com os outros: indivíduos sem encontros". Para construir uma sociedade que possibilite encontros, Althusser defende que as pessoas "devem ser obrigadas a ter encontros duradouros: obrigadas por uma força superior a elas". Para criar uma sociedade, ele substitui a imagem de uma floresta pela de uma ilha. Quando penso no ônibus, ou, de maneira mais geral, na cidade, me lembro dessa "ilha" de encontros forçados. A proximidade espacial está intimamente ligada a isso, pois a experiência urbana é um estado de tensão mantido em contrariedade ao instinto de dispersão:

> Um encontro não seria duradouro se sucessivos constrangimentos externos não o mantivessem em repetição constante, pois a tentação de dispersão prevaleceria. Tais constrangimentos impõem literalmente sua lei de proximidade aos homens sem lhes pedir opinião. Desse modo, a sociedade surge à sua revelia, por assim dizer, e sua história emerge como a constituição inconsciente e estrutural dessa sociedade.[4]

UM DIA APÓS assistir a *Ponto cego* no cinema perto de casa, eu caminhava às margens do lago Merritt, pensando em qual teria sido minha participação na gentrificação de Oakland na época em que me mudei. Como se fosse combinado, um grupo de alunos de escola primária veio até mim, cada um com uma prancheta, e como se fosse composto por executivos anunciou que gostaria

CAPÍTULO 5: ECOLOGIA DE ESTRANHOS

de me fazer perguntas para um trabalho escolar sobre Oakland. A primeira parecia ser bem direta: "Há quanto tempo você faz parte desta comunidade?".

Na verdade, não tão direta assim. Enquanto eu respondia "Dois anos", pensava no que significava *fazer parte* de uma comunidade, em comparação a somente morar em algum lugar. Claro, eu havia crescido na Bay Area e me sentia parte de uma comunidade — de artistas e escritores dali, além de pessoas de outras cidades com as quais estava conectada pelas redes sociais —, mas *desta* comunidade? Eu havia contribuído de alguma forma com o lugar onde vivia agora? Além de pagar aluguel e talvez aquele artigo que escrevi sobre as garças noturnas para a revista *Sierra*?

As perguntas seguintes pareciam carregar o mesmo questionamento, sobretudo porque depois da primeira eu sentia como se não tivesse o direito de respondê-las. O que eu mais gostava em Oakland? A diversidade ("De pessoas?", um menino retrucou logo em seguida). O que eu gostaria que houvesse mais em Oakland? Mais verba para as bibliotecas públicas e parques. Em minha opinião, qual era o maior desafio de Oakland? Me atrapalhei um pouco e respondi: "Grupos diferentes de pessoas deveriam conversar mais entre si".

O menino à minha frente ergueu os olhos de sua prancheta e me examinou. "Você diria, então, [...] se importar uns com os outros?"

Eu sugeri "comunicarem-se", mas fiquei remoendo por dias o exemplo que ele me deu. Afinal de contas, para nos comunicarmos, é necessário nos importarmos a ponto de nos esforçar para isso. Pensei em como era possível se mudar para um lugar sem se importar com quem ou o que já está ali (ou esteve antes), tendo apenas um interesse raso sobre a vizinhança, para verificar se é possível manter o estilo de vida e os laços sociais pretendidos. Como na relação "Eu-Isso" de Buber, um recém-chegado talvez apenas registre pessoas e coisas da vizinhança como sendo ou não úteis, considerando o restante (na melhor das hipóteses) como matéria inerte ou (na pior) um incômodo.

Comparada aos algoritmos das redes sociais, que nos recomendam amigos baseados em qualidades relativas — gostos, compras ou amigos em comum —, a proximidade geográfica é diferente, pois nos coloca junto a

RESISTA: NÃO FAÇA NADA

pessoas com as quais não temos razões "óbvias" para nos importar, não são nem família nem amigos (tampouco possíveis amigos). Eu gostaria de propor motivos pelos quais devemos não apenas identificar, mas nos importar e coabitar a mesma realidade com as pessoas que vivem perto de nós e estão fora da nossa bolha de filtro. E, lógico, não me refiro apenas às bolhas das redes sociais, mas aos filtros que criamos com nossa própria percepção (ou falta dela), que envolve o tipo de atenção (ou falta dela) que descrevi até agora.

A RESPOSTA MAIS óbvia é que devemos nos importar com as pessoas à nossa volta porque temos um comprometimento uns com os outros em um sentido prático. É assim que eu definiria meu encontro com a mulher que teve a convulsão: eu a ajudei porque estava perto dela. Vizinhanças podem ser redes de apoio em situações tanto banais como graves. Não nos esqueçamos de que, em uma época com cada vez mais eventos climáticos extremos, é muito mais provável que a ajuda venha de nossos vizinhos, e não de nossos seguidores no Twitter. Esse é um bom momento para relembrar o *Paradise in Hell* de Rebecca Solnit, no qual redes de apoio temporárias foram estabelecidas após desastres por vizinhos que, caso contrário, não teriam se conhecido. Esses vizinhos não só ajudaram uns aos outros com comida, abrigo, cuidados médicos e apoio moral — muitas vezes ultrapassando fronteiras sociais e normas —, como essas redes flexíveis, locais e rizomáticas frequentemente eram mais eficientes e ágeis do que sistemas institucionais de socorro.

O livro de Solnit, no entanto, talvez seja mais útil para ilustrar o segundo motivo para se importar com aqueles à nossa volta, mostrando que um mundo "Eu-Tu" sem o "Tu" fica empobrecido e solitário. Solnit encontra diversos sobreviventes que relatam a alegria de passar a conhecer seus vizinhos e encontrar um propósito comum, deixando evidente a necessidade de sustento tanto moral quanto material. Um poeta que sobreviveu ao terremoto de 1972 na Nicarágua disse a ela:

CAPÍTULO 5: ECOLOGIA DE ESTRANHOS

Você está em sua casa uma noite, vai para a cama sozinho em seu pequeno mundo e de repente, no dia seguinte, é jogado na rua, tendo que interagir com vizinhos para os quais você mal dava bom-dia antes, e acaba se afeiçoando a essas pessoas, se importa com elas e as ajuda, se preocupa em saber se precisam de algo, conversa com elas sobre o que sente.[5]

Eu também já passei por uma experiência abrupta desse tipo, embora, por sorte, não por causa de um desastre. Meu namorado e eu moramos em um grande condomínio de apartamentos, vizinho a uma casa onde mora uma família de quatro pessoas. Quando estamos em nossa sacada e eles estão em sua varanda, podemos ouvir uns aos outros. Ouvi-los tornou-se um som de fundo agradável para nós, como quando o pai ouve rock antigo enquanto cuida do gramado e as brincadeiras dos dois filhos (imitando barulhos de peido, seguidos de risadas). Por dois anos, no entanto, não sabíamos sequer seus nomes e nunca teríamos conversado se não fosse o espírito de boa vizinhança de Paul, o pai.

Um dia Paul nos convidou para jantar. Eu não visitava uma casa de família desde a minha adolescência, e foi surreal estar na casa que faz parte da vista de nosso apartamento. Seu interior, que antes era apenas imaginação, tornou-se uma realidade palpável. Assim como a vista que eles tinham da rua — parecida com a nossa, mas um pouco diferente. Não havia razão para não conhecermos nossos vizinhos, e provavelmente não os teríamos conhecido em nossos círculos de amigos, *on-line* ou não. Por isso, contamos coisas uns sobre os outros que poderiam ser consideradas óbvias em nossos respectivos contextos habituais. E com isso provavelmente enxergamos uns aos outros sob um novo ângulo. De minha parte, a experiência me fez perceber como as vidas da maioria de meus amigos são semelhantes e como quase não tenho contato com o incrível mundo bizarro das crianças.

Quando voltamos ao nosso apartamento, ele parecia diferente — não era mais o centro de tudo. Agora, a rua tinha vários desses "centros", cada um contendo outras vidas, outros cômodos, outras pessoas que lá che-

133

RESISTA: NÃO FAÇA NADA

gavam à noite e tinham suas próprias preocupações para o dia seguinte. Obviamente eu já havia assimilado isso tudo em um sentido abstrato, mas nunca havia sentido de fato. E, por mais boba que essa história possa parecer para quem tem o costume de interagir com seus vizinhos, acho válido contá-la porque ilustra minha experiência com expansões de atenção: é muito difícil revertê-la. Quando a ideia de algo se torna realidade, é quase impossível fazer sua percepção voltar à pequena caixinha de onde ela veio.

Essa experiência me fez enxergar toda a minha rua (todas as ruas, aliás) de maneira diferente. Esse tipo de mudança também é abordado em *A Paradise Built in Hell*. No capítulo sobre o terremoto e o incêndio de São Francisco, em 1906, Solnit cita o artigo de Pauline Jacobson, chamado "Como é ser um refugiado e não ter nada no mundo, por Pauline Jacobson, uma refugiada". Jacobson descreve essa expansão irreversível de atenção com relação aos vizinhos:

> Nunca, mesmo quando as quatro paredes do nosso quarto em uma nova cidade se fecharem em torno de nós outra vez, sentiremos a velha solidão à parte de nossos vizinhos. Nunca mais sentiremos que as dificuldades e o azar pelos quais estamos passando são um capricho do destino. Esses são a doçura e a alegria causadas pelo terremoto e pelo incêndio. Não vêm da coragem, nem da força, nem de uma nova cidade, mas da inclusão. A alegria está em quem nos acompanha.[6]

Assim chego à última razão pela qual devemos nos "importar", sugestão dada pelo menino no lago Merritt. Digamos que eu passe toda a minha vida me importando apenas com minha família, meus amigos atuais e com possíveis amigos recomendados pelos algoritmos das redes sociais — até mesmo, e principalmente, aqueles que parecem "perfeitos" segundo critérios como "pessoas com interesses em comum" ou "pessoas que podem ajudar em minha carreira", ou até mesmo "pessoas que têm coisas que eu quero". Vamos imaginar então que eu interaja apenas com essas pessoas em atividades também "recomendadas", como exposições de arte, conversas

CAPÍTULO 5: ECOLOGIA DE ESTRANHOS

sobre arte e eventos que pareçam muito mais *networking* do que ocasiões sociais. Ouso dizer que eu e o meu círculo social nos tornaríamos algo como a função "Suas descobertas da semana", do Spotify.

Ao longo dos anos, os algoritmos do Spotify identificaram correta-mente que eu costumo gostar de músicas "tranquilas", com um determi-nado BPM (batidas por minuto). Canções lentas e inofensivas das décadas de 1960 e 1970, ou algumas mais recentes com sintetizadores suaves, guitarras com reverberação e vocais sutis, quando não apenas instrumentais. Como eu continuo a ouvir a *playlist*, salvando as músicas que gosto continuamente, essa seleção semanal é aprimorada, se não em uma música arquetípica, em uma lista arquetípica — podemos chamá-la de *Playlist da Jenny* —, e assim as outras *playlists* são medidas por sua semelhança com essa seleção principal.

Além disso, meu carro é de 2006 e não tem cabo auxiliar, ou seja, não posso conectar meu celular e tenho de ouvir o rádio quando vou a Stanford duas vezes por semana. Minhas estações preferidas são KKUP (rádio pública de Cupertino), KALX (rádio universitária de Berkeley), KPOO (uma esta-ção comunitária de São Francisco, de propriedade da *Poor People's Radio*), KOSF (*iHeart80s*), KRBQ ("a estação retrô de Bay Area") e KBLX ("a alma da baía"). Saber que outras pessoas estão ouvindo o mesmo que eu me re-conforta, principalmente quando estou voltando tarde da noite pela rodovia 880, me sentindo anônima na estrada larga e escura. Já conheço inclusive o alcance de cada rádio, a ponto de prever quando alguma ficará fora do ar em determinada intersecção de rodovia e quando voltará.

Mais importante ainda, nenhuma dessas rádios toca nada parecido com a *Playlist da Jenny*. Algumas vezes, aliás, elas tocam alguma música de que eu gosto ainda mais do que as da lista arquetípica, de uma maneira e por algum motivo que não sei explicar. São músicas de gêneros que eu normal-mente digo que não gosto, incluindo as "40 mais pedidas" (uma dessas foi *Long as I live*, da Toni Braxton, que eu conheci ouvindo na KBLX e escutei obsessivamente nas semanas seguintes). Reconhecer que existe algo que eu não sabia que gostava é uma boa surpresa, não apenas musical, mas sobre mim mesma, em especial algo cuja preferência é tão intuitiva, como música.

RESISTA: NÃO FAÇA NADA

Meu pai, que foi músico por boa parte de sua vida, diz que a definição de uma música boa é aquela que "te pega de surpresa" e te transforma. E, se formos capazes de abrir espaço para encontros que nos transformarão de maneiras ainda imprevisíveis, podemos também reconhecer que somos uma confluência de forças que extrapolam nossa própria compreensão. Isso explica por que, quando eu gosto de alguma música que não esperava gostar, às vezes sinto como se duas coisas que não conheço estão conversando através de mim. Para alguém que esteja ancorado em seu próprio ego, esse tipo de constatação pode representar a morte. Para mim, pessoalmente, abandonar a ideia de Eu fragmentado é um indicador evidente de que estou viva.

Por outro lado, quando o "aprimoramento" algorítmico é preciso, me reduz de modo gradativo a uma imagem congelada dos meus gostos e das razões por trás deles. Sob um ponto de vista corporativo, sem dúvida faz sentido. Quando a linguagem da publicidade e da *marca pessoal* te incentiva a "ser você mesmo", o que realmente significa é "seja você cada vez mais", onde "você", nesse caso, se torna um padrão consistente e reconhecível de hábitos, desejos e impulsos que, com facilidade, podem ser apropriados, comercializados e capitalizados. Aliás, a tal marca pessoal não é outra coisa senão um padrão confiável e imutável de julgamentos por impulso — "eu gosto disso", "não gosto daquilo" — onde não há espaço para ambiguidades ou contradições.

Pensando sobre o que significa se submeter a tal processo e se tornar cada vez mais uma versão reificada de si mesmo, me lembrei da descrição de Thoreau, em *Desobediência civil*, para as pessoas de pensamento limitado: estão praticamente mortas em vida. Se eu acredito que sei tudo o que quero e gosto, e se também acredito que sei onde e como encontrar essas coisas — ao imaginar que tudo se estende infinitamente no futuro, sem quaisquer ameaças à minha identidade ou aos limites do que eu chamo de Eu —, é como se eu não tivesse mais razões para continuar vivendo. Afinal, se você começasse a ler um livro e as páginas fossem ficando cada vez mais parecidas até que todas se tornassem idênticas, o deixaria de lado.

Extrapolando esse pensamento para nossa relação com pessoas estra-

CAPÍTULO 5: ECOLOGIA DE ESTRANHOS

nhas, minha preocupação é que, se deixarmos nossas interações reais serem confinadas por nossa bolha de filtro e identidade de marca, corremos o risco de nunca sermos surpreendidos, desafiados ou transformados, ou seja, seremos incapazes de ver além de nós mesmos e de nossos privilégios. Não quero dizer que não temos nada a ganhar entre aqueles que (teoricamente) têm muito em comum conosco. Contudo, se não expandirmos nossa atenção para além desse círculo, viveremos sempre em mundo "Eu-Isso", onde nada tem significado se não tiver valor ou alguma relação para conosco. E assim temos menos chances, de encontrar pessoas que desconstruam e reorganizem nosso universo pessoal, que nos causem mudanças significativas, se assim o permitirmos.

Obviamente, abrir-se para encontros também envolve riscos que nem todos estão dispostos a correr. Por exemplo, uma vez eu namorei com alguém cujo irmão, muito inteligente, só comia em restaurantes de franquia quando viajava. Seu raciocínio era que gostava de saber o que estava comprando e não queria perder tempo arriscando em algo que pudesse não gostar. Isso enfurecia meu então namorado, sempre que seu irmão o visitava. Afinal, meu namorado vivia em uma área de São Francisco famosa pelas culinárias mexicana, salvadorenha e equatoriana. A ideia de comer em um *Chipotle*, em vez de no *La Palma Mexicatessen* ou no *Los Panchos*, ainda mais em uma curta estadia em São Francisco, parecia absurda para ele. Quando se tratava de comida, seu irmão tinha a estranha característica de ir aos lugares sem ir a lugar nenhum.

Viver sem encontrar pluralidade, tanto dentro como fora de si mesmo, acaba provocando um fenômeno descrito por Sarah Schulman em seu livro *The Gentrification of the Mind: Witness to a Lost Imagination* [*A gentrificação da mente: testemunha de uma imaginação perdida*]. Schulman conta, em primeira mão, o que houve em Nova York nos anos 1980, quando os filhos das famílias suburbanas brancas voltaram a morar em bairros como o Lower East Side, tomando o lugar da comunidade *queer*, afetada pela aids. Schulman testemunhou "a substituição de realidades complexas por outras simplistas", o que levou a um certo tipo de monocultura social, urbana e psicológica.

RESISTA: NÃO FAÇA NADA

Contrários a tudo o que difere do arquétipo suburbano, esses recém-chegados ao bairro de Schulman não apenas se eximiam de aprender sobre o incrível dinamismo do lugar para onde se mudaram, como não faziam ideia de como o destruíam. Também eram pessoas que vão aos lugares sem ir a lugar algum. Schulman compara os primeiros empreendimentos que surgiram em seu bairro em função da gentrificação — letreiros que atraíam os novos moradores usando estética e preço — a postos avançados isolados, como "os quiosques de câmbio e venda de Marlboro para oficiais comunistas e turistas na União Soviética".[7]

Uma das coisas mais trágicas de ter uma mente que imagina a si mesma como algo separado, justificável e "eficiente" não é que alguém assim provavelmente seja uma pessoa sem graça (para os outros e para si), mas que essa constituição do Eu como algo separado dos outros e do mundo é uma completa falácia. Embora eu entenda esse pensamento como o desejo humano por estabilidade e categorização, também vejo esse desejo, de modo irônico, como o cruzamento de forças internas e externas a este Eu imaginado: medo de mudanças, conceitos capitalistas de tempo e valor e incapacidade de aceitar a mortalidade. Tudo está relacionado a controle, ou seja, se reconhecermos que nossas experiências pessoais estão completamente ligadas às dos outros, que são determinadas por relações e não por qualidades essenciais, então deveremos abandonar ideias de controle de identidade e de uma existência neutra e apolítica (pensamento que serve à gentrificação). Somos o produto fluido de nossas interações com os outros, e não temos escolha quanto a isso. O que cabe a nós é reconhecer ou não essa realidade.

Abrir mão do controle sempre dá medo, mas, para mim, desistir da ideia de falsas fronteiras faz sentido não apenas conceitualmente, mas fenomenologicamente. Não é que o Eu não exista, só que, quando paramos para pensar, é difícil definir onde ele começa e onde acaba. Alan Watts já chamou a sensação do ego de alucinação, "o conceito de que somos um saco de pele com o ego dentro é completamente falso".[8] Aprender a enxergar além dessa fronteira também pode ser um alívio. Em seu artigo chamado "My Adventures with the Trip Doctors" ["Minhas aventuras com os médicos de

CAPÍTULO 5: ECOLOGIA DE ESTRANHOS

viagens"], Michael Pollan sente esse tipo de alívio durante uma experiência com *ayahuasca*, com a ajuda de um guia experiente. Em determinado momento, Pollan sente seu Eu tradicional se desintegrar: "Agora me transformei em um maço de papeizinhos, do tamanho de *post-its*, que se espalham com o vento". Mais tarde, seu Eu muda outra vez: "Tudo o que já fui e chamava de Eu, que levou seis décadas para ser construído, foi liquefeito e dispersado. Todo pensamento, toda sensação e percepção que faziam parte de mim agora eram exteriores a mim. Eu me tornei tinta".[9]

Mas quem está percebendo a si mesmo como tinta? Pollan conclui que a consciência é algo maior que o ego. Não à toa, o que ele sente ao constatar isso não é medo, mas alívio:

> O ego soberano, com todas as suas armas e seus medos, seus ressentimentos presos ao passado e suas preocupações presas ao futuro, simplesmente não mais existia, e não havia mais ninguém para sentir sua falta. Ainda assim, foi substituído por algo: uma consciência nua e sem corpo, que contempla a dissolução do Eu com uma indiferença benigna. Eu estava presente na realidade, mas como algo diferente do meu Eu habitual. E, ainda que não houvesse mais quem sentisse, restava um matiz de sentimento, que era calmo, leve, contente. Havia vida após a morte do ego.

VOCÊ TALVEZ SE surpreenda com o fato de eu enfatizar a importância das outras pessoas em um livro que começou com meu retiro solitário em um jardim de rosas. Vale lembrar que em *Solitude and Leadership*, William Deresiewicz alerta para a necessidade de se afastar de si mesmo para ser capaz de pensar de maneira crítica. No trecho que citei anteriormente, no entanto — onde ele desaconselha "marinar-se na sabedoria convencional" —, Deresiewicz fala sobre "Facebook, Twitter e até mesmo *The New York Times*". No mesmo texto, ele menciona a importância de ter um amigo íntimo com o qual se possa ter conversas reais e substanciais. Se queremos ter

RESISTA: NÃO FAÇA NADA

distância crítica, há uma importante distinção a ser feita entre se isolar ou se afastar do clamor e da influência nociva da opinião pública.

Afinal, as redes sociais exploram a opinião pública, uma opinião que não tem paciência para ambiguidades, contexto ou quebra de tradições. A opinião pública não quer saber de mudanças ou desafios; quer que uma banda continue compondo músicas exatamente iguais aos seus sucessos. Conversa é algo diferente, seja consigo mesmo ou com os outros. Este livro em suas mãos — e imagino que seja o caso de muitos outros livros — é o resultado de várias conversas que tive ao longo de muitos anos, com humanos e não humanos. Muitas dessas conversas aconteceram enquanto eu já o escrevia e mudaram minha cabeça. Enquanto você o lê, o livro também conversa com você.

Mesmo quando vou ao Rose Garden, não estou realmente sozinha. Embora eu costume ficar afastada dos outros, é no parque, cujos visitantes são diversos em praticamente todos os sentidos, onde mais converso com estranhos. E isso falando só dos humanos. Eu sempre achei a frase "sozinho na natureza" um oximoro engraçado, uma completa impossibilidade. Mesmo quando não há pessoas no jardim, ainda assim eu o considero um lugar social, onde passo o tempo com gaios, corvos, juncos, gaviões, perus, libélulas e borboletas, sem falar em carvalhos, sequoias, castanheiros e nas próprias rosas. Várias vezes eu paro de ler meu livro e fico observando um pipilo voando, tentando me ajustar à sua escala de percepção, contemplando o diminuto universo de insetos sob uma roseira. Eu percebi que, ao longo dos anos, quando ouço algum pássaro ao longe, deixei de dizer "O que é isso?" e passei a dizer "Quem está aí?". Todo dia — todo pensamento, aliás — é diferente, dependendo de quem está lá.

Quando reflito sobre o ato de pensar, por exemplo quando tento me lembrar como alguma ideia surgiu, as limitações da nossa língua me forçam a dizer que eu "produzi" uma "ideia". No entanto, nenhuma dessas coisas é entidades estável, e essa relação gramatical entre elas é enganosa. A "ideia" não é um produto, com limites óbvios, que passa a existir de um momento para o outro — uma das razões pelas quais artistas odeiam a pergunta "De

CAPÍTULO 5: ECOLOGIA DE ESTRANHOS

onde veio sua inspiração para fazer tal coisa?". Toda ideia é uma intersecção, mutável e inconstante, entre mim e o que quer que eu tenha encontrado. Consequentemente, o pensamento não acontece em algum lugar dentro de mim, mas entre o que percebo como sendo eu e como não sendo eu. Os cientistas cognitivos Francisco J. Varela, Evan Thompson e Eleanor Rosch reforçam essa intuição com experiências fascinantes, relatadas em seu livro *The Embodied Mind* [*A Mente Corpórea — Ciências Cognitivas e Experiência Humana*], que compara a ciência cognitiva moderna com antigos preceitos budistas. Por meio de exemplos como a coevolução da visão e certas cores que ocorrem na natureza, os cientistas fundamentalmente complicam a ideia de que a percepção apenas transmite informações "de fora para dentro". Segundo eles, "cognição não é a representação de um mundo predeterminado por uma mente predeterminada, mas a encenação de um mundo e de uma mente".[10]

Quando reconhecemos a natureza ecológica não somente de um bioma, mas de culturas, individualidades e até mesmo pensamentos — no sentido de que a consciência surge da interseção entre o que está "dentro" e "fora", complicando ainda mais sua distinção —, não é somente a diferença entre Eu e Outros que desaparece. Ficamos em uma posição que nos permite enxergar através de outra barreira supostamente intransponível: entre humanos e não humanos.

Certa vez esse pensamento me assaltou no Rose Garden, fruto de um livro que eu lia e da chegada de um pássaro. O livro era *Braiding Sweetgrass: Indigenous Wisdom, Scientific Knowledge, and the Teachings of Plants* [*Trança de erva-doce: sabedoria indígena, conhecimento científico e ensinamentos sobre plantas*], de Robin Wall Kimmerer, uma ecologista que também é membro da nação indígena *Potawatomi*. O pássaro era um pardal-americano. Enquanto o pardal saltitava e bicava o solo de modo típico, li pela primeira vez sobre a "solidão da espécie", a alienação melancólica dos humanos com relação a outras formas de vida. Kimmerer diz:

> Tento imaginar como seria passar pela vida sem saber o nome dos animais e plantas ao meu redor. Sendo eu quem sou e fazendo o

que faço, não consigo conceber essa ideia, mas acredito que seria um tanto assustador e confuso — como estar perdida em uma cidade estrangeira sem conseguir entender as placas das ruas.[11]

E ainda acrescenta que: "Conforme o domínio humano foi crescendo, nos tornamos mais isolados, mais solitários, pois não podemos mais contar com nossos vizinhos".

Olhei para meu vizinho, o pardal, e pensei como há alguns poucos anos eu não saberia seu nome, não saberia que se tratava de um pardal e talvez tampouco o tivesse notado. Como meu mundo antigo parecia solitário em comparação com o atual! O pardal e eu não éramos mais estranhos. Pensar que estávamos conectados não era um esforço de imaginação, tampouco especulação científica. Ambos nascemos no mesmo lugar (planeta Terra) e éramos feitos do mesmo material. E, mais importante, ambos estávamos vivos.

NO COMEÇO DO ano, fui a um casamento em Palm Springs, cuja cerimônia foi no Ace Hotel. Ironicamente, como o Ace Hotel de cada cidade tem um tema muito distinto, me senti como se estivesse em todos os outros Ace a que já fui — um simulacro estético. Me sentei à beira da piscina, onde os *influencers* de redes sociais tiravam fotos em poses afetadas, e a visão das montanhas San Jacinto me torturava, pois elas pareciam me chamar. Para falar a verdade, era difícil olhar para qualquer outra coisa, por mim deveríamos largar tudo e admirar aquele corpo rochoso incrível. Eu ficava me perguntando "Como pode ser?". Ao contrário das montanhas Santa Cruz, que eu cresci observando, aquelas montanhas se erguiam eretas, austeras, pétreas e roxas ao cair do sol. Só o que eu queria era olhar para elas o dia todo e se possível mais de perto. No entanto, mesmo que não estivessem muito longe, não havia como ir até elas caminhando, e eu não tinha alugado um carro.

Alguns dias depois, peguei um táxi até Murray Canyon, uma trilha mantida pelo grupo Agua Caliente de indígenas de *Cahuilla* que faz parte dessa reserva. Pela primeira vez desde que eu havia chegado, pude olhar

CAPÍTULO 5: ECOLOGIA DE ESTRANHOS

realmente para o lugar onde estava. Conforme eu caminhava entre os câ-nions das montanhas que pareciam uma paisagem marciana, observava os seres que não só conseguiam sobreviver naquele ambiente, mas prospera-vam. Confiei cegamente no aplicativo iNaturalist para aprender seus no-mes: encélia, chuparosa, espinheira-santa, palmeira-leque (que eu via pela primeira vez em seu *habitat* natural). Havia também lavanda do deserto, que crescia em arbustos que pareciam falar uma língua estranha quando o vento passava por eles. Vi um papa-moscas-brilhante, que lembra uma versão preta do gaio-de-Steller, mas é de uma família de pássaros comple-tamente diferente, e um lagarto *chuckwalla* comum (embora não me tenha parecido nada comum, era maior do que uma iguana de estimação) enfiado na fenda de uma gigantesca rocha vermelha.

Certa vez, dei uma palestra em Stanford para um grupo de trabalho sobre estudos urbanos e expliquei a pesquisa que fiz para escrever este livro. Alguém me perguntou se utilizar o iNaturalist não acabava me distraindo da paisagem, já que o aplicativo dava uma visão detalhada e científica das espécies. Respondi que, embora admitisse essa possibilidade, o aplicativo era uma espécie de muleta temporária, uma ajuda necessária por conta de minha ignorância. Aprender corretamente o nome das coisas era um pri-meiro passo para percebê-las como seres vivos, e não simplesmente como "terra" ou "mato". E, pelos menos em casa, o fato de eu conhecer o nome dos animais e das plantas não me fazia deixar de prestar atenção neles. Ao contrário, eu os observava ao longo das estações, aprendendo não apenas seus nomes, mas seus comportamentos, ou seja, quem eram de fato. A certa altura, isso levou a algo além da simples observação — não apenas no caso de Crow e Crowson ou das garças noturnas, mas com relação a tudo: plan-tas, rochas e fungos. Afinal, quem tanto contempla acaba se relacionando com o contemplado.

Kimmerer, por ser da tribo *Anishinaabe* e uma cientista formalmente instruída, em seu livro *Braiding Sweetgrass* defende que, se o olhar cientí-fico for correto, podemos reconstruir as relações que perdemos (ou melhor, expulsamos) com a terra a partir do século 18. Ela descreve a tentativa de ecologistas de repovoar com salmão uma bacia hidrográfica restaurada no noroeste do Pacífico e diz que "a ciência pode criar laços de intimidade e respeito para com outras espécies, os mesmos laços que os detentores de conhecimento tradicional possuíam. Criam-se afinidades". Em uma de minhas passagens favoritas do livro, Kimmerer conta a lenda da criação do mundo segundo os *Anishinaabe*, na qual Nanabozho, o primeiro homem, é colocado na Terra com a instrução de absorver o conhecimento dos outros habitantes e aprender seus nomes. Kimmerer imagina uma conversa amigável entre Nanabozho e Carl Linnaeus, pai do sistema taxonômico moderno. Caminhando juntos e observando a flora e a fauna locais, os conhecimentos dos dois se complementam: "Linnaeus empresta sua lupa a Nanabozho, para que ele possa ver detalhes das plantas. Nanabozho dá a Linnaeus uma canção para que ele possa ver seus espíritos. Nenhum deles está sozinho."[12]

É por meio da combinação das capacidades especiais de Nanabozho e Linnaeus que começo a entender meus crescentes sentimentos quanto às diferentes formas de vida que observo. Esse tipo de observação apaixonada não apenas reconhece ou aprecia os habitantes de um lugar, mas se dispõe a perceber a atuação desses seres e, por sua vez, a ser merecedora de sua atenção. É impossível superar a solidão da espécie se consideramos os outros seres inertes e sem alma, sejam beija-flores ou rochas. Em seu livro *Becoming Animal*, David Abram fala sobre a perda gerada quando falamos ou pensamos sobre o resto do mundo como seres de vida menor:

> Se falamos sobre as coisas como se fossem objetos inertes e sem vida, negamos sua capacidade de se envolver e interagir diretamente conosco — suprimimos sua capacidade de retribuir nossa atenção, de nos levar a um diálogo silencioso, de nos informar e nos instruir.[13]

É claro que esse é um problema de linguagem relativamente recente. As comunidades que viveram aqui por séculos antes de nós aceitavam com tranquilidade os seres não humanos com os quais viviam. Na introdução

CAPÍTULO 5: ECOLOGIA DE ESTRANHOS

de seu livro *Reinventing the Enemy's Language: Contemporary Native Women's Writings of North America* [*Reinventando o idioma do inimigo: textos de indígenas norte-americanas contemporâneas*], Gloria Bird descreve o modo como sua avó falava sobre uma montanha:

> No longo processo de colonização, apesar da destruição da língua nativa, restou ainda sua maneira particular de perceber o mundo. Minha tia, por exemplo, uma vez em que observávamos o que sobrou do monte Saint Helens, comentou em inglês: "Coitadinho". Mais tarde percebi que falava da montanha como se fosse uma pessoa. Em nossas histórias sobre a cordilheira que vai da península Olympic até a fronteira entre o sul do Oregon e o norte da Califórnia, essas montanhas assumem um protagonismo como se fossem humanas. Seu simples comentário sobre o monte Saint Helens, na trilha Loowit, refletia solidariedade e compreensão pelo bem-estar de outro ser humano — sem que ela precisasse explicar.[14]

Ao ler essa passagem, comecei a enxergar minha relação com as montanhas San Jacinto como algo que a cultura e a linguagem ocidentais não eram capazes de traduzir. Era uma intuição profunda e esperançosa de que essas formas eram algo mais do que simples rochas: elas personificavam algo, havia alguém ali.

Mesmo sabendo que as versões que ouço (e leio) não são completamente traduzíveis em nossa língua, há muito aprecio a maneira como as histórias indígenas inspiram o mundo. Não são apenas um acervo de observações e análises feitas por milênios, mas também modelos de gratidão e manutenção. O fato é que tais histórias mantêm vivos os seres não humanos em uma realidade física literal, não apenas em nossa imaginação. Kimmerer relata a época em que supervisionou uma tese de pós-graduação sobre o declínio da erva-doce americana, uma planta tradicionalmente cultivada pelos seus ancestrais e que faz parte da história da criação *Anishinaabe*. O estudo mostrou que a razão do declínio da erva-doce não foi a superexploração, mas a redução em sua colheita. As espécies haviam coevoluído por conta de práticas indígenas de colheita específicas, o que por sua vez fez com que a planta prosperasse. A planta passou a depender de um tipo específico de atenção, uso e manejo humanos para crescer em seu ambiente e, sem esses cuidados, começava a desaparecer.[15]

Esse estudo sobre a erva-doce sugeria que a razão pela qual as plantas morriam era falta de atenção, nada mais. Em um mundo no qual nossa sobrevivência está absolutamente ligada ao ecossistema em que vivemos, fica claro que o que assegura nossa sobrevivência também é atenção mútua. E, embora esse tipo de atenção deva conter um aspecto de reverência, isso não quer dizer ficar embevecido com a beleza dos seres não humanos ou considerá-los inteligentes ou sencientes (bactérias intestinais não são nada bonitas, mesmo assim dependemos delas para viver). A filósofa Chris J. Cuomo, em seu livro *Feminism and Ecological Communities: An Ethic of Flourishing* [*Feminismo e comunidades ecológicas: a ética do florescimento*], critica as organizações de direitos animais que se baseiam exclusivamente na premissa de que alguns animais são sencientes e podem sentir dor, pois essa lógica privilegia a senciência em uma ecologia que comporta seres sencientes e não sencientes. Essa visão, diz ela, "vem da presunção de que seres humanos são objetos paradigmáticos éticos, e outras formas de vida só têm valor desde que guardem alguma semelhança conosco".[16]

Seu argumento é que o próprio ecossistema é o objeto paradigmático ético, se é que tal definição pode existir. Esse pensamento é corroborado pelo conservacionista Aldo Leopold, que observa que "não se pode amar a dinâmica da natureza e odiar os predadores, não se pode conservar as águas e acabar com as cordilheiras, não se pode plantar uma floresta e minerar uma fazenda. A terra é um organismo único".[17] Mesmo que a preocupação seja apenas a sobrevivência humana, ainda há que se reconhecer que tal sobrevivência não depende de uma exploração eficiente, mas da manutenção de uma delicada teia de relacionamentos. Além da vida dos indivíduos, existe a vida de um lugar, e esta depende de mais fatores do que somos capazes de enxergar, mais do que animais bonitinhos ou árvores majestosas.

CAPÍTULO 5: ECOLOGIA DE ESTRANHOS

Podemos até nos enganar e pensar que é possível viver sem essas vidas, mas isso seria fisicamente insustentável, para não dizer empobrecedor de muitas outras maneiras. Se o que eu falei sobre a ecologia do ser é verdade, é apenas por meio da delicada relação com os não humanos que podemos vivenciar plenamente nossa própria humanidade.

APÓS TODOS ESSES argumentos, a razão pela qual sugiro a biorregião como um ponto de convergência da nossa atenção não é apenas a solidão das espécies, ou porque enriquece a experiência humana, ou mesmo porque acredito que nossa sobrevivência dependa disso. Eu valorizo a biorregião por um motivo ainda mais primordial: assim como a atenção talvez seja o último recurso que ainda podemos reter, o mundo físico é nosso principal ponto de referência em comum. A não ser que todos passem a usar óculos de realidade aumentada ininterruptamente, não se pode ficar alheio à realidade física. O fato de comentar sobre o clima ser um clichê de conversa fiada é, na verdade, um profundo lembrete disso, pois o clima é uma das únicas coisas que cada um de nós sabe que afeta a todos.

Em uma época em que, para sermos capazes de praticar ações significativas, será necessário formarmos novas alianças ao mesmo tempo que reconhecemos diferenças, o biorregionalismo também é útil como modelo de diferenciação sem limites, uma forma de entender lugares e identidades sem essencialismo e reificação. Não há como negar que biorregiões existem, é um fato científico e uma questão de simples observação. Se você for à biorregião conhecida como Cascadia (também chamada de noroeste do Pacífico), por certo verá pinheiros do tipo Douglas fir, espécies não encontradas no sudoeste. No entanto, é impossível traçar uma fronteira evidente entre biorregiões. Afinal, elas são conglomerações imprecisas de espécies que se desenvolvem, juntas, em condições que necessariamente variam de acordo com a região — de maneira similar às linguagens e culturas humanas.

As fronteiras de uma biorregião não são apenas impossíveis de definir; também são variáveis. Descobri isso em março deste ano, quando por acaso

RESISTA: NÃO FAÇA NADA

me deparei com um artigo na primeira página de um jornal sobre um "rio atmosférico", prestes a chegar das Filipinas. Nunca havia ouvido esse termo e descobri que são regiões temporárias na atmosfera que levam a umidade dos trópicos para, neste caso, a Costa Oeste americana (bastante conhecida como Pineapple Express [Expresso do Abacaxi]). Quando o rio chega sobre a terra firme, seu vapor de água esfria e cai na forma de chuva. Rios atmosféricos têm uma largura de centenas de quilômetros e carregam quantidades de água muito maiores do que as do rio Mississippi. Fiquei surpresa ao descobrir que de 30% a 50% da chuva que cai na Califórnia vêm de rios atmosféricos.

Por mais interessante que fosse isso tudo, me fez ver algo ainda mais óbvio ao qual eu não prestava atenção. Nunca havia pensado de onde vem a chuva, além do céu. Ou, mais precisamente, de onde vem a chuva que cai sobre mim. Se alguém tivesse me perguntado, imagino que eu teria pensado por um momento e dito que a chuva vem de algum lugar distante, mas eu não saberia precisar de onde, como ou em qual formato. Ao ler o artigo, não conseguia esquecer que a chuva que caía sobre mim tinha vindo do país natal da minha família, um lugar onde eu nunca tinha estado. Coloquei uma grande jarra no beco atrás do meu prédio, para ver essa chuva mais de perto (o que me ensinou outra coisa: leva muito tempo para conseguir coletar uma pequena quantidade de água da chuva, mesmo quando chove forte). Usei parte dessa água para fazer uma aquarela com tintas que comprei na farmácia. Pintei uma *sampaguita* (jasmim-árabe), a flor símbolo das Filipinas, e dei o quadro para minha mãe. Coloquei o restante em uma pequena jarra sobre minha escrivaninha: água do outro lado do mundo.

Sem que eu soubesse na época, já havia feito contato com essa mesma "sociedade de água do outro lado do mundo" no começo daquele ano. Eu estava pesquisando sobre biorregionalismo e havia acabado de descobrir que a água potável de Oakland vinha do rio Mokelumne e quis vê-la "pessoalmente" — ou seja, visitar diferentes partes do rio, à medida que ele avança das altas e arborizadas serras para o chaparral seco e cheio de pinheiros (foi a viagem que contei no segundo capítulo, em que fiquei na cabana sem acesso a telefone ou internet). Eu não tinha muito que fazer

CAPÍTULO 5: ECOLOGIA DE ESTRANHOS

a não ser encontrar os pontos de acesso ao rio. Parava em cada um deles simplesmente para observar a água que eu, com indiferença, bebia todo dia. O fato de as águas nunca pararem de se mover me deixou encantada: o rio estava sempre vindo de algum lugar para ir a outro. Não havia nada de estável naquele "corpo" de água.

Além disso, ainda era impossível dizer de onde vinha a minha água. Em cada vertente do rio há uma cabeceira, que é o mais próximo que se pode chegar de sua origem. Pelo Google Maps, percorri o rio Mokelumne desde sua bifurcação ao norte, nas montanhas, até um lugar chamado Highland Lakes. Ao longo do seu curso, no entanto, o rio é alimentado por afluentes que vêm de diversos lugares. Se eu tivesse tentado encontrar a nascente, ou mesmo a cabeceira do Mokelumne, não teria conseguido. Como todas as biorregiões em geral, cabeceiras de rio não possuem delimitação definida, uma vez que cada riacho começa como o acúmulo disperso de neve ou chuva e se junta no subsolo a lençóis freáticos maiores, até que emerge em uma nascente — algo como uma coleta gradual de pequenos cursos de água, como um delta ao contrário. Então, de onde vem a água? De algum outro lugar. Em Sierra Nevada, a maior parte da neve vem de rios atmosféricos. Algumas vezes, esses rios atmosféricos vêm das Filipinas.

A forma como a ecologia atua me traz um conforto antiessencialista. Por eu ter ascendência asiática e caucasiana, do ponto de vista essencialista eu sou uma anomalia, uma não entidade. Em um sentido óbvio, eu não sou "nativa" de lugar nenhum. Mas coisas como o rio atmosférico e ver um sanhaçu-escarlate (um dos meus pássaros favoritos) passar por Oakland em sua migração de primavera me dão uma imagem sobre como ser de dois lugares ao mesmo tempo. Eu me lembro que a *sampaguita*, embora seja a flor símbolo das Filipinas, na verdade é originária dos Himalaias e foi importada durante o século 17. Me lembro também de que não somente minha mãe é imigrante, há algo de imigrante no ar que eu respiro, na água que eu bebo, no carbono em meus ossos e nos pensamentos em minha mente.

Uma compreensão ecológica nos permite identificar "coisas" — chuva, nuvens, rios — ao mesmo tempo que nos lembra que todas essas identida-

RESISTA: NÃO FAÇA NADA

des são fluidas. Toda montanha sofre erosão, e o solo sobre o qual pisamos se move em placas gigantescas. Isso nos lembra que, embora seja útil ter uma palavra para o que chamamos de nuvem, quando de fato se pensa a respeito só o que podemos identificar é uma série de fluxos e relações que às vezes se cruzam e se mantêm unidos tempo suficiente para que possam ser chamados de "nuvem".

Isso já deve soar familiar a esta altura. Aliás, é uma estrutura similar à que eu usei para descrever o Eu, uma interpretação evasiva para a sobreposição de fenômenos dentro e fora do nosso "saco de pele" imaginado. Assim como uma cabeceira de rio não tem começo definido, renunciar a definições nos faz emergir a cada momento, da mesma forma que ocorre com nossos relacionamentos, nossas comunidades e nossas opiniões políticas. A realidade é amorfa, recusa-se a ser sistematizada. Conceitos como a obsessão americana pelo individualismo, bolhas de filtro personalizadas e marcas pessoais — qualquer coisa que se valha de indivíduos pulverizados que competem entre si, sem nunca se encontrarem — praticam o mesmo tipo de violência à sociedade humana que uma barragem causa a uma cabeceira de rio.

Antes de mais nada, devemos recusar qualquer barragem em nós mesmos. Audre Lorde, no texto "Age, Race, Class, and Sex: Women Redefining Difference" ["Idade, raça, classe e sexo: mulheres redefinindo a diferença"], descreve a dor causada por definições que bloqueiam os fluxos naturais dentro do Eu:

> Como feminista negra e lésbica, confortável com os diversos elementos de minha identidade, e como mulher comprometida com a liberdade racial e sexual, sinto o impulso constante de escolher algum de meus aspectos e apresentá-lo como um todo significativo, eclipsando ou negando outras partes minhas. Mas esse seria um modo destrutivo e fragmentário de ser. Minha concentração máxima de energia está disponível para mim apenas quando integro todas as partes do que sou, abertamente, permitindo que

CAPÍTULO 5: ECOLOGIA DE ESTRANHOS

o poder originário de fontes específicas de minha vida flua livremente por todos os meus diferentes Eus, sem restrições impostas por definições externas. Somente dessa maneira posso utilizar minhas energias e a mim mesma como um todo, a serviço das lutas que abraço como parte da minha vida.[18]

Essa descrição serviria tanto para um grupo quanto para um indivíduo, e Lorde, aliás, defende uma forma similar de liberdade, que flua sem restrições por uma comunidade. Em uma conferência sobre feminismo, na qual foi uma das duas únicas palestrantes negras, Lorde confessou sua frustração quanto às formas mais comuns de reação a diferenças: uma tolerância amedrontada ou a completa cegueira. "A diferença não deve ser meramente tolerada, mas vista como uma fonte de polaridades necessárias, gerando discussões nas quais nossa criatividade desperta", disse em seu discurso. "É somente dessa maneira que a necessidade de interdependência deixa de ser uma ameaça."[19] A diferença é uma força, um pré-requisito para a criatividade que possibilita o crescimento individual e a inovação política coletiva. As palavras de Lorde ressoam com ainda mais força atualmente, quando nossa política se desenrola em plataformas que não privilegiam diferenças, pluralidade e encontros.

HOJE EM DIA, somos ameaçados não apenas por uma degradação biológica, mas também cultural, e por isso temos muito a aprender com a ecologia básica. Uma comunidade dominada pela indústria da atenção é como uma fazenda de produção industrial, em que nossa função é crescer cada vez mais, um ao lado do outro sem nunca nos tocarmos. Não há tempo para criar redes horizontais de atenção e apoio, tampouco perceber que todas as formas "não produtivas" de vida nos abandonaram. Ao mesmo tempo, há incontáveis exemplos históricos e ecológicos que nos mostram que uma comunidade diversificada, com uma complexa trama de interdependências, não é apenas mais rica, mas muito mais resistente. Quando leio *The*

RESISTA: NÃO FAÇA NADA

Gentrification of the Mind, de Schulman, tento imaginar a diferença entre uma fazenda de permacultura e uma fazenda comercial de milho, que pode ser arrasada por um único parasita:

> Bairros onde há diversidade possibilitam o pensamento coletivo simultâneo, ou seja, várias perspectivas ocorrendo ao mesmo tempo, frente a frente. Diversos idiomas, culturas, raças e experiências de classe coexistindo no mesmo quarteirão, no mesmo prédio. Os bairros homogêneos destruíram essa dinâmica e estão muito mais vulneráveis à conformidade.[20]

Um detalhe que Schulman relata sobre seu prédio me chama a atenção. Ela diz que "os 'velhos' inquilinos, que pagam aluguéis mais baixos, são muito mais propensos a se organizar para reparos ou reclamar quando há roedores ou lâmpadas queimadas nos corredores. Os moradores que vieram com a gentrificação mal se dispõem a exigir itens básicos", apesar das petições dos inquilinos mais antigos. "Não têm uma cultura de protesto." Schulman tem dificuldades para explicar essa "estranha passividade que acompanha a gentrificação".[21] Eu arriscaria dizer que, mesmo incomodados pelos problemas do prédio, os novos inquilinos são barrados pelo muro de seu próprio individualismo. Quando veem que não se trata de um problema só deles, mas coletivo, que para ser resolvido exige esforço conjunto e identificação com a comunidade, preferem esquecer o assunto. Ou seja, mesmo ratos e corredores escuros são suportáveis, desde que possam manter a porta do Eu fechada a estranhos, que não precisem mudar nem se abrir a um novo tipo de identidade.

Ao contrário das barragens que interrompem o curso de um rio, tais barreiras não são concretas: são estruturas mentais, que podem ser dissolvidas pelas práticas de atenção. Quando nossa visão sobre amizade e reconhecimento é arrivista ou até mesmo algorítmica, ou quando protegemos demasiadamente nosso Eu contra mudanças, ou quando somos incapazes de aceitar que somos afetados pelos outros (principalmente desconhecidos),

CAPÍTULO 5: ECOLOGIA DE ESTRANHOS

reduzimos a atenção que damos a terceiros ou aos lugares que coabitamos. É por meio de atos de atenção que decidimos a quem ouvir, a quem olhar e quem exerce alguma influência em nosso mundo. Dessa forma, a atenção cria bases não apenas para o amor, mas para a ética.

O biorregionalismo nos ensina sobre a emergência, a interdependência e a impossibilidade de barreiras absolutas. Como seres corpóreos, somos literalmente abertos ao mundo, a cada segundo inspiramos ar vindo de fora. Como seres sociais, somos igualmente determinados por nosso contexto. Se formos capazes de abraçar esses fatos, conseguiremos apreciar a maravilha emergente e fluida que é nossa identidade e a dos outros. Mais do que isso, estaremos abertos a nova ideias até então inimagináveis que surgem dessa combinação, como um relâmpago que acontece entre uma nuvem evanescente e o solo em constante mudança.

Capítulo 6

Restaurando as bases para o pensamento

Em New England, costumamos dizer que o número de pombos que nos visitam diminui a cada ano. Nossas florestas não mais fornecem os poleiros necessários a eles. Da mesma forma, é cada vez menor o número de pensamentos que visitam os adolescentes, ano a ano, pois os arvoredos de nossa mente estão devastados.

— HENRY DAVID THOREAU, CAMINHANDO[1]

Até agora, defendi as práticas de atenção cuidadosa que nos ajudam a enxergar as nuances ecológicas do ser e da identidade. Há alguns requisitos importantes para essa compreensão. O primeiro é o desapego à ideia de entidades individuais, teorias de origem simplórias e causalidades dualistas. Também é necessário sermos abertos e humildes, pois para encontrarmos o contexto precisamos reconhecer que não sabemos de tudo. E, talvez mais importante, aceitar que leva tempo para adquirir compreensão ecológica. Contexto é o resultado de atenção sustentada: quanto mais tempo de atenção, mais contexto.

Um exemplo: já deixei óbvio meu apreço por pássaros. No primeiro ano em que de fato passei a observá-los, usei o *The Sibley Field Guide to Birds of Western North America* [*Guia de campo Sibley para pássaros da América do Norte Ocidental*]. No final do livro há uma lista em que é possível marcar as espécies que já avistou. O fato de muitos livros sobre observação de pássaros terem uma lista do tipo diz muito sobre as pessoas que se envolvem nessa atividade. A parte mais irritante da observação de pássaros é mais ou menos como o jogo *Pokémon GO*. Para iniciantes, no entanto, é inevitável aprender a distinguir espécies de pássaros. Afinal, quando se aprende um novo idioma, começamos pelos substantivos.

Ao longo dos anos, por conta de minha atenção sustentada, percebi que

CAPÍTULO 6: RESTAURANDO AS BASES PARA O PENSAMENTO

os parâmetros dessa *checklist* não eram tão precisos. Notei que alguns passarinhos só vinham ao meu bairro durante determinada época do ano, como o picoteiro-americano e o tico-tico-de-coroa-branca. No inverno, meus corvos apareciam cada vez menos (talvez tivessem se juntado aos enormes bandos de corvos que lotavam os sicômoros do centro da cidade, uma reunião anual que chamei de *Burning Man* dos corvos). E, ainda que permaneçam no mesmo lugar, a aparência dos pássaros muda não apenas ao longo de suas vidas, mas também durante as estações. Tanto é que o guia Sibley dedica várias páginas para mostrar a mesma ave em diferentes idades, e como suas penugens mudam em épocas de reprodução. Ou seja, não descreve apenas os pássaros, mas seus comportamentos sazonais.

E há também o espaço ocupado pelos pássaros. Sempre havia muitas pegas-rabilongas perto da casa dos meus pais, a uma hora daqui, mas nunca vi uma aqui por perto. Há tordos na parte oeste de Oakland, mas não em Grand Lake. Pardais têm cantos diferentes de acordo com o lugar. A cor azul dos gaios é mais fraca nas cidades do interior. Os corvos têm um canto diferente em Minneapolis. Os juncos-de-olho-escuro que vi em Stanford têm o corpo marrom e cabeça preta (uma subespécie do Oregon), mas, quando viajei para o leste, vi espécies cor de ardósia, com os flancos rosados, asas brancas, cabeça cinza ou as costas vermelhas.

Minha capacidade de reconhecer certas espécies estava inevitavelmente ligada aos ambientes onde eu sabia que os encontraria. Corvos se empoleiram no alto de sequoias e pinheiros; pipilos gostam de se esconder debaixo de carros parados. Quando eu via uma árvore desfolhada parcialmente submersa em um lago, logo procurava por garças noturnas. *Wrentits*, esses pássaros que vivem pelos bosques, eram tão frequentes em arbustos espinhosos que seu canto agudo parecia a voz do próprio arbusto. É como se o pássaro não existisse, apenas um arbusto-pássaro. Comecei a prestar mais atenção nas árvores cujas frutinhas os picoteiros adoram (e que os deixam embriagados!) e passei inclusive a gostar de insetos, pois agora eu via os mosquitos que constantemente espantava nas trilhas perto de casa como comida de passarinho.

RESISTA: NÃO FAÇA NADA

Com o tempo, a categoria "pássaros" tornou-se simplista demais para nomear os seres que eu observava. O que eu via era determinado por inúmeras relações; não era um substantivo, mas uma conjugação de verbos. Pássaros, árvores, insetos e todo o resto, era impossível isolar um do outro, não apenas física, mas conceitualmente. Às vezes eu aprendia sobre determinada relação envolvendo diferentes tipos de organismos, seres que eu nunca imaginaria se relacionando. Um exemplo é o estudo de 2016 que mostrou que pica-paus e fungos de decomposição de madeira mantêm uma relação simbiótica que também beneficia outras espécies. Os fungos utilizam os buracos feitos pelos pica-paus para penetrar nas árvores, o que torna os troncos mais macios e possibilita que outros pássaros, esquilos, insetos, cobras e anfíbios utilizem a árvore como casa.[2]

Esse contexto, é lógico, também me inclui. Certa vez, eu caminhava perto da casa dos meus pais e ouvi um gaio gritando em um carvalho. Era um exemplo tão bom do guincho desse pássaro que eu estava a ponto de pegar meu telefone para gravá-lo, quando percebi que ele gritava para mim (me mandando ir embora). É como Pauline Oliveros conta em *Deep Listening*: "Ao entrar em um ambiente onde há pássaros, insetos ou outros animais, eles te escutam completamente. Você é recebido. Sua presença pode ser a diferença entre a vida e a morte das criaturas daquele ambiente. A audição é um mecanismo de sobrevivência!".[3]

É BASTANTE INTUITIVO que, para entender algo de maneira completa, deve-se prestar atenção ao seu contexto. Quero enfatizar que a forma como a observação de pássaros aconteceu para mim foi um processo espacial e temporal. As relações e os processos que observei eram adjacentes ao espaço e ao tempo. Para mim, que sou um ser sensitivo, conceitos como *habitat* e estações do ano me ajudaram a entender as espécies que eu via, por que eu as via, o que elas faziam e por quê. De modo surpreendente, foi essa experiência, e não a leitura de um estudo sobre como o Facebook nos deixa deprimidos, que me ajudou a identificar o que me incomodava tanto nas

CAPÍTULO 6: RESTAURANDO AS BASES PARA O PENSAMENTO

redes sociais: falta contexto à informação que encontro no Facebook, tanto espacial como temporal.

Vejamos, por exemplo, o *feed* atual do meu Twitter, neste momento em que estou em meu estúdio em Oakland, no verão de 2018. Empilhados em retângulos exatos, eu vejo o seguinte:

- um artigo da *Al Jazeera* sobre uma mulher cujo primo foi morto pelo Estado Islâmico enquanto estava na escola;
- um artigo sobre muçulmanos roinjas fugindo de Mianmar;
- @dasharezøne (um perfil humorístico) anunciando suas novas camisetas à venda;
- uma discussão sobre o pedágio urbano em Santa Monica, Califórnia;
- alguém desejando feliz aniversário a Katherine Johnson, ex-funcionária da NASA;
- um vídeo da NBC sobre a morte do senador McCain, que logo em seguida é cortado para um vídeo com pessoas vestidas como golfinhos aparentemente se masturbando em um palco;
- fotos de estátuas do Zé Colmeia jogadas em uma floresta;
- um anúncio de emprego para diretor do programa de arquitetura paisagística da Morgan State University;
- um artigo sobre protestos durante a visita do papa a Dublin;
- uma foto de outro incêndio, agora nas montanhas de Santa Monica;
- a pesquisa de alguém sobre os hábitos de sono de sua filha de um ano;
- a divulgação do livro de alguém sobre a cena anarquista em Chicago;
- um anúncio da Apple para seu programa *Music Lab*, estrelando Florence Welch.

RESISTA: NÃO FAÇA NADA

Contextos, tanto espacial como temporal, são entidades relacionadas a algo que se quer explicar que contribuem para essa explicação. Contexto também ajuda a estabelecer uma ordem de eventos. Obviamente, as informações que nos assaltam no Twitter e no Facebook não têm nenhum desses tipos de contexto. Ao ler meu *feed*, fico imaginando: "O que devo pensar disso tudo? Como devo pensar sobre isso tudo?". Imagino várias partes do meu cérebro piscando em um padrão que não faz sentido. Várias coisas ali parecem importantes, mas o todo é um absurdo, impossível de ser compreendido e só gera um pavor entorpecente.

Os efeitos dessa nova falta de contexto podem ser sentidos de modo mais intenso nos discursos de ódio, nas acusações e nas vinganças públicas que correm de maneira irrestrita em plataformas como Facebook ou Twitter. Embora eu acredite que seja um problema criado nas próprias plataformas e que pessoas de todos os espectros políticos estejam envolvidas, a prática de vasculhar os tuítes antigos de alguém e expor os que parecem mais ofensivos fora de contexto tornou-se uma ferramenta muito utilizada por ativistas de extrema direita como Mike Cernovich (que contribuiu para a divulgação da teoria da conspiração *#pizzagate*). Nos últimos tempos, os alvos preferidos para esse tipo de prática têm sido jornalistas e outras figuras públicas. O que me parece mais preocupante sobre isso não são as conspirações mal-intencionadas de Cernovich e outros, mas a rapidez e a diligência com que tantas pessoas acatam tais ideias. A tal "direita alternativa" aposta na desatenção e em respostas automáticas que se espalham como fogo em um palheiro, uma aposta que eles vêm ganhando já há algum tempo. Mesmo quando as vítimas dessa tática tentam explicar o contexto de suas falas em uma linguagem "à prova de idiotas", costuma ser tarde demais.

Veículos como Vox, entre outros, logo identificaram essas práticas como exemplos do que a especialista em tecnologia e mídias sociais Danah Boyd chamou de "colapso do contexto". Em 2011, Boyd realizou um estudo com Alice E. Marwick e constatou que os usuários de Twitter que construíram as marcas pessoais de maior sucesso foram os que reconheceram não saber de fato quem era seu público. Seus tuítes eram como jogar mensagens

CAPÍTULO 6: RESTAURANDO AS BASES PARA O PENSAMENTO

em um limbo onde poderiam estar amigos íntimos, familiares, potenciais empregadores e (conforme eventos recentes demonstraram) inimigos declarados. Marwick e Boyd descrevem como o colapso do contexto cria uma "filosofia de compartilhamento com o menor denominador comum, na qual os usuários se limitam a assuntos seguros que possam agradar a todos os leitores possíveis".[4]

Quando a direita alternativa utiliza o contexto (ou a falta dele) como arma, não só o contexto real é ignorado, mas os nomes de seus alvos se tornam gatilhos. Foi o que aconteceu com Sarah Jeong, jornalista de tecnologia, feminista e de esquerda, cujos tuítes antigos de mau gosto foram desenterrados e divulgados pelos *trolls* de direita logo após sua contratação pelo *The New York Times* em 2018. Embora o jornal tenha mantido sua contratação, toda a polêmica *on-line* criada pela direita alternativa sobre os tuítes descontextualizados já havia cumprido seu propósito: por um bom tempo, a simples menção do nome de Jeong parecia encerrar qualquer discussão séria *on-line* e inclusive dificultava o acesso ao real contexto de suas mensagens antigas. Não que houvesse tempo para tal pesquisa. As pessoas leem um tuíte ou uma manchete, reagem e clicam em um botão — milhares, se não milhões de vezes em questão de poucos dias. Acho impossível não comparar essa tempestade coletiva raivosa com uma enchente que devasta uma paisagem onde não há vegetação para contê-la. No entanto, sob o ponto de vista do modelo de negócios do Twitter, a tempestade é apenas um pico espontâneo de engajamento.

EM UMA PUBLICAÇÃO de 2013, Boyd discorre em seu *blog* sobre ter ou não cunhado o termo "colapso do contexto" e admite ter se inspirado no livro *No Sense of Place: The Impact of Electronic Media on Social Behavior* [*Sem noção de lugar: o impacto da mídia eletrônica no comportamento social*], de Joshua Meyrowitz. Escrita em 1985, a obra de Meyrowit trata principalmente de mídias como TV e rádio, mas mesmo assim parece assustadoramente atual, e Boyd poderia com facilidade adaptá-la à realidade digital. Desde o início,

RESISTA: NÃO FAÇA NADA

No Sense of Place relata formas de pensamento que poderiam muito bem ser uma versão analógica do Twitter. Meyrowitz conta que, na década de 1950, estava na faculdade e conseguiu tirar maravilhosas férias de verão, por um período de três meses. Quando voltou para casa, estava ansioso para dividir suas experiências com amigos, familiares e conhecidos. Obviamente, diz ele, escolhia quais histórias relatar de acordo com sua audiência: a seus pais contava a versão limpa, a seus amigos contava as aventuras, e a seus professores reservava os aspectos culturais de sua viagem.

Meyrowitz tenta imaginar qual seria a narrativa escolhida se, ao chegar em casa, fosse recebido com uma festa surpresa organizada por seus pais, na qual todos esses grupos estivessem presentes. Ele supõe que as alternativas seriam: 1) um ou mais grupos se sentiriam ofendidos com a história; ou 2) criaria uma versão "resumida e branda, que não ofendesse ninguém". Qualquer que fosse o caso, "o relato seria extremamente diferente das conversas que tive com audiências separadas", diz ele.[5] As possibilidades imaginadas por Meyrowitz são similares às observações contidas no artigo de Boyd e Marwick sobre usuários do Twitter e suas marcas pessoais. Opção 1: ofender inadvertidamente determinado público — como o caso onde velhos tuítes são expostos; opção 2: uma mensagem branda que não ofenda ninguém — são as celebridades profissionais das redes sociais, cuidadosamente construídas a partir de uma fórmula que só produz o que é mais palatável para todos o tempo todo. Levada à sua conclusão lógica, a opção 2 criaria a busca incessante pela mediocridade, atitude repetidamente condenada por críticos culturais como Jaron Lanier.

A festa surpresa é uma das metáforas arquitetônicas que Meyrowitz utiliza em seu livro: é como se as paredes que cercam diferentes círculos sociais desabassem. Infelizmente, as salas criadas por essas paredes eram exatamente o que fornecia o contexto para o que era dito dentro delas, uma vez que eram restritas a determinado público, e não a massas anônimas. O público que ouvia as mensagens, por sua vez, conseguia entendê-las com perfeição, pois conhecia o espaço de onde surgiam, bem como quaisquer outras mensagens relacionadas a elas. Se imaginarmos que um conjunto

CAPÍTULO 6: RESTAURANDO AS BASES PARA O PENSAMENTO

dessas "salas" pode ser descrito como uma ecologia de contextos, é difícil não enxergar as redes sociais como uma monocultura contextual. Quando Meyrowitz observa que as mídias geram "uma grande situação social combinada", na qual certos comportamentos se tornam impossíveis, dois comportamentos específicos me vêm à mente.

O primeiro está ligado ao fato de que não se pode criar estratégias para combater determinados grupos de pessoas se tais pessoas estiverem presentes na discussão.[6] Meyrowitz coloca em palavras um sentimento que eu às vezes tinha quando me deparava com eventos de protesto no Facebook, contendo inclusive listas de participação nas quais as pessoas marcavam "vou" de modo voluntário. O processo todo é aberto a quem quiser ver. Lógico, isso facilita o acesso a potenciais interessados, mas também permite que policiais, difamadores ou simplesmente pessoas mal-intencionadas desvirtuem a conversa com informações irrelevantes.

Ações como campanhas de *hashtag* sem dúvida são eficazes para a conscientização sobre determinado tema ou para promover algum evento que não gere reações negativas. No entanto, em manobras com propósitos definidos sempre parece haver uma alternância estratégica entre o que é ou não revelado, e quando, para que não sejam sabotadas. Quando Martin Luther King, Jr. descreveu o plano para o boicote aos ônibus de Montgomery, ele relatou reuniões de diversos tamanhos, todas ocorridas em várias casas, escolas e igrejas em um período de poucos dias.[7] Tais reuniões às vezes envolviam apenas duas pessoas, como King discutindo a questão com sua esposa, em sua casa; podiam ser pequenas, como King, E. D. Nixon e Ralph Abernathy conversando em ligações telefônicas alternadas; médias, como quando King, L. Roy Bennett e E. D. Nixon se encontraram com um pequeno grupo de pessoas em uma igreja; grandes, como a reunião de líderes negros de diferentes empresas e organizações, que aconteceu na igreja de King; até reuniões gigantes, como o evento aberto ao público realizado em uma outra igreja. Nos encontros reduzidos, criaram estratégias sobre como conduzir as reuniões maiores, em uma colaboração ágil e intensa que gerou ideias a serem executadas em contextos sucessivamente mais amplos. E nas grandes reuniões traçaram estratégias para apresentar suas demandas à população em geral.

Esse primeiro tipo de comportamento — "traçar estratégias sobre como abordar pessoas" — está ligado à pluralidade do público. O segundo comportamento que Meyrowitz define como impossível em tais condições está ligado à pluralidade do Eu. Segundo ele, ao nos dirigirmos a um público completamente generalizado, "seria difícil projetarmos definições muito distintas de nós mesmos a diferentes pessoas, uma vez que todos os nossos interlocutores teriam acesso a muitas de nossas informações". Eu acrescentaria a nossa incapacidade de mudar publicamente de opinião, ou seja, de expressar diferentes Eus ao longo do tempo. Para mim, esse é um dos maiores absurdos das redes sociais, pois é completamente normal e humano mudarmos nossas opiniões, mesmo relacionadas a assuntos importantes. Imagine o seguinte: você gostaria de ser amigo de alguém que nunca muda de opinião sobre nada?

Como pedir desculpas ou mudar de opinião nos ambientes digitais é muitas vezes visto como fraqueza, nossas opções são ficar calados ou correr o risco de ser ridicularizados. Amigos, familiares e conhecidos convivem com uma pessoa que vive e cresce no espaço e no tempo, mas a multidão só pode ver alguém que seja monolítico e atemporal como uma marca. Como já trabalhei para uma loja de roupas antiga e bem conhecida, sei bem que os pilares de qualquer marca são coerência interna e consistência ao longo do tempo (aliás, é exatamente assim que chamamos: "pilares de marca"). Para uma marca, assim como para uma figura pública — o que, como sabemos, qualquer usuário de Twitter pode se tornar da noite para o dia —, mudanças, ambiguidades e contradições são motivos para a desgraça pública. Mark Zuckerberg, em uma citação que ficou famosa, diz: "Você tem uma identidade. Os dias em que você tinha uma imagem para seus amigos, outra para seus colegas de trabalho e outra para conhecidos provavelmente chegarão logo ao fim". Ele acrescenta que "ter duas identidades é um exemplo de falta de integridade".[8] Imagine o que Audre Lorde, com todas as suas diferentes *personas*, diria a ele.

CAPÍTULO 6: RESTAURANDO AS BASES PARA O PENSAMENTO

SEGUNDO O LIVRO *No Sense of Place*, o colapso do contexto é algo que podemos entender espacialmente. Mas, além disso, esse processo também tem um parente temporal, que é um colapso análogo a uma instantaneidade permanente. Assim como um conjunto de espaços é dissolvido e se transforma em uma grande "situação", a instantaneidade reduz passado, presente e futuro a um presente eterno e desmemoriado. A ordem dos eventos, tão importante para que se entenda algo, é suplantada por uma sensação de alarme constante. Veronica Barassi, em seu artigo "Social Media, Immediacy and the Time for Democracy" ["Mídias sociais, imediatismo e a hora da democracia"], dá como exemplo desse fenômeno a forma como ativistas usam as redes sociais. Ela descreve de modo específico três dificuldades para esse tipo de ativismo, que em minha opinião podem ser estendidas a qualquer um com problemas para ler, falar e pensar *on-line*.

Em primeiro lugar, a comunicação instantânea prejudica a visibilidade e a compreensão porque cria uma sobrecarga de informações, a um ritmo impossível de ser acompanhado. Segundo Barassi, os ativistas "têm de se adaptar ao fluxo de informações e à constante produção de conteúdo". Ao mesmo tempo, quando há sobrecarga de informações, há também o risco de que nada seja ouvido. Barassi cita um ativista da *Ecologistas en Acción*, uma organização de grupos ecológicos espanhóis:

> Todos dizem que não há censura na internet, ou que só há uma censura parcial. Mas isso não é verdade. A censura *on-line* é aplicada pelo excesso de conteúdo banal, o que distrai as pessoas de questões sérias ou coletivas.[9]

A segunda questão é que o imediatismo das redes sociais não permite o tempo necessário para a "elaboração política". Como o conteúdo que os ativistas publicam *on-line* deve sempre ter "apelo", "eles não têm espaço nem tempo para articular suas reflexões políticas". As pessoas entrevistadas por Barassi com frequência dizem que "as redes sociais não são um espaço para discussões políticas, pois nessas plataformas a comunicação é muito

RESISTA: NÃO FAÇA NADA

rápida, rasa e curta". Um dos ativistas se queixa especificamente de não haver tempo para contextualizar [ideias] para as pessoas", já que "precisamos de tempo e espaço para fazer isso".[10] Barassi diz que o contexto necessário em geral é absorvido em canais de comunicação menos instantâneos, como revistas especializadas ou discussões presenciais em grupo.

Por último, o imediatismo prejudica o ativismo político porque cria "laços frágeis". O estudo de Barassi sugere que relacionamentos criados nas redes sociais "geralmente são baseados em reações/emoções em comum, e não em visões políticas similares ou concordância quanto a conflitos sociais". Segundo Barassi, "laços fortes e projetos políticos bem definidos ainda são produtos de 'ações pé no chão': interações presenciais, discussões, deliberações e debates". Ela cita um participante do movimento antiausteridade da Espanha:

> Uma coisa que me surpreende muito sobre o movimento 15M é que toda ação no Twitter, todas as mensagens trocadas via redes sociais e todas as campanhas *on-line* foram eficazes e geraram um efeito único: fizeram as pessoas se reunir em uma praça, sentar no chão e conversar [...] Ou seja, a tecnologia juntou as pessoas, mas o que tornou o movimento tão poderoso foram o espaço físico, o processo de discussão, a reflexão e a disponibilidade das pessoas em se sentar e discutir sem pressa.[11]

O que fica evidente na análise de Barassi é que a formação de pensamento e a deliberação não exigem somente um espaço de incubação (reflexão solitária e/ou definição de contexto), mas também um tempo de incubação. Minha experiência sugere que tais desafios não se aplicam somente a ativistas, mas também a indivíduos que querem se comunicar com outros ou apenas manter linhas de raciocínio coerentes. Não importa se o diálogo que quero manter é comigo mesma, com um amigo ou com um grupo de pessoas com uma causa em comum; é necessário haver condições concretas para esse diálogo. Sem espaço nem tempo, esses diálogos não apenas morrem, eles sequer chegam a nascer.

CAPÍTULO 6: RESTAURANDO AS BASES PARA O PENSAMENTO

DESCREVI ATÉ AGORA como a perda de contexto espacial e temporal ocorre dentro da indústria de atenção. As histórias chegam até nós na forma de trechos reduzidos e manchetes sensacionalistas — que logo são substituídos pela incessante chegada de novos itens ao topo dos *feeds* em nossas redes sociais. Com isso, perdemos informações espacial e temporalmente adjacentes a tais histórias. A indústria da atenção prospera ao nos manter presos em um presente aterrador, e com isso corremos o risco de não enxergar o contexto histórico, ao mesmo tempo que nossa atenção é desviada da realidade física de nosso entorno.

Minha preocupação é o impacto disso, a longo prazo, em nossa capacidade de enxergar além do contexto, ou simplesmente compreendê-lo. É necessário sabermos compreender a complexidade, o inter-relacionamento e nuances de todas as questões com as quais nos deparamos, e, portanto, a capacidade de enxergar e entender contextos não é nada menos que uma habilidade de sobrevivência coletiva. Para sermos capazes de olhar ao mesmo tempo para os problemas de nosso presente e para ações que deram certo no passado, precisamos criar novas alianças e arranjos, o que por sua vez exige momentos tanto de solidão quanto de conexão e comunicação intensas. No entanto, como isso é possível se nossas plataformas de "conexão" e expressão desviam nossa atenção dos lugares e dos tempos necessários, erodindo simultaneamente os contextos que permitiriam que novas estratégias se aprimorassem e se concretizassem?

Eu muitas vezes imagino como seria uma plataforma *on-line* que levasse em consideração o caráter espaço-temporal de nossa experiência como humanos — animais que evoluíram para aprender coisas no espaço e no tempo. Essa minha hipótese é o estudo de Meyrowitz ao contrário: as paredes que cercam diferentes grupos sociais são reconstruídas. Imagino uma rede social completamente baseada em espaço e tempo, algo que funcione lentamente e, para ser usado, seja necessário se deslocar.

Aliás, tenho aqui mesmo em minha região um exemplo histórico de uma rede desse tipo. Em 1972, surgiu o primeiro sistema de boletins de notícia (BBS) do mundo. Era uma cabine que funcionava com moedas e ficava

RESISTA: NÃO FAÇA NADA

no piso superior da loja de discos Leopold's Records, em Berkeley. Era chamada de Memória Comunitária e continha uma máquina de teletipo conectada por meio de um *modem* de 110 baud a um computador XDS-940, com mais de sete metros de largura que usava um sistema de *time-sharing*. Todos os dias, incontáveis vezes, o *modem* fazia e recebia chamadas do computador em São Francisco e imprimia mensagens para seus usuários na máquina de teletipo. O Memória Comunitária foi instalado por um grupo de três estudantes de ciências da computação que haviam abandonado a Universidade de Berkeley. Eles o colocaram logo abaixo do quadro de avisos físico, na esperança de que servisse ao mesmo propósito, mas de maneira mais eficiente.

É quase comovente ler hoje o panfleto de 1972 sobre o Memória Comunitária, em uma realidade onde há "estafa das redes sociais", matérias sobre discursos de ódio no Facebook e iniciativas para impedir que o presidente utilize o Twitter:

> MEMÓRIA COMUNITÁRIA é como chamamos a este serviço experimental de informações. É uma tentativa de utilizar o poder da computação em prol da comunidade. Esperamos fazer isso fornecendo uma espécie de supersistema de notícias no qual as pessoas podem publicar notícias de todos os tipos e encontrar rapidamente notícias publicadas por outras pessoas.[12]

A organização sem fins lucrativos Resource One, fiel a seu *slogan* "Tecnologia para as pessoas", descreve seus objetivos para o projeto demonstrando uma visão otimista, sensata e com espírito comunitário quanto a uma possível rede de computadores:

> Nosso objetivo é disponibilizar o MEMÓRIA COMUNITÁRIA nos bairros e nas comunidades desta área para que seus moradores vivam e brinquem com ele e o utilizem para modelar seu crescimento e seu desenvolvimento. A ideia é que as pessoas tenham acesso a ferramentas tecnológicas, como computadores, para moldar suas

CAPÍTULO 6: RESTAURANDO AS BASES PARA O PENSAMENTO

vidas e suas comunidades de maneira saudável e libertadora. Neste projeto, o computador permite a criação de um banco de memória comum, acessível a qualquer pessoa da comunidade. Dessa maneira, podemos fornecer as informações, os serviços, o treinamento, a capacitação e a força econômica de que nossa comunidade precisa. Temos uma poderosa ferramenta — um gênio da lâmpada — à nossa disposição; nosso desafio é integrá-la à vida das pessoas, cuidar dela e usá-la para aprimorar e prolongar nossa vida. Contamos com sua participação e suas sugestões.

Essa "interface" (que eu vi pessoalmente no Museu de Arte de Berkeley, o mesmo da pintura giratória da comunidade Drop City) era extremamente fácil e amigável. Como a máquina de teletipo fazia muito barulho, a cabine era revestida de plástico, com duas aberturas para colocar os braços e digitar. Havia ainda outra abertura por onde saíam as impressões, além da fenda para inserir moedas. Sobre essa fenda, havia um cartaz dizendo "LER: GRÁTIS" e, abaixo dela, outro que dizia "ESCREVER: 25 CENTAVOS". Diversos painéis de cores vivas explicavam os comandos-chave, de maneira bem didática. No entanto, pouca gente havia tido contato com computadores naquela época, por isso um funcionário ficava ao lado do Memória Comunitária para receber as pessoas.

O computador acabou sendo usado de várias maneiras não previstas, conforme descreve Steve Silberman em seu livro *NeuroTribes: The Legacy of Autism and the Future of Neurodiversity* [*NeuroTribos: o legado do autismo e o futuro da neurodiversidade*] (Lee Felsenstein, um dos cocriadores do Memória Comunitária, foi diagnosticado com síndrome de Asperger nos anos 1990). No começo, as pessoas usavam o sistema como a versão tecnológica de um quadro de avisos: para compra e venda de mercadorias ou músicos que procuravam outros músicos. Contudo, Silberman logo notou outras atividades:

Um poeta oferecia trechos de seus poemas, algumas pessoas pediam carona para Los Angeles. Chegaram a pôr um anúncio de

RESISTA: NÃO FAÇA NADA

venda de uma cabra africana. Alguns divulgavam desenhos feitos com caracteres ASCII, e alguém publicou uma pergunta que durante décadas os moradores da Bay Area não souberam responder satisfatoriamente: "Onde posso encontrar um bagel decente?" (um padeiro respondeu oferecendo aulas de panificação gratuitas). Outros ainda militavam contra a Guerra no Vietnã, a favor dos direitos dos *gays* ou sobre a crise de energia. O computador não era mais somente um quadro de avisos, tornou-se rapidamente "um retrato de toda a comunidade", diz Felsenstein.[13]

O *site* com informações sobre o Memória Comunitária ainda está ativo, desde que foi criado na década de 1990, e seus administradores se gabam de que o computador é responsável pela primeira "celebridade *on-line*", um *troll* amigável de pseudônimo Benway — o nome de um personagem dos livros de William S. Burroughs (um cirurgião usuário de drogas). Benway deixava mensagens misteriosas como: "Proibido teclar sensualmente" e "Grande conclave de partidos da Interzona:[14] veja sua caixa de entrada para mais detalhes". Como os usuários do Memória Comunitária eram anônimos, a identidade de Benway é desconhecida até hoje.

Outras cabines foram instaladas, uma na loja de departamentos Whole Earth Access, em Berkeley, e outra na Mission Branch Library, uma biblioteca pública em São Francisco. O teor das conversas em cada terminal era um tanto diferente, pois as cabines não eram sincronizadas. É interessante comparar essas diferenças com o que ocorre hoje, com milhares de pessoas de São Francisco e Oakland acessando o Facebook em seus celulares. A informação que essas pessoas acessam também é, de certa forma, assincrônica, pois os algoritmos do Facebook mostram diferentes publicações para cada um. Essa variação, no entanto, é baseada em preferências pessoais, motivada pela publicidade e designada para aumentar o engajamento dos usuários. As variações entre os terminais do Memória Comunitária, por outro lado, eram baseadas inteiramente em localização geográfica. Da mesma forma que ocorre com cafeterias, bares e bairros, a "cena local" era

CAPÍTULO 6: RESTAURANDO AS BASES PARA O PENSAMENTO

necessariamente diferente. Contudo, embora houvesse variações através da Bay Area, muitas buscas se repetiam em cada cabine, mostrando que as informações eram cercadas por um contexto geográfico, ou seja, eram relacionadas ao local dos terminais.

HOJE EM DIA, ao pedir que alguém defina uma "rede comunitária", é provável que citem a Nextdoor, fundada em 2011, uma plataforma que conecta pessoas em busca de informações, bens e serviços em seus próprios bairros. A Nextdoor aparentemente cumpre alguns dos critérios para ser uma rede comunitária: suas comunidades são restritas ao limite físico dos bairros, conecta moradores de uma mesma área (que, se não fosse pela plataforma, provavelmente nunca se conheceriam) e promove o espírito de boa vizinhança: quem acessa o *site* pela primeira vez é recebido por um alegre vídeo no qual personagens de desenho animado encontram cachorros perdidos, recomendam encanadores e organizam festas de rua. Em um artigo do *New York Times* sobre a Nextdoor, Robert J. Sampson, autor do livro *Great American City: Chicago and the Enduring Neighborhood Effect* [*Grande cidade americana: Chicago e o efeito duradouro de vizinhança*], diz que "há uma interpretação equivocada de que a tecnologia leva ao declínio do espírito de comunidade de modo inevitável. Eu não acredito nisso. A tecnologia pode ser usada para facilitar interações locais".[15] À primeira vista, a Nextdoor parece comprovar seu pensamento. Assim como as cabines do Memória Comunitária, deveria ser possível se conectar a uma plataforma para se ter uma ideia do que está acontecendo em um bairro.

Joe Veix, meu namorado, costuma escrever sobre fenômenos da internet, e por isso passa mais tempo do que eu na Nextdoor, pesquisando sobre nosso bairro. Quando perguntei qual seria, em sua opinião, a diferença entre a Nextdoor e uma rede do tipo Memória Comunitária, ele respondeu que a Nextdoor parecia voltada para arrogantes proprietários de imóveis. Embora tenha falado em tom de brincadeira, quando acessei a página "Sobre nós" da plataforma, dentre sete sugestões de uso, as duas primeiras eram "Avise

RESISTA: NÃO FAÇA NADA

rapidamente em caso de invasão a residências" e "Organize um grupo de vigilância de bairro". Em seu manifesto, eles afirmam que "bairros seguros não apenas valorizam nossos imóveis, mas melhoram a vida de seus moradores".

A principal queixa de Joe, que é a mesma para a maioria das plataformas *on-line*, está relacionada à publicidade e ao tamanho do negócio. Em dezembro de 2017, a Nextdoor estava avaliada em 1,5 bilhão de dólares e, como toda *startup* do Vale do Silício, era financiada por investidores e tinha compromissos de crescimento. Em 2017, abriu espaço para publicidade em sua rede. Atualmente, o cabeçalho da *newsletter* diária da Nextdoor é patrocinado por alguma empresa, e logo abaixo há uma lista de anúncios de imóveis. Em sua página de anunciantes, onde as empresas podem se "conectar diretamente com diferentes bairros", há a mesma linguagem utilizada em uma rede comunitária — confiança, relevância regional e boca a boca —, só que direcionada a marcas:

- **Identidade verificada**
  Confirmação de identidades cria um ambiente de marca seguro.
- **Escala regional**
  Mensagens personalizadas geram conexões autênticas e relevantes entre consumidores e marcas.
- **Defensores de marca**
  Recomendações de pessoas confiáveis é a forma mais eficiente de publicidade.[16]

Na linguagem das *startups*, "escala" significa a expansão de um *software* ou serviço para públicos cada vez maiores — por exemplo, o desenvolvimento de um protótipo até que ele se torne um produto amplamente utilizado. Dado esse significado, o oximoro "escala regional" se aplica apenas à publicidade simultânea, em diversos bairros-alvo, de empresas de alcance nacional ou até mesmo multinacional.

CAPÍTULO 6: RESTAURANDO AS BASES PARA O PENSAMENTO

Portanto, a Nextdoor é praticamente o mesmo tipo de empresa de tecnologia que Facebook e Twitter, mesmo havendo limites geográficos para suas comunidades. E, da mesma maneira que nessas plataformas, nossas interações se tornam dados coletados por uma empresa, e as metas de engajamento são determinadas pela publicidade. Não é apenas a tecnologia que está sendo "usada para facilitar interações regionais", mas essas mesmas interações estão sendo usadas para gerar receita. As regras para o engajamento são inegociáveis, o *software* é uma caixa-preta, todo o processo depende de uma central de servidores centralizados, de propriedade das empresas, e os termos de uso são os mesmos para qualquer pessoa, independentemente de onde ela estiver. Essa "câmara dos comuns" é apenas uma impressão. Como diz Oliver Leistert em seu livro *The Revolution Will Not Be Liked* [*A revolução não ganhará likes*], "a esfera pública é uma fase histórica do século 20, que agora é apenas simulada e explorada [pelas redes sociais]".[17]

EM UM ARTIGO na revista *Atlantic* sobre uma recente rede social descentralizada chamada Scuttlebutt, Ian Bogost ilustra esta situação absurda: "Facebook e Twitter só poderiam ser considerados uma espécie de 'pausa para o café' se houvesse uma gigante máquina de café, global, que servisse a todos os escritórios do mundo".[18] A insatisfação com essa máquina de café padronizada gerou o movimento por uma internet descentralizada, que prega o uso de redes ponto a ponto e *softwares* de código aberto em vez de ficarmos restritos a empresas e servidores privados. O objetivo, além de que usuários de internet sejam donos dos dados que geram, é deslocar esses dados e *softwares* para mais perto de seus pontos finais de uso. Um exemplo disso é o Mastodon, uma rede social composta por "instâncias" reunidas. Cada uma dessas instâncias usa um *software* livre que roda em servidores comunitários cujos usuários podem se comunicar com outras instâncias. Segundo seus criadores, o Mastodon jamais irá à falência, tampouco poderá ser vendido ou bloqueado por governos, uma vez que é basicamente um *software* de código aberto.

171

RESISTA: NÃO FAÇA NADA

É fácil imaginar que os pontos de conexão dispersos em redes descentralizadas permitiriam uma saudável reintrodução dos contextos, sobretudo se levarmos em consideração o exemplo do Mastodon, em que qualquer um pode criar uma instância com regras personalizadas de engajamento (por essa razão comunidades LGBT, não binárias e outras comunidades frequentemente assediadas migraram em massa para essa rede). Redes desse tipo possibilitam um controle mais descentralizado sobre a audiência desejada. Quando se publica algo no Mastodon, caso o autor da publicação não queira que ela seja pública, pode restringir a visibilidade a uma única pessoa, a seus seguidores, ou à sua instância. No entanto, mesmo que as instâncias do Mastodon possibilitem a reintrodução do contexto, este não é necessariamente alinhado a um espaço físico, nem tem a intenção de ser. Perguntei a meu amigo Taeyoon Choi, um dos cofundadores da Escola da Computação Poética, em Nova York, se existiria alguma rede onde fosse possível "ouvir um lugar". Ele me sugeriu redes do tipo *mesh* (redes entrelaçadas), como a PeoplesOpen.net, com sede em Oakland. Os voluntários do Sudo Room, a comunidade colaborativa que desenvolveu essa rede, a descrevem como uma "alternativa livre" aos servidores corporativos centralizados, gerida por pessoas reais: "É como se o roteador de wi-fi da sua casa estivesse conectado aos roteadores de outras casas em seu bairro, e estes se conectassem a outros bairros formando uma rede *wireless* gigantesca que cobrisse toda a cidade! Uma rede entrelaçada é exatamente isso, ou pelo menos deveria ser".[19]

Os voluntários dizem ainda que as redes entrelaçadas têm uma grande resiliência em casos de desastres naturais ou censuras estatais. Junto com instruções para "construir sua própria internet", eles fornecem um diretório com redes de outras comunidades como *NYC Mesh*, *Philly Mesh* e *Kansas City Freedom Network*. Além disso, a declaração de missão da PeoplesOpen.net parece bem próxima do Memória Comunitária:

> Acreditamos na criação de redes e aplicativos com relevância local, no desenvolvimento de sistemas de telecomunicação de propriedade comum que promovam a autonomia e a colaboração entre

CAPÍTULO 6: RESTAURANDO AS BASES PARA O PENSAMENTO

membros da comunidade e, em última instância, na propriedade dos meios de produção pelos quais nos comunicamos.[20]

Contudo, mesmo redes que não tenham uma abrangência física específica podem nos fazer "ouvir um lugar", desde que não exijam que as usemos o tempo todo. Taeyoon, depois de me explicar por *e-mail* sobre as redes entrelaçadas, acrescentou:

> Para mim, ouvir um lugar é uma sequência de encontros. Eu acabei de correr no Prospect Park, cercado pelos pássaros e pela natureza, e isso me ajudou a escutar o lugar. Quando corro, não levo meu celular, nem nenhum outro aparelho. Eu desenvolvo ideias localmente, as guardo (ou coloco em *stage*, para usar a terminologia do *github*) e só as compartilho quando estou preparado para mais encontros.

A estratégia de Taeyoon é similar ao tempo de incubação do ativismo, estudado por Barassi. Assim como o ativismo requer estratégia para momentos de abertura ou de sigilo, para desenvolver uma ideia é necessária uma combinação de privacidade e coparticipação. É difícil ter esse tipo de comedimento, porém, em redes sociais comerciais, que destroem o contexto de nossas linhas de raciocínio com um *design* persuasivo que nos pressiona a publicar nossas ideias de modo imediato, como se fôssemos obrigados a pensar em público. Embora eu reconheça que algumas pessoas gostem de compartilhar seu processo de desenvolvimento de ideias, para mim, como artista, isso me parece uma abominação. Quando uso o Facebook ou o Twitter, se bem que eu ainda possa escolher o que dizer ("No que você está pensando?"), sinto como se fosse obrigada a publicar algo, e no tempo determinado por eles.

O oposto disso seria o Patchwork, uma rede social que faz parte do Scuttlebutt e permite que o usuário se conecte de maneira independente. O Scuttlebutt é um tipo de rede entrelaçada global que se mantém sem servidores, provedores e até mesmo sem conexão com internet (desde que você tenha um roteador USB). Isso é possível porque ele utiliza computadores individuais como servidores, de forma semelhante a redes entrelaçadas locais, e porque cada "conta de usuário" de uma rede social do Scuttlebutt é apenas um bloco de dados criptografado, armazenado em cada computador.

O mais interessante sobre o Patchwork, e sobre o Scuttlebutt de maneira geral, é que ele me devolve uma opção que eu nem sabia que tinha. Sua conexão depende de duas pessoas estarem na mesma rede local, embora seus usuários tenham a opção de se conectarem a redes de wi-fi públicas para terem acesso a mais pontos ou maior velocidade de conexão. Bogost diz que o modelo do Scuttlebutt são amigos compartilhando informações com outros amigos via redes locais ou via USB, e que "a palavra se espalha, lenta e deliberadamente".

Quando perguntei a Jonathan Dahan, que também faz parte da Escola de Computação Poética, se seria possível usar o Patchwork para "se sentar em uma cafeteria em uma outra cidade e saber o que está pegando ali", ele me respondeu que, no começo, sua experiência tinha sido exatamente essa e que havia gostado bastante. Só que não demorou para ele usar um wi-fi público e expandir sua rede:

> Eu tinha um apetite voraz por dados e atualizações, como ficar olhando o Instagram e o Twitter a toda hora para ver o que havia de novo. A questão é que com o Patchwork você só tem o mesmo pico de dopamina quando começa a adicionar um monte de gente e a se conectar em redes públicas. De muitas maneiras, é uma rede lenta, o que me ajudou a perceber alguns dos meus vícios por atualizações.

Minha experiência usando o Patchwork confirma esse relato. Nada nele pode ser considerado como *design* persuasivo, o que é estranho. Quando me deparei com sua interface deserta, que não me pressionava a fazer nada, percebi que finalmente tinha o poder de decidir o que dizer, quando e para quem — o que já é um começo para se ter contexto. E, assim como Jonathan, me senti tentada a entrar em uma rede pública, porque estava acostumada à

CAPÍTULO 6: RESTAURANDO AS BASES PARA O PENSAMENTO

aglomeração das redes sociais. Só mais tarde comecei a questionar por que eu tinha essa impressão de que uma rede social deveria ser tão tumultuada como um pregão da bolsa de valores.

Em seu artigo sobre o Scuttlebutt, Bogost lança uma pergunta: "E se isolamento e desconexão fossem condições desejáveis para uma rede de computadores?". Esse questionamento surgiu após Bogost revelar que Dominic Tarr, criador do Scuttlebutt, vive boa parte de seu tempo *offline*, em um barco na Nova Zelândia, e me fez lembrar do telefone fixo de minha adolescência. Antes da minha vida adulta e de eu começar a carregar um retângulo preto e pesado cheio de possibilidades e inquietações, era assim que a coisa funcionava: se você quisesse falar com alguém, ia até o telefone e fazia a chamada, depois deixava ele lá. Caso precisasse dizer algo mais, era só ligar de novo mais tarde. E, mais do que isso, a conversa era diretamente com a pessoa com quem você precisava falar. Mesmo quando eu ligava para alguém só para bater papo, eram conversas com muito mais propósito do que a forma como eu me comunico hoje em dia.

Eu sinto a mesma coisa com bibliotecas, outro lugar a que se ia com a intenção clara de procurar alguma informação. Em meu processo para escrever este livro, percebi que a experiência de pesquisa para ele era o exato oposto à maneira como encontro informações *on-line*. Quando você pesquisa algo, toma uma série de decisões importantes sobre o que de fato quer pesquisar e dedica algum tempo a procurar informações mais difíceis de ser encontradas. Consulta diferentes fontes, mesmo sabendo que são tendenciosas de várias maneiras. A própria estrutura de uma biblioteca — que no segundo capítulo eu usei como exemplo de um espaço não comercial e "não produtivo", tão constantemente ameaçado — é designada para a pesquisa e a atenção plena. É quase o oposto de um *feed* de notícias de uma rede social em que, além de eu não ter controle sobre o que leio, faltam aspectos básicos como procedência da informação, confiabilidade ou mesmo um mínimo de coerência. A informação que encontro nas redes é despejada sobre mim sem uma ordem específica, com vídeos que começam automaticamente e manchetes sensacionalistas. E, no final das contas, quem está sendo pesquisada sou eu.

RESISTA: NÃO FAÇA NADA

SEMPRE PENSO NO tempo e na energia que gastamos tentando escrever coisas que não ofendam uma multidão *on-line* incapaz de entender contextos — sem contar o número de vezes que checamos nossas redes para ver como estão nos respondendo. Essa também é uma forma de "pesquisa", e, quando uso esse recurso, não me sinto apenas patética, mas gastando energia à toa.

E se, em vez de tentarmos achar o que dizer a certas pessoas (ou pessoa), usássemos essa energia para outra coisa? E se passássemos menos tempo gritando para o limbo e recebendo gritos como resposta — e mais tempo em lugares onde podemos conversar com gente com quem de fato queremos conversar? Seja em uma sala física ou trocando mensagens pelo Signal, quero restaurar contextos, combater o colapso de contexto com uma coleção deles. Se nossa atenção é limitada, assim como nosso tempo neste mundo, seria bom aprendermos a restabelecer em ambos os propósitos que merecem.

Como já citei, os ativistas que Barassi entrevistou afirmaram que nas redes sociais não havia espaço para que elaborassem suas ideias ou tivessem discussões verdadeiras. Acredito que o que lhes faltava nas redes sociais e só encontravam em reuniões presenciais ou mídias mais tradicionais, como revistas, é o que Hannah Arendt chamou de "o espaço da aparência". Para Arendt, o espaço da aparência era a semente da democracia, composto por qualquer grupo de pessoas cujas falas e ações em conjunto fossem significativas. Embora frágil, esse espaço pode surgir sempre que houver as condições para tal, proximidade e escala. "O único fator indispensável para a geração do poder é a vida junto às pessoas", diz Arendt. "Somente quando vivemos continuamente próximos uns dos outros, as potencialidades inerentes à ação se tornam sempre presentes e o poder permanece entre nós."[21]

Essencialmente, o espaço da aparência é um encontro tão próximo e intenso que a pluralidade dos envolvidos é integral. A potência vem do dinamismo desse encontro plural. Sabemos disso de modo intuitivo, pois a mesma coisa ocorre com os diálogos: o confronto entre dois pontos de vista leva a um novo argumento. Quando leio a descrição de Arendt sobre o poder, me vem à mente Audre Lorde dizendo às feministas brancas que o poder vem da diferença:

CAPÍTULO 6: RESTAURANDO AS BASES PARA O PENSAMENTO

A única limitação [do poder] é a existência de outras pessoas, limitação que não é acidental, pois o poder humano corresponde, antes de mais nada, à condição de pluralidade. Exatamente por isso, pode ser dividido sem que seja reduzido, e a interação dos poderes, com seus controles e equilíbrios, pode inclusive gerar mais poder, ao menos enquanto a interação seja dinâmica e não o resultado de um impasse.[22]

O espaço da aparência é como uma relação coletiva "Eu-Tu" que resiste à tentação de decair para uma relação "Eu-Isso" e no qual nenhum membro do grupo enxerga o outro como abstrato, ou, ainda, é como a cidade ideal de Platão, onde "alguns têm o direito de comandar e outros são forçados a obedecer". O investimento mútuo nesse espaço, por mim e pelos outros, é o que gera o poder de ver e ser visto, ouvir e ser ouvido. Ao contrário do público abstrato do Twitter, o espaço da aparência é a "audiência ideal", pois é um lugar onde sou reconhecida, compreendida e confrontada — ou seja, um espaço que fornece um contexto para o que eu digo e ouço. Nessa forma de encontro, nem eu nem ninguém precisamos gastar energia tentando encontrar o contexto, nem reduzir as mensagens ao baixo denominador comum da opinião pública. Nós nos reunimos, dizemos o que de fato queremos e agimos.

ENQUANTO PESQUISAVA BONS exemplos de resistência para incluir neste livro, me deparei com muitas versões do espaço da aparência. Há um elemento que não mudou e me impressiona: embora seja sem dúvida apoiado por outras formas de comunicação, o espaço da aparência ainda é, muitas vezes, um espaço de aparência física. Na história das ações coletivas — de movimentos artísticos ao ativismo político —, são constantes os encontros presenciais, em casas, ocupações, igrejas, bares, cafeterias, parques. Nesses espaços coletivos de aparência, discordâncias e debates não são gatilhos que encerram discussões, mas uma parte integral da deliberação, e se dão em

RESISTA: NÃO FAÇA NADA

espírito de mútuo respeito e responsabilidade. Cada grupo mantém contato com outros grupos, e assim sucessivamente, muitas vezes percorrendo todo o país — como o Comitê Coordenador Estudantil Não Violento ou os diversos órgãos de trabalho organizado. A forma como esses grupos são coordenados reflete a visão de Arendt de que dividir o poder não o diminui e que sua pluralidade apenas o faz crescer. Com isso, alcançam o melhor de dois mundos: ação coordenada e cultivo de ideias novas (como o protesto criativo de Martin Luther King), o que só é possível pela pluralidade do espaço de aparência.

Até mesmo os sobreviventes do tiroteio na escola Marjory Stoneman Douglas, que cresceram muito mais "conectados" do que eu, reconheceram a importância de encontros presenciais em sua campanha pela lei de controle de armas, de 2018. No livro *#NeverAgain* [*#NuncaMais*], David Hogg diz que "a raiva faz você começar, mas não a chegar ao fim". Embora tenha falado abertamente nos dias que se seguiram à tragédia, logo constatou que, sozinho, teria se esgotado em pouco tempo. "Tudo começou realmente dois dias depois, na casa de Cameron Kasky", diz Hogg. Kasky também era aluno da Stoneman Douglas e passou a organizar reuniões em sua casa, para as quais Hogg foi convidado por Emma González, uma amiga em comum. Hogg conta que os alunos estavam "determinados desde o primeiro dia" e dormiam na casa de Kasky. Ele também descreve uma cena que evoca as táticas de ativismos políticos do passado: "Quando achávamos que determinada ação pudesse funcionar, colocávamos logo em prática. Algumas pessoas deram muitas entrevistas, outras eram muito habilidosas no Twitter, e outras se concentraram na organização e na coordenação".[23] Assim como as reuniões privadas para o planejamento do boicote aos ônibus de Montgomery, os alunos trabalharam em conjunto para definir suas demandas e decidir o que e como seria dito ao público. A casa de Kasky (e o grupo que se formou nela) foi o espaço de aparência para suas ações no Twitter e na mídia em geral.

178

CAPÍTULO 6: RESTAURANDO AS BASES PARA O PENSAMENTO

EU FICARIA SURPRESA se algum leitor deste livro realmente decidisse não fazer nada. Apenas os mais niilistas ou sem coração acreditam que não há nada a ser feito. A ansiedade esmagadora que a indústria da atenção me faz sentir não vem só de seus mecanismos e efeitos, mas também do reconhecimento (e da angústia que ele gera) sobre a grande injustiça social e ambiental que alimenta essa indústria. Ainda assim, sinto que meu senso de responsabilidade é em vão. O fato de discutirmos tais problemas nas mesmas plataformas que lucram com o colapso do contexto que nos impede de pensar claramente é uma ironia cruel.

É aí que a ideia de "fazer nada" pode ser mais útil, penso eu. Para mim, fazer nada significa me afastar de uma estrutura (a da indústria da atenção) não apenas para ter tempo para pensar, mas para fazer outras coisas em estruturas diferentes.

Quando imagino uma rede social saudável, penso em um espaço de aparência: um híbrido, composto por encontros mediados e presenciais, conversas profundas com um amigo, longas conversas ao telefone, *chats* privados e assembleias. Uma rede que proporcione convivências reais — jantares, reuniões e celebrações que nos dão suporte emocional, onde podemos demonstrar nosso apoio pessoalmente, dizendo ao outros: "Estou aqui, lutando junto com você". Que use tecnologias descentralizadas e não corporativas, para incluir aqueles que não podem se reunir fisicamente e criar pontos de apoio em várias cidades, quando a permanência em determinado lugar se tornar economicamente inviável.

Esse tipo de rede social não teria interesse em nos manter logados o tempo todo. Respeitaria nossa necessidade de solidão, bem como o fato de sermos humanos que existem em um espaço físico e precisam de encontros nesse espaço. Ela reconstruiria o contexto que perdemos. Mais do que tudo, essa rede recuperaria os conceitos de espaço e localização em nossa consciência diária. Gostaria que os espaços que usamos atualmente servissem como incubadoras de empatia, responsabilidade e inovação política, noções úteis em todos os lugares e situações.

RESISTA: NÃO FAÇA NADA

DESENVOLVER UM SENSO de lugar aprimora a atenção ao mesmo tempo que a exige. Isto é, se queremos reaprender como cuidar uns dos outros, também devemos reaprender a cuidar dos lugares. É um tipo de cuidado que emerge da atenção responsável, citada por Robin Wall Kimmerer em *Braiding Sweetgrass*, que não apenas determina o que vemos, mas transforma os objetos de nosso olhar.

Quando pensava sobre como escrever este livro, passei incontáveis horas em parques da Bay Area — não apenas no Rose Garden, mas também na reserva natural Purisima Creek, no parque Joaquin Miller, no parque Sam McDonald, na reserva Pearson-Arastradero, no parque estadual Henry W. Coe, no parque estadual Henry Cowell, no parque florestal de Jackson e na floresta estadual Nisene Marks. Digo que, sem esses lugares, este livro não existiria. Minha intenção não era apenas fugir do ambiente de produtividade, mas encontrar inspiração para ideias e observações que de outra maneira não teria. Se você gostou deste livro, de certa forma também esteve nesses lugares.

Cresci achando que parques eram, de alguma maneira, espaços "desperdiçados", mas aprendi que todo parque ou reserva natural tem um histórico de "redenção de uma pequena porção de terra em meio a uma catástrofe contínua". Inúmeros parques tiveram que ser valentemente defendidos contra ameaças incessantes de privatização e desenvolvimentos imobiliários, razão pela qual muitos têm o nome dos corajosos indivíduos que lutaram para salvá-los. Quando eu morava em São Francisco, por exemplo, fazia sempre uma trilha no parque Glen Canyon, chamada de *Gum Tree Girls* por causa de três mulheres que impediram a construção de estradas que atravessariam o cânion, um dos únicos lugares por onde o riacho Islais corre em estado natural. Parques não são somente espaços para "fazer nada" e praticar diferentes modos de atenção. Sua mera existência, principalmente em meio a áreas urbanas ou antigos campos de mineração, é uma personificação de resistência.

Obviamente, parques são apenas um dos espaços públicos que devemos priorizar e proteger. Além disso, são um bom exemplo da relação entre espaço, resistência e a indústria da atenção. Se, como eu disse, certos exercícios de pensamento requerem determinados espaços, então qualquer ação para

CAPÍTULO 6: RESTAURANDO AS BASES PARA O PENSAMENTO

"restaurar contextos" deve não somente combater o colapso do contexto em meios digitais, mas preservar espaços públicos e abertos, além dos pontos de encontro importantes para culturas e comunidades ameaçadas. Nossa época atual é chamada por alguns cientistas de Antropoceno (uma era geológica na qual o ambiente foi irreversivelmente alterado por ações humanas), mas em minha opinião o termo cunhado por Donna J. Haraway para definir nossos tempos é ainda mais preciso. Ela os chama de Chthuluceno, pois "a Terra está cheia de refugiados sem refúgio, humanos ou não". Em seu livro *Staying with the Trouble: Making Kin in the* Chthulucene [*Seguir com o problema: criando parentescos no Chthuluceno*], ela diz que, "como criaturas mortais, uma maneira de viver e morrer bem no Chthuluceno é unir forças para reconstituir os refugiados, possibilitar nossa recuperação e nossa recomposição biológico-cultural-político-tecnológica parcial e definitiva, o que inclui o luto pelas perdas irreversíveis".[24] Com isso em mente, e como a lógica de produtividade capitalista ameaça tanto formas de vida como ideias, não vejo muita diferença entre a restauração de *habitats*, no sentido tradicional do termo, e a restauração de *habitats* para o pensamento humano.

SE VOCÊ AINDA não percebeu, tenho o hábito de desaparecer por alguns dias. Fujo para uma cabana nas montanhas perto daqui para passar algum tempo (não tão) "sozinha na natureza". Recentemente, fiquei em um pequeno chalé em Corralitos, uma cidadezinha ao sul de Santa Cruz. Minha intenção era observar pássaros na reserva Elkhorn Slough. Nesse ponto específico da costa, a água do mar invade a enseada tortuosa durante parte do dia e então recua, formando planícies de lama. Em inglês, "slough" [lamaçal] significa "uma situação onde não há atividade nem possibilidade de progresso". Eu sempre achei isso engraçado, pois lugares como Elkhorn Slough são dos *habitats* mais diversificados e biologicamente produtivos do planeta.

Em meu terceiro dia de viagem, sem ter falado com ninguém durante todo o tempo, peguei meu carro para ir à reserva. Liguei o rádio. Na KZSC Santa Cruz, uma DJ de um programa de *reggae* lia, com sua voz arrastada,

RESISTA: NÃO FAÇA NADA

uma manchete do *Washington Post*: "Durante esta noite, os oceanos se agitaram muito devido a ciclones. Por isso, nossa mensagem de força para o Havaí. Força para Hong Kong, força para a Austrália, força para as Carolinas". Fez uma pausa, o *reggae* ainda tocando ao fundo. "Tivemos sorte aqui em Santa Cruz. Dá pra ver aqui pela janela que [...] está tudo bem." Ela tinha razão. Estava quente e ensolarado, uma brisa suave soprava pelos pinheiros de Monterey, e o mar estava calmo.

Eu nunca tinha ido a Elkhorn Slough, então não conhecia o caminho. Saí da Highway 1 Sul e caí numa estradinha que atravessava carvalhos e colinas. Eu apreciava a paisagem, mas ao mesmo tempo me sentia apreensiva pelas inquietantes notícias daquela manhã. De repente, fiz uma curva e vi parte dos bancos de lama. Naquela planície brilhante, supreendentemente azul, eu os vi: centenas, talvez milhares de pássaros agrupados nas águas rasas e subindo ao céu em gigantescos bandos brilhantes cuja cor se alternava entre preto e prateado conforme mudavam de direção.

Para minha surpresa, comecei a chorar. Embora aquele fosse um espaço certamente considerado "natural", para mim parecia nada menos que um milagre, que nem eu nem este mundo merecíamos. Em seu esplendor único, era como se o lamaçal representasse todos os ambientes ameaçados, tudo o que estava prestes a ser perdido ou já havia sido. Além disso, me dei conta de que meu desejo de preservar aquele lugar era também um instinto de autopreservação, afinal eu também precisava de espaços como aquele e porque não me sentia de verdade em casa em uma comunidade exclusivamente de humanos. Sem esse tipo de contato, eu definharia: a vida não vale a pena se não for compartilhada com outras formas de vida. Reconhecer que aquele lugar, e tudo o que vivia nele, estava ameaçado era perceber que eu também estava. O refúgio selvagem era meu próprio refúgio.

É quase como se apaixonar. Uma constatação aterrorizante de que seu destino está ligado ao de outra pessoa, que você não é mais independente. E, afinal, isso não é verdade? Nossos destinos estão ligados uns aos outros, aos lugares onde estamos e a tudo e todos que neles vivem. Minha responsabilidade se torna muito mais real quando penso dessa forma! Compreender

CAPÍTULO 6: RESTAURANDO AS BASES PARA O PENSAMENTO

que nossa sobrevivência está ameaçada pelo aquecimento global é muito mais do que um exercício de abstração ou uma apreciação racional por outros seres vivos e ecossistemas. É um reconhecimento pessoal, urgente, de que minha sobrevivência física e emocional está ligada a esses "estranhos", não só agora, mas por toda a vida.

Dá medo, mas não quero pensar diferente. Essa mesma relação com a exuberância de um lugar me faz ser parte dele, me permite mudar de forma como os bandos de pássaros, deslizar para o interior ou penetrar no mar, subir e descer, respirar. É um lembrete essencial de que, como humana, sou herdeira dessa complexidade — e de que eu nasci, não fui fabricada. É por isso que, se temo pela diversidade daquele estuário, é também pela minha própria diversidade — tenho medo de que as melhores partes de mim, as mais vivas, sejam pavimentadas por uma implacável lógica de uso. Quando temo pelos pássaros, tenho medo também de que todas as possíveis versões de mim mesma sejam extintas. E, quando tenho medo de que ninguém enxergue o valor dessas águas turvas, temo que eu também seja desprovida das minhas partes sem uso, dos meus mistérios e minhas profundezas.

PERCEBI QUE TENHO olhado menos para meu telefone esses dias. Não porque fui a um retiro de *detox* digital caro, nem apaguei nenhum aplicativo do meu celular, nada disso. Deixei de dar atenção a ele porque estava olhando para outras coisas, tão interessantes que não me distraí. Essa é outra coisa que acontece quando nos apaixonamos. Seus amigos reclamam que você passa a sair menos com eles ou que está com a cabeça sempre nas nuvens. As empresas que dependem da indústria da atenção provavelmente diriam a mesma coisa sobre mim quando passei a me concentrar mais nas árvores, nos pássaros ou nos matinhos crescendo na calçada.

Se eu tivesse que dar uma imagem de como me sinto sobre a indústria da atenção hoje, e não mais em 2017, diria que é como uma conferência de tecnologia. Como muitas do tipo, seria em outra cidade ou até em outro estado. O tema da conferência seria *design* persuasivo, com palestrantes como o pessoal do Time Well Spent, que tentariam explicar como a indústria da atenção é terrível e como podemos nos desprender e otimizar nossa vida. Eu acharia as palestras bem interessantes no começo, aprenderia sobre os mecanismos que Facebook e Twitter usam para me manipular. Ficaria horrorizada e revoltada. Pensaria nisso o dia todo.

Então, talvez no segundo ou no terceiro dia, você me veria levantar e sair para tomar um ar. Eu continuaria caminhando um pouco mais, até chegar ao parque mais próximo. Então — sei disso porque já aconteceu várias vezes — eu ouviria o canto de um pássaro e tentaria encontrá-lo. Se eu o visse, tentaria descobrir sua espécie e, para pesquisar sobre ele depois, eu teria que conhecer não só sua aparência, mas seu comportamento, seu canto, a forma que tomava quando alçasse voo... e em que árvore ele estava.

Eu observaria todas as árvores e plantas para tentar enxergar padrões. Perceberia quem mais estava no parque e quem não estava. Eu tentaria explicar esses padrões. Pensaria em quem teriam sido os primeiros habitantes daquela cidade e quem morava nela agora que foram expulsos. Tentaria descobrir o que aquele parque quase se tornou e a quem eu deveria agradecer por ter impedido. Tentaria ter alguma noção da forma do terreno — onde estou em relação às colinas e aos corpos de água? De verdade, todas essas são versões da mesma pergunta. São formas de perguntar: onde e quando eu estou, e como sei disso.

Em pouco tempo, a conferência teria terminado, e eu teria perdido boa parte dela. Muitas coisas importantes e úteis haveriam sido apresentadas. Eu não teria muito como mostrar meu "tempo bem gasto" — não teria frases espirituosas para publicar no Twitter, não teria feito novos contatos nem conquistado novos seguidores. Talvez só conseguisse dividir minhas observações com uma ou duas pessoas. Elas teriam de ficar guardadas, como sementes que talvez um dia floresçam, se eu tiver sorte.

Do ponto de vista da produtividade e da pressão por resultados, meu comportamento pareceria inconsequente. Eu poderia ser vista como uma desistente. No entanto, sob o ponto de vista do lugar, eu parecia alguém que finalmente prestava atenção. E do meu próprio ponto de vista, da pessoa

CAPÍTULO 6: RESTAURANDO AS BASES PARA O PENSAMENTO

realmente vivendo minha vida e a quem eu terei de prestar contas quando morrer, eu saberia que vivi aquele dia sobre a Terra. Em momentos assim, até a própria questão da indústria da atenção desaparece. E, se você me pedisse para explicá-la, talvez eu dissesse — sem desviar meus olhos das coisas crescendo e rastejando pelo chão — "Prefiro não".

Conclusão

Correção manifesta

Joguei fora minha lanterna, consigo ver no escuro.
— WENDELL BERRY, *A NATIVE HILL*[1]

Se você tem interesse em manter o lugar onde vive saudável, cultural e/ou biologicamente, aqui vai um aviso: você verá mais destruição do que progresso. O conservacionista Aldo Leopold, em seu livro *The Round River: A Parable* [*O rio circular: uma parábola*], diz que:

> Um dos castigos impostos por uma educação ecológica é viver solitariamente em um mundo ferido. Para um leigo, muitos dos danos causados à Terra são invisíveis. Um ecologista deve se embrutecer e fazer de conta que não tem nada a ver com as consequências da ciência, ou deve ser como um médico que vê marcas da morte em uma comunidade que acredita estar saudável e não quer ser convencida do contrário.[2]

Na semana passada, fui a uma caminhada turística pelo centro de Oakland, guiada pelo meu amigo Liam O'Donoghue, um ativista e historiador que apresenta um famoso *podcast* chamado *East Bay Yesterday*. O *tour* era um agradecimento àqueles que apoiaram a produção de seu mapa da "Oakland há muito perdida", que inclui a localização do cemitério indígena da tribo *Ohlone*, espécies extintas, construções históricas já demolidas e um azarado balão de ar quente que (quase) decolou do centro da cidade em 1909. Ao lado da "árvore de Jack London" (um carvalho transplantado para lá em 1917 e dedicado ao escritor, que havia morrido meses antes), Liam inicia a excursão com uma reflexão sobre a importância de os recém-chegados

CONCLUSÃO: CORREÇÃO MANIFESTA

a Oakland aprenderem a história da cidade, mesmo que muitas das pessoas e instituições que a fizeram ser o que é já tenham sido expulsas. Em uma época em que a monocultura ameaça não só ecossistemas, mas bairros, culturas e linguagens, a posição de um historiador também é a de alguém que "vê marcas da morte em uma comunidade".

Na esquina da Broadway com a rua Treze, Liam faz uma pausa para ler uma declaração do designer T. L. Simons, responsável pela arte do mapa "Oakland há muito perdida". Simons conta sobre a mistura de amor e tristeza que sentiu durante o longo período que levou ilustrando o mapa à mão. O processo o fez refletir sobre uma série de perdas: os solos sagrados da tribo *Ohlone*; o sistema de transporte público, chamado Key Sytem, substituído por rodovias; e os pântanos e estuários do litoral, deformados pelas exigências da economia global. "Resumindo", diz ele, "as transformações desta cidade são um histórico de devastação ecológica e humana." Ainda assim, não foi por desespero que ele se dedicou tanto ao mapa:

> Neste mapa, não quis ilustrar as catástrofes horríveis que compuseram nossa história, mas reproduzir a resiliência e a magia que vejo na cidade onde estou. É para lembrarmos que, não importa como as coisas estejam ruins, sempre é possível mudar. Minha intenção é que "Oakland há muito perdida" aumente a compreensão de quem olha para a cidade e atice a imaginação de quem não consegue vislumbrar um futuro diferente.[3]

O sentimento de Simons — tristeza, fascinação e, acima de tudo, o desejo de entender o passado para construir o futuro — me lembra outro personagem que também volta seu olhar ao passado. Em meio à Segunda Guerra Mundial, o filósofo Walter Benjamim, judeu-alemão, escreveu sua famosa interpretação sobre o desenho de Paul Klee chamado *Angelus Novus*, no qual se vê um anjo abstrato, em um formato semelhante ao de um avião, cercado por manchas negras. Em sua tese *Sobre o conceito da história*, Benjamin diz:

RESISTA: NÃO FAÇA NADA

O Anjo da História deve ter esse aspecto. Seu rosto está voltado para o passado. Onde nós vemos uma cadeia de acontecimentos, ele vê uma catástrofe única, que acumula incansavelmente ruína sobre ruína e as dispersa a nossos pés. Ele gostaria de deter-se para acordar os mortos e juntar os pedaços. Mas uma tempestade sopra do paraíso e se prende em suas asas com tanta força que ele não pode mais fechá-las. Essa tempestade o impele de maneira irresistível para o futuro, ao qual ele vira as costas enquanto o amontoado de ruínas cresce até o céu. Essa tempestade é o que chamamos progresso.[4]

A imagem de um anjo que tenta prevenir sobre o progresso é ainda mais inquietante se pensarmos como o próprio progresso é sempre endeusado. Um exemplo disso é o quadro *Progresso americano*, pintado por John Gast em 1872, que ilustra a *Doutrina do destino manifesto*. O quadro mostra uma mulher loira gigante, trajando uma túnica branca diáfana, caminhando para o oeste sobre uma paisagem sombria e tumultuada, cercada por totens do movimento civilizatório americano. A imagem ilustra como a dominação cultural é intrínseca ao progresso tecnológico. Da esquerda para a direita, veem-se nativos americanos em fuga, bisões, um urso acuado, nuvens carregadas e montanhas exuberantes. Em seu encalço vêm carroças, fazendeiros com animais de trabalho, uma locomotiva do correio, as primeiras trilhas abertas para o oeste, trilhos e navios ao fundo. A deusa do progresso leva em uma das mãos um livro chamado apenas *Livro escolar,* e na outra puxa a linha do telégrafo, trazendo a comunicação.

Em uma breve análise sobre o quadro, a historiadora Martha A. Sandweiss conta que, quando mostra a imagem a seus alunos, eles pensam se tratar de uma pintura a óleo grandiosa. Na verdade, diz ela, tem aproximadamente 30 x 40 cm. Foi encomendada pelo editor George A. Crofutt, para ser dobrada e encartada em uma série de guias de viagem para o oeste.[5] Portanto, pode ser considerada um anúncio. Os compradores do guia de Crofutt não recebiam apenas informações sobre novos lugares, viam se desdobrar diante deles uma imagem do divino progresso (algo imperdível, sem dúvida).

CONCLUSÃO: CORREÇÃO MANIFESTA

No prefácio de um de seus guias, lançado um ano após a encomenda do quadro, Croffut escreve uma tocante descrição de "um país que há apenas alguns anos era quase completamente inexplorado e desconhecido para o homem branco":

> Mas, desde que a ferrovia *Pacific Railroad* foi concluída, [a terra] tem sido ocupada pelos homens brancos mais aventureiros, honestos e progressivos deste mundo — erguem cidades e vilarejos como um toque de mágica; descobrem e refinam os grandes tesouros do continente; espalham nosso grande sistema de rodovias por todo o país, como uma vasta rede; ou se esmeram no cultivo do inesgotável solo, fazendo a vastidão selvagem "florescer como uma rosa".[6]

Obviamente, agora sabemos que o solo não era inesgotável e que "refinar" significa uma rápida destruição — como das centenárias árvores de Oakland, com exceção do Velho Sobrevivente. A expressão "toque de mágica" é um assustador eufemismo para o grande genocídio que dizimou populações indígenas no século 19. Quando penso nos sambaquis em terras *Ohlone* e em todas as espécies extintas citadas no mapa "Oakland há muito perdida", só consigo enxergar a mulher de túnica branca como o prenúncio da destruição cultural e ecológica. Os pequenos seres tentam se salvar abaixo dela, que, com sua estranha expressão bondosa, não olha para eles, mas para o horizonte do progresso. É somente com o olhar fixo em seu alvo que ela consegue pisotear centenas de espécies e sabedorias milenares sem deixar de estampar um sorriso amarelo.

Qual seria o oposto de destino manifesto? Penso que deveria ser algo como o Anjo da História. É um conceito que chamo de *Correção Manifesta*. Imagino outro quadro, em que o destino manifesto é atropelado não por trens e navios, mas pela Correção Manifesta, uma mulher vestindo túnica preta que desfaz todo o estrago causado. Repara todo o mal do destino manifesto.

RESISTA: NÃO FAÇA NADA

A Correção Manifesta esteve bem ocupada em 2015, no maior desco-missionamento de uma barragem da história da Califórnia. A barragem de concreto San Clemente foi construída em 1921, no rio Carmel, apenas a alguns quilômetros ao sul daqui, por uma construtora da península de Monterey. O objetivo era o fornecimento de água para os moradores da região, cada vez mais numerosos. Na década de 1940 já estava tão cheia de sedimentos que outra grande barragem teve de ser construída em um ponto mais acima do rio. Nos anos 1990, a barragem de San Clemente foi declarada não somente inútil, mas sismicamente perigosa, pois fica próxima a uma falha geológica. No caso de um terremoto, a cidade seria inundada por mais de 2 milhões de metros cúbicos de detritos, além da água.

A barragem não era um problema apenas para os humanos. Era um obstáculo intransponível para as trutas prateadas que, apesar de viverem no mar, sobem o rio todos os anos para se reproduzir. E, mesmo que conse-guissem atravessar a barragem, ao voltar para o oceano teriam que se lançar em uma queda fatal de trinta metros. Um pescador da região comparou a barragem a "trancar as trutas num quarto".[7] Os efeitos na parte baixa do rio também eram desastrosos. A barragem impedia a passagem de detritos que formam pequenos tanques e áreas escondidas. Esses espaços são essenciais à sobrevivência das trutas — é onde elas param para descansar quando estão subindo o rio e onde os filhotes vivem antes de migrar para o mar. Em ou-tras palavras, a perda de complexidade do rio significava a morte das trutas prateadas. Se em outras épocas elas passavam ali aos milhares, em 2013 fo-ram contadas apenas 249 trutas.[8]

A opção mais barata era um tapa-buraco: um plano de 49 milhões de dólares para adicionar mais concreto à barragem, como prevenção em caso de terremotos. Por sorte, a empresa de abastecimento California American Water, em parceria com diversos órgãos estaduais e federais, executou um projeto de 84 milhões de dólares que não só removeu a barragem como restaurou o *habitat* da truta e da rã-de-perna-vermelha, outra espécie amea-çada. Havia tanto lodo por trás da parede da represa que foi necessário des-viar o curso do rio para contornar a antiga barragem, que então seria usada

CONCLUSÃO: CORREÇÃO MANIFESTA

como depósito dos sedimentos. Por isso, o projeto envolvia não só a derrubada da barragem, mas a construção de um novo leito. As imagens filmadas por drone são surreais. Os engenheiros criaram uma série de pequenas cascatas, de um tamanho seguro para as trutas, mas, como não havia algas nem limo no leito artificial, parecia uma cena do *videogame Minecraft*.

Aqueles que estavam ansiosos para ver a dramática demolição da barragem se decepcionaram. Depois do deslocamento do leito, vieram os operários com seis escavadeiras e duas britadeiras de ar comprimido e arduamente foram furando a estrutura de concreto até pouco a pouco transformarem tudo em pó. Em seu artigo do *San Francisco Chronicle* sobre o descomissionamento da barragem, Steven Rubenstein entrevistou o presidente da companhia de demolição, que disse que "destruir coisas é divertido [...] Eu passo muito tempo observando prédios e imaginando a melhor maneira de derrubá-los. Afinal, se você não destrói, não tem como construir algo novo no lugar". É lógico que, naquele caso, como frisa Rubenstein, "a ideia é que a barragem seja substituída por nada".[9]

Com tudo isso, o projeto passava uma estranha sensação de passado e futuro. Nos vídeos que retrataram a evolução da obra, víamos pessoas trabalhando tão diligentemente quanto formigas, embaladas por uma poderosa música de fundo, como era de esperar em divulgações de obras públicas — com a diferença de que nesse caso a estrutura desaparecia. Em outro trecho, filmagens da construção da barragem (também diligente) em 1921 — cujo propósito era enaltecer a engenhosidade da edificação. Um narrador acompanha a destruição: "As barragens já foram o triunfo da capacidade humana sobre a natureza. Com a evolução da sociedade, aprendemos a abrir mão do controle e encontrar o equilíbrio com nosso meio ambiente".[10]

Nosso ideal de progresso está tão ligado ao conceito de construir algo sobre o mundo que o associar à destruição, à remoção e à reparação parece um contrassenso. Esse aparente paradoxo, no entanto, revela uma contradição ainda mais profunda: a de que a destruição (de ecossistemas, por exemplo) era vista como uma construção (de barragens, por exemplo). No século 19, os conceitos de progresso, produção e inovação consideravam a terra como um espaço em branco, um grande gramado americano que, para ser cultivado, os habitantes e sistemas que o povoavam até então deveriam ser extraídos como ervas daninhas. Se reconhecermos honestamente tudo o que havia aqui antes, cultural e ecologicamente, entenderemos que o que era considerado construção se tratava na verdade de destruição.

Meu interesse na Correção Manifesta é como uma forma de reparação intencional que nos faça renunciar à ideia de que o progresso deve sempre avançar cegamente. A correção fornece novas diretrizes para nossa ética de trabalho. Reparar dá o mesmo trabalho que construir: nesse caso específico, a edificação de uma barragem levou três anos, o mesmo período necessário para sua demolição. A palavra "inovação" foi repetida inúmeras vezes durante a cobertura jornalística da demolição da barragem San Clemente. Além de um trabalho intenso de projeto e engenharia, foi necessária uma cooperação sem precedentes entre engenheiros, cientistas, advogados, órgãos municipais e estaduais, ONGs e membros da tribo *Ohlone Esselen*. Pelas lentes da Correção Manifesta, a derrubada da barragem é sem dúvida um trabalho de criatividade que coloca algo novo no mundo, mesmo que, nesse caso, seja uma devolução.

É CLARO QUE a Correção Manifesta não apenas desestabiliza o que entendemos como avanço e retrocesso. É preciso também um certo movimento copérnico no qual os humanos se afastem do centro das coisas. Como disse Leopold, temos de abandonar o papel de "conquistadores da terra e nos tornarmos simplesmente membros e cidadãos".[11]

Em 2012, o escritor e ativista ambiental Wendell Berry escreveu a introdução para a reedição do livro *The One-Straw Revolution* [*A revolução de uma palha*], de 1978. O autor do livro é um agricultor japonês chamado Masanobu Fukuoka, que pôs em prática esse movimento copérnico quando criou a chamada "agricultura do fazer nada". Fukuoka criou um método de agricultura que se aproveita das relações existentes na terra, inspirado por um lote abandonado onde cresciam ervas e gramíneas. Em vez de inundar

CONCLUSÃO: CORREÇÃO MANIFESTA

os campos para o plantio de arroz na primavera, ele apenas espalhou as sementes sobre o solo durante o outono, como se tivessem caído lá naturalmente. No lugar de fertilizantes tradicionais, ele plantava trevos junto com o arroz, o que criava uma cobertura protetora sobre o solo, e depois reutilizava os talos no cultivo seguinte.

O método de Fukuoka era menos trabalhoso, não exigia maquinário nem produtos químicos, mas para aperfeiçoá-lo foram necessárias décadas de extrema atenção. Se tudo fosse feito no tempo exato, a recompensa era certa: a plantação de Fukuoka não só era mais produtiva e sustentável do que a de seus vizinhos, mas seu sistema de cultivo recuperava solos esgotados, tornando férteis terrenos rochosos e inóspitos.

Em seu livro, Fukuoka relata que, "como o mundo se move tão furiosamente na direção contrária, pode parecer que estou parado no tempo". Da mesma forma que associamos inovação com a produção de algo novo, também consideramos como inventor somente aquele que cria algo inédito. O *"design"* de Fukuoka, porém, era basicamente a remoção de um *design*. E essa também é uma estranha qualidade da Correção Manifesta. Como ele mesmo diz, "o que era visto como primitivo e retrógrado hoje parece estar muito à frente da ciência moderna. Pode parecer estranho para alguns, mas para mim não é nem um pouco".[12]

Em um capítulo intitulado "Absolutamente nada", Fukuoka conta como teve a ideia para a agricultura do fazer nada. Quando tinha vinte e poucos anos, trabalhou na Alfândega da Yokohama, na Divisão de Inspeção de Plantas, ao mesmo tempo que estudava fitopatologia com um pesquisador brilhante. Sua vida se dividia basicamente entre estudo e boemia, ambos com a mesma intensidade. Começou a ter desmaios esporádicos e foi hospitalizado com pneumonia aguda. No quarto de hospital, escreveu "o medo da morte me olha de frente". Quando teve alta, continuou assombrado por "uma dúvida agoniante sobre a natureza da vida e da morte".

Lendo o relato de Fukuoka sobre o que se passou depois, me surpreendi ao descobrir que ele, assim como eu, teve um encontro inspirador com uma garça noturna:

RESISTA: NÃO FAÇA NADA

Estava vagando certa noite, quando desmaiei de exaustão em uma colina com vista para o porto, até que finalmente cochilei recostado ao tronco de uma grande árvore. Fiquei ali até amanhecer, nem dormindo nem acordado. Era a manhã do dia 15 de maio, ainda me lembro. Atordoado, observei o nascer do sol iluminar o porto, mas ao mesmo tempo não enxergava nada. Uma brisa começou a soprar, vinda do penhasco, e a neblina da manhã desapareceu de repente. Foi quando surgiu uma garça, que com um grito agudo voou para longe. Eu podia ouvir suas asas batendo. Em um instante, todas as minhas dúvidas e a névoa confusa na qual eu estava envolto desapareceram. O vento havia levado todas as minhas convicções, tudo o que sempre considerei como certo. Senti que havia compreendido algo. Sem pensar, estas palavras saíram da minha boca: "Neste mundo não há absolutamente nada". Senti que não havia compreendido coisa alguma.[13]

Fukuoka sintetiza sua epifania como uma expressão definitiva de humildade, remetendo às palavras de Chuang-Tzu: "A humanidade não sabe absolutamente nada. Não há valor intrínseco em nada, e toda ação é um esforço inútil e vão".

Foi somente através dessa essa humildade que Fukuoka pôde alcançar uma nova habilidade. A agricultura do fazer nada reconhece a inteligência natural da terra, e, portanto, a atitude mais sábia que um agricultor pode ter é interferir o mínimo possível. Contudo, é claro que alguma interferência ainda é necessária. Fukuoka se lembra de quando tentou cultivar árvores frutíferas sem podá-las: os galhos se enroscaram uns nos outros, e as árvores foram devoradas por insetos. "Isto é abandono, não 'agricultura selvagem'." Fukuoka encontrou o equilíbrio entre o excesso de cuidado e a não interferência ouvindo e observando pacientemente. Adquiriu seus conhecimentos sendo um sereno colaborador do ecossistema de que cuidava.

A perspectiva de Fukuoka exemplifica o olhar que Jedediah Purdy sugere em seu livro *After Nature: A Politics for the Anthropocene* [*Pós-natureza:*

CONCLUSÃO: CORREÇÃO MANIFESTA

uma política para o Antropoceno]. A cada capítulo, Purdy mostra como as diferentes maneiras de olhar para a natureza ao longo da histórica refletiam as crenças políticas sobre valor e sujeição, conceitos usados para justificar hierarquias sociais e racismo ("cada um em seu lugar") e que levou à obsessiva produção industrial. Em todos os casos apresentados, as pessoas e seus governantes concebiam a natureza como algo completamente separado do mundo humano, como "capital natural" ou como a linda "natureza do mochileiro".

Após refutar a distinção entre natureza e cultura, Purdy sugere que, no Antropoceno, devemos entender a natureza como colaboradora, não como algo à parte. Como na epifania de Fukuoka, os humanos devem aceitar com humildade o fato de serem apenas mais uma peça no "necessário trabalho de continuar vivendo":

> Nessa tradição, assim como na ecologia moderna, é possível perceber que trabalho não é só indústria, fabricar coisas que transformam o mundo; é também reprodução, refazer a vida a cada ano e a cada geração. Enxergar a natureza dessa forma faria com que as políticas ambientais se alinhassem à perspectiva feminista essencial de que boa parte do trabalho socialmente necessário é ignorada ou relegada a "cuidadores" menosprezados, ou seja, propiciaria uma reflexão de gênero para os verdadeiros dínamos da economia, engrenagens indispensáveis da vida em conjunto.[14]

A recomendação de Purdy remete ao "Manifesto for Maintenance Art" ["Manifesto pela arte da manutenção"], de Mierle Ukeles, que diz: "meu trabalho é trabalhar". Se levarmos esse conceito a sério, deveremos corrigir não só as estruturas de exploração e destruição, mas a própria linguagem com a qual concebemos o progresso. É um conceito que nos incita a parar, olhar em volta e pôr as mãos à obra.

RESISTA: NÃO FAÇA NADA

SE VOCÊ PROCURAR instâncias da Correção Manifesta, prometo que vai encontrá-las.

Peter Berg, o fundador do biorregionalismo moderno, aplicou um pouco de Correção Manifesta em sua casa de São Francisco nos anos 1980. Assim como Fukuoka, ele se inspirou em plantas que nascem de maneira espontânea — em seu caso, nas que cresciam nas rachaduras de sua calçada. Bert conseguiu uma permissão da prefeitura e arrancou o concreto da calçada para plantar espécies nativas. Quando recebia visitantes, dizia que "se alegrava secretamente ao pensar que as sementes daquelas plantas eram levadas pelo vento para outras calçadas e espalhavam essas espécies nativas por todos os lugares, combatendo as invasoras europeias".[15]

Há outros exemplos recentes. Em Oakland, um grupo de vizinhos se organizou em 1996, sob o nome Amigos do Riacho Sausal (*Friends of Sausal Creek* — FOSC). Desviaram um aqueduto de concreto por onde parte do riacho passava e replantaram espécies nativas. Uma turma da Universidade de Berkeley, em parceria com a ONG Urban Releaf, cultivou setenta e dois carvalhos e os doou aos bairros West e East Oakland. As novas árvores atraíram águias-pesqueiras, que fizeram seus ninhos em uma base naval desativada em Richmond. Chris Carlsson, o historiador-celebridade da região e autor do livro *Nowtopia: iniciativas que estão construindo o futuro hoje*, ainda organiza passeios de bicicleta pelos locais históricos, tanto ecologicamente como relacionados a movimentos trabalhistas. Sudo Mesh, o grupo responsável pela rede entrelaçada de Oakland, restaura *laptops* e os doa a jovens e ativistas sem condições financeiras. A Universidade de Stanford retirou o nome do padre católico Junípero Serra dos prédios de seu *campus*, devido a seu envolvimento com a escravidão e com o genocídio de tribos indígenas na Califórnia durante o século 19.

Um dos melhores exemplos de Correção Manifesta vem de um grupo indígena *Ohlone* aqui de São Francisco, chamado Save West Berkeley Shellmound and Village Site [Salvem os sambaquis de West Berkeley e Village]. Em 2017, fui a um evento organizado por um grupo chamado *Mak-'amham*, no qual membros da tribo *Ohlone* ofereciam comidas típicas

196

CONCLUSÃO: CORREÇÃO MANIFESTA

aos visitantes. O cardápio era chá de hortelã-verde e cogumelos cantarelo com o pão ázimo de bolota de carvalho — a primeira comida feita com carvalho que experimentei. Entre os pratos, Vincent Medina, chefe tribal dos *Muwekma Ohlone*, falou sobre um projeto para construírem condomínios em locais de sambaquis da sua tribo, no bairro West Berkeley. Os sambaquis, ou concheiros, são cemitérios sagrados na Bay Area, antigas estruturas gigantes feitas de conchas e restos de crustáceos empilhados. Embora as estruturas já tenham sido demolidas, nos locais ainda há restos mortais enterrados. A região de Berkeley, objeto de disputas judiciais, contém solos sagrados milenares das primeiras civilizações daquela área. Atualmente, é o estacionamento de um restaurante de frutos do mar (aliás, senti vergonha ao descobrir que a Shellmound Street, perto dali e que as pessoas só usam para ir até a IKEA, também era um antigo sambaqui *Ohlone* erguido no século 19. As obras danificaram centenas de sepulturas, algumas com grupos de índios, outras com crianças e outras com pessoas enterradas abraçadas).[16] Para a construção dos condomínios em West Berkeley, seriam necessárias escavações para as fundações de estacionamentos e escritórios.

O viés político de "fazer nada" — nesse caso, não construir nada — é óbvio. Contudo, a proposta dos *Ohlone* é mais que nada, não é somente impedir a construção de imóveis. Em 2017, Ruth Orta e Corrina Gould, matriarcas da tribo, trabalharam em conjunto com um paisagista de Berkeley para criar uma nova visão para o local: um monte de 12 metros de altura, no mesmo formato do sambaqui original, coberto por papoulas. O projeto também restauraria outros tipos de vegetação nativa, incluindo um caramanchão onde os *Ohlone* fariam suas danças cerimoniais, além de reabrirem as galerias do rio Strawberry, que passa pelo subsolo do local. Além da óbvia importância que esse monumento vivo teria para os povos indígenas, também seria um gesto generoso para os outros residentes de East Bay, pois elevaria a consciência quanto ao lugar onde vivem. Segundo a própria Gould, o projeto seria uma oportunidade para todos nos lembrarmos de valores como "nossa compaixão, nossa consciência e nossa civilidade, para aprendermos a ser humanos outra vez, juntos".[17]

RESISTA: NÃO FAÇA NADA

ME SINTO TENTADA a concluir este livro com uma simples recomendação sobre como levar a vida. Mas me recuso a fazer isso. Afinal, as armadilhas da indústria da atenção não podem ser evitadas apenas nos desconectando das redes sociais e não nos deixando levar pelas técnicas de *design* persuasivo. Elas também surgem em questões de espaço público, política ambiental, classe e raça.

Temos que considerar dois fatores. Primeiro, moradores de bairros mais ricos quase sempre têm mais acesso a parques e praças, e muitos desses bairros ficam em áreas mais verdes ou perto de corpos de água. Quando conversei com Mark Rauzon, um dos fundadores do FOSC, ele observou que, por estar em um bairro nobre, desde o início o grupo tinha advogados, arquitetos e paisagistas à sua disposição — todos proprietários de imóveis. É uma realidade muito diferente de bairros como West ou East Oakland, nos quais as pessoas não têm economias, ou seja, não têm recursos para financiar a revitalização de suas áreas naturais. Consequentemente, possuem menos espaços para descanso, lazer e convivência — e, quando eles existem, falta manutenção.

Em segundo lugar, é importante lembrar que, enquanto quase todas as crianças e os adolescentes sentados em restaurantes assistem a vídeos bizarros e algoritmicamente sugeridos pelo Youtube,[18] Bill Gates e Steve Jobs limitavam, de modo severo, seus filhos de usar tecnologia. Em uma matéria para o *The Guardian*, Paul Lewis escreve que Justin Rosenstein, programador que criou o botão "curtir" do Facebook, tinha, em seu próprio celular, um bloqueio parental configurado por seu assistente que o impedia de baixar aplicativos. Loren Brichter, o programador que inventou o recurso de "arrastar para atualizar" do Twitter, considera sua invenção uma tortura: "Arrastar para atualizar é viciante. O Twitter é viciante. Isso não é bom. Na época em que trabalhei para criar essa função, eu não era maduro o suficiente para compreendê-la".[19] Hoje em dia, ele deu "uma pausa em seu trabalho de programador enquanto se concentra na construção de sua casa em Nova Jersey". O restante de nós, sem assistentes para monitorar nossos celulares, continuamos a atualizar nossos aplicativos, enquanto pais e mães solteiros, exaustos com o trabalho e a rotina diária, enfiam iPads na cara de seus filhos.

CONCLUSÃO: CORREÇÃO MANIFESTA

Ambos os casos, cada um à sua maneira, sugerem a aterrorizante possibilidade de condomínios fechados de atenção: locais onde algumas pessoas (e restritos a outras) podem usufruir da contemplação e da diversificação da atenção. Um dos principais argumentos deste livro — a forma como pensamento e diálogo dependem de tempo e espaço físicos — é explicar como a política da tecnologia está intimamente ligada às políticas ambientais e de espaços públicos. Se pensarmos com mais cuidado sobre a indústria da atenção, além de afrouxarmos esses laços, ficamos menos míopes aos seus efeitos em outros campos de desigualdade.

Pela mesma razão, há muitas outras áreas nas quais a Correção Manifesta pode atuar. Onde quer que estejamos, e quaisquer que sejam nossos privilégios (ou a falta deles), haverá sempre alguma ameaça que poderemos combater. Algumas vezes, dominar nossa atenção para boicotar essa economia será a única ação possível. Em outras ocasiões, conseguiremos realizar ações práticas em questões como o *design* viciante de redes sociais e aplicativos, políticas ambientais, direitos trabalhistas, direitos das mulheres, direitos indígenas, iniciativas antirracismo, acesso a parques e espaços abertos e restauração de *habitats* —, quando entendermos que o problema não é de um único elemento, mas de um desequilíbrio sistêmico. Assim como na ecologia, o resultado de nossas lutas em qualquer um desses campos pode trazer resultados a todos.

Um corpo individual pode ser curado e se tornar saudável, mas não necessariamente otimizado. Afinal, não se trata de uma máquina. Acredito que, no caso do corpo social, isso também é verdade. Evocando a fala de Frazier em *Walden Two*, de que a humanidade atinge apenas 1% de sua produtividade (produzindo o quê?), devemos nos perguntar qual objetivo a Correção Manifesta tem a oferecer para substituir a obsessiva produtividade. Além de nossa conservação, que Purdy chama de "continuar vivendo", pode haver doutrina sem meta?

Para responder, me volto ao livro *Feminism and Ecological Communities* [*Comunidades feministas e ecológicas*], no qual Chris Cuomo questiona movimentos que colocam os humanos como "objetos éticos paradigmáticos".

RESISTA: NÃO FAÇA NADA

Juntamente com um argumento para modelos ecológicos de identidade, comunidade e ética, ela sugere um possível abandono da teleologia. Para mim, no entanto, esse "abandono" me lembra mais o cultivo indisciplinado e funcional de Masanobu Fukuoka do que seu pomar "largado" e atacado por insetos:

> Agentes morais podem escolher formas de negociar o mundo nas quais não haja esperança de alcançar um estado de harmonia necessário e predeterminado, tampouco um equilíbrio estático — ou qualquer estado definitivo. O abandono de tal teleologia, aliás, implica também o abandono da expectativa de que nossas decisões e ações resultarão em perfeita ordem ou harmonia, e uma ética não teleológica não deve ser motivada por uma finalidade preestabelecida ou pelo cumprimento de determinados papéis. Podemos, no entanto, valorizar o universo ao mesmo tempo caótico e ordenado no qual inevitavelmente vivemos e decidir que é bom e válido impedir a destruição de outros membros valiosos do universo, por meio de atuação e escolhas também inevitáveis.[20]

É como ter um objetivo que não necessita de doutrina, um olhar para o futuro que não chega a um ponto específico, mas circula em si mesmo em uma constante renegociação. A ideia de uma meta sem alvo ou de um projeto sem objetivo talvez soe familiar. Parece um pouco o nosso velho amigo, a árvore inútil, que não "realiza" nada, mas testemunha, abriga e, contra todas as probabilidades, perdura.

QUANDO WALTER BENJAMIN olhava para a história, não via uma marcha horizontal a territórios maiores. O que ele via era o oposto do progresso tecnológico, uma série de eventualidades indefinidas, nas quais o povo lutava de modo contínuo contra as classes dominantes. Em um discurso para a Liga dos Estudantes Livres de Berlim, em 1914, Benjamin disse que "os elementos que constituem a condição final não se apresentam como tendências

CONCLUSÃO: CORREÇÃO MANIFESTA

informes de progresso, mas estão embutidos em cada momento como criações e ideias ameaçadas, condenadas e ridicularizadas".[21] Em cada momento da história, algo estava tentando acontecer, como duas pontas de um fio lutando para se encontrar.

Nesse contexto, o trabalho do historiador era o de se voltar a cada trajetória imaginada do progresso e resgatar de seus escombros cada registro, para que o passado voltasse a viver no presente e se fizesse justiça a ele. A Correção Manifesta é similar. Ela nos impele a lembrar — no sentido de reavivar, o oposto de obliterar. Vale lembrar que o Anjo da História não busca apenas a preservação desinteressada, mas quer "acordar os mortos e juntar os fragmentos". Derrubar um muro de concreto ou desmontar uma rodovia pode ser um começo para a reconstrução de uma comunidade, mesmo que ela nunca mais seja a mesma.

Contra as probabilidades e contra o determinismo tecnológico esmagador, as coisas continuam a crescer na "porção de terra em meio a uma catástrofe contínua". Natureza e cultura ainda são abundantes em formas como a árvore inútil de Chuang-Tzu, resistindo a apropriações enquanto abriga vida sob sua copa. Os recém-plantados amieiros crescem às margens do riacho Sausal. *Mak-'amham*, o restaurante *Ohlone*, abriu um café permanente este ano, com filas chegando até a calçada em sua inauguração. Os pássaros migratórios voltam a cada ano, pelo menos por enquanto, e eu ainda não fui reduzida a um algoritmo.

As duas pontas seguem tentando se encontrar. Se, no futuro, Benjamin fosse descrever esse movimento, evocaria o Rose Garden em um dia qualquer: "À medida que as flores se voltam para o sol, por força de um secreto heliotropismo, o passado tenta se voltar ao sol que nasce no céu de história".[22]

EU ESCREVI A maior parte deste livro em meu estúdio, entre ceramistas, pintores e artistas gráficos, em um antigo prédio industrial perto do porto de Oakland. Hoje, vindo para cá, me desviei do caminho habitual e passei por um corredor de sondas perfurando a Seventh Street até chegar ao parque

RESISTA: NÃO FAÇA NADA

Middle Harbor Shoreline, uma surpreendente faixa de areia e pântano entre os guindastes da baía de São Francisco. No século 19, ali ficava o terminal oeste da ferrovia Southern Pacific, e na Segunda Guerra era uma base de abastecimento para a frota da Marinha no Pacífico. O terreno foi repassado ao porto de Oakland e virou um dos únicos parques da parte oeste da cidade.

Como a maior parte das terras que circundam a baía de São Francisco, esse já foi um ecossistema de pântanos, mas durante a construção do porto os pântanos tiveram de ser dragados para que os navios pudessem passar. Quando o terreno passou a ser propriedade do porto de Oakland, em 2002, usaram sedimentos para recriar uma lagoa e uma praia na esperança de sustentar a população local de aves litorâneas. Também construíram uma torre de observação, batizada de Chappell R. Hayes, em homenagem a um ativista e ambientalista de Oakland que coordenou programas de apoio a jovens carentes, contribuiu para o deslocamento de uma rodovia para além de West Oakland, protestou contra o transporte de barras de combustível nuclear no porto e fez campanhas de conscientização sobre o racismo ambiental nos conselhos e comitês dos quais participou.

No discurso de inauguração da torre, em 2004, a ex-vereadora Nancy Nadel contou como Hayes, seu falecido marido, ajudou jovens da região a criar uma marcenaria que construiu cercas para novas casas de Oakland. Nancy contou que a organização sem fins lucrativos de seu marido se chamava "gabarito de cavilha, uma ferramenta para perfurar madeira em perpendiculares perfeitas", e que ele costumava pedir, "a quem estivesse estressado ou aflito, que ficasse perpendicular à terra, sem se inclinar para a frente nem cair para trás".[23]

Se você ainda se lembra, comecei este livro nas colinas de Oakland. É aqui também que quero terminá-lo, no extremo oeste da cidade, onde a paisagem e seus sons não poderiam ser mais diferentes. O dia hoje foi repleto de estrondos de caminhões, de contêineres içados e empilhados por guindastes, de veículos industriais buzinando e dando ré. Na hora do almoço, algumas pessoas caminhavam ou corriam. Peguei meu binóculo e fui até a pequena praia reformada.

CONCLUSÃO: CORREÇÃO MANIFESTA

Na pequena faixa de lama entre um dos cantos do porto e um antigo ancoradouro de balsas, algumas coisinhas se movem para lá e para cá. Com meu binóculo, vi que eram pássaros-alfaiates, pilritos, maçaricos-de-asa-branca, pernas-amarelas, garças grandes e pequenas, gaivotas, maçaricos-marmóreos, maçariquinhos e *numenius*. Mais além, nos rochedos, havia ostraceiros, cormorões, garças-azuis e até os ameaçados trinta-réis da Califórnia, que são cuidados por voluntários de Hayward. Alguns desses pássaros podem ser encontrados na reserva Elkhorn Slough, mas estamos falando de um porto em atividade, não de um refúgio de vida selvagem, pelo menos não oficialmente. Em outras palavras, a praia não era um resquício do passado, mas uma ponta de esperança, um convite para os pássaros retornarem. E eles retornaram.

Acima de todo esse movimento, planam os maiores pássaros de todos: os pelicanos marrons. Também já estiveram ameaçados de extinção e, em alguns sentidos, ainda estão. No começo do século 19 foram caçados até quase desaparecerem e, antes de o pesticida DDT ser proibido, na década de 1970, também morriam intoxicados. Mesmo que desde 2009 estejam fora da lista de espécies ameaçadas, sua população ainda oscila, pois sofrem com a contínua perda de seus *habitats*. Apesar disso, em 2018 ouvi pessoas comentando sobre pelicanos que nunca haviam visto antes. Recebi um *e-mail* da artista Gail Wight, dizendo que após dois anos vendo apenas alguns pelicanos, cerca de cinquenta deles apareceram na praia perto de sua casa. Hoje em dia eles voam aos montes perto de mim, tão perto que consigo ver seus rostos me cumprimentando enquanto batem suas asas de quase dois metros de envergadura.

Atrás deles, o horizonte de São Francisco, com a nova torre Salesforce e outros arranha-céus. Se eu forçar a vista, consigo ver o prédio em que trabalhei, onde neste momento devem estar discutindo sobre "pilares de marca". Naquela época, tudo passava tão rápido que tínhamos catálogos específicos para Primavera 1, 2 e 3. Mas agora os pelicanos fizeram tudo isso parecer uma piada sem graça. De acordo com as datações de fósseis do período Oligoceno, o esqueleto do pelicano parece não ter mudado em

RESISTA: NÃO FAÇA NADA

trinta milhões de anos. No inverno, eles voam para o sul, como fazem desde tempos imemoriais, para as Ilhas do Canal da Califórnia e para o México, onde fazem seus ninhos, cujo formato também quase não mudou desde a Pré-História.

Hoje, esses velhos sobreviventes estão aqui — assim como eu —, em um local antes dedicado à guerra. Eu não esperava esse encontro hoje, mas talvez seja a melhor forma de ilustrar o que a Correção Manifesta tem a oferecer para aqueles dispostos a abraçá-la. Quando espiamos pelas rachaduras no concreto, encontramos a própria vida — nem menos, nem mais, como se pudesse haver mais.

Perpendicular à terra, sem me inclinar para a frente nem cair para trás, tento imaginar alguma forma de agradecer aos pelicanos pelo improvável espetáculo que me proporcionam. A resposta é fazer nada. Apenas observar.

Agradecimentos

Para descrever as possibilidades que deram origem a este livro, começarei dizendo que moro e trabalho nas terras da tribo Muwekma Ohlone, cuja generosidade em compartilhar sua cultura com o público foi uma fonte de inspiração para mim. Gostaria também de agradecer a David Latimer e Esther Aeschbach pelo 300 Jefferson Studios, pois é graças a esse espaço que artistas e escritores como eu podem continuar na Bay Area. Como escritora e como pessoa, tenho uma dívida de gratidão aos voluntários e funcionários públicos que cuidam do Rose Garden e aos guardiões de todos os locais ao ar livre onde eu pude refletir. Joe Veix, meu namorado e colega escritor, me ajudou muito neste livro, com conversas, calor humano e seu respeito irrestrito à minha eventual necessidade de fugir para as montanhas.

Os organizadores do Eyeo Festival — Dave Schroeder, Jer Thorp, Wes Grubbs e Caitlin Rae Hargarten — apoiaram este livro desde o início, confiando cegamente em mim e em minha palestra "Como não fazer nada", mas também merecem agradecimentos por construírem uma comunidade cuja perspectiva sobre tecnologia é revigorante e profundamente crítica e humana. Adam Greenfield foi quem me deu a ideia de transformar "Não faça nada" em um livro, e seu apoio foi essencial para levar o projeto adiante. Sou infinitamente grata a Ingrid Burrington por me apresentar à editora Melville House, a Taylor Sperry e a toda a equipe da editora, por se arriscarem com uma escritora aspirante, e a Ryan Harrington por ser um editor confiável e sempre me manter em um bom estado de ânimo.

Meu pai e minha mãe estão presentes neste livro. Minha mãe, a própria imagem da generosidade, sempre encontrou formas inteligentes de me ajudar em praticamente tudo o que já fiz, e seu trabalho com crianças influenciou minha abordagem sobre cuidados humanos que escrevi aqui. Meu pai, que se alterna entre seu trabalho em eletrônica e os picos das montanhas,

RESISTA: NÃO FAÇA NADA

incutiu em mim uma maneira específica de olhar para o mundo. Quando perguntei a ele se sabia o que era realidade aumentada, sua resposta foi: "Realidade aumentada? É onde eu vivo".

Por último, gostaria de agradecer a Crow e Crowson por continuarem a visitar minha sacada todas as manhãs, dando um pouco de sua atenção a esta *Homo sapiens* tão mais desajeitada que eles. Que todos tenhamos a sorte de encontrar inspiração em nossas próprias vizinhanças.

Notas finais

Introdução

1. Richard Wolin, *Walter Benjamin: An Aesthetic of Redemption* (Berkeley: University of California Press, 1994), p. 130.
2. Robert Louis Stevenson, "An Apology for Idlers" de *"Virginibus puerisque" and other papers* (Ann Arbor: University of Michigan, 1906), p. 108.
3. Seneca, *Dialogues and Essays* (RU: Oxford University Press, 2007), p. 142.
4. Cathrin Klingsöhr-Leroy and Uta Grosenick, *Surrealism* (Cologne, Alemanha: Taschen, 2004), p. 34.
5. Na China, essas construções que permanecem enquanto os projetos são executados são chamadas de "casas-unha", pois são comparadas a uma unha que não foi cortada.
6. A máxima do acadêmico Timothy Leary (*Turn on, tune in, drop out* — ou Ligue, sintonize e caia fora).
7. Soylent é uma marca alimentícia estadunidense de fórmulas de reposição alimentícia da Soylent Nutrition, Inc. A Soylent foi criada em 2014, após uma campanha de financiamento coletivo.
8. Blossom Rock era um drástico acidente geográfico, uma grande rocha submersa, que colocava em risco os navios que entravam e saíam da baía de São Francisco no século 19. Ela foi descrita pelo Capitão F. Beechey, do *HMS Blossom,* em 1827.
9. Chuang-Tzu, *The Complete Works of Zhuangzi*, trad. Burton Watson (Nova York: Columbia University Press, 2013), p. 31.
10. O órgão que cuida da água potável em East Bay.
11. Gordon e Larry Laverty, "Leona Heights Neighborhood News", *MacArthur Metro*, mar. 2011. Disponível em: <https://macarthurmetro.files.wordpress.com/2017/06/met11-03.pdf>. Acesso em: 3 set. 2020.

Capítulo 1

1. Em 2 de dezembro de 2016, um incêndio tomou um antigo armazém convertido em coletivo artístico conhecido como Ghost Ship [navio fantasma]. Das cerca de cem pessoas presentes, 36 morreram.

2. Gilles Deleuze, *Negotiations* (Nova York: Columbia University Press, 1995), p. 129.

3. John Steinbeck, *Cannery Row: Centennial Edition* (Nova York: Penguin, 2002), p. 10.

4. Tanya Zimbardo, "Receipt of Delivery: Windows by Eleanor Coppola", *Open Space*, 25 de janeiro de 2013. Disponível em: <https://openspace.sfmoma.org/2013/01/receipt-of-delivery29/>. Acesso em: 4 set. 2020.

5. Pauline Oliveros, *The Roots of the Moment* (Nova York: Drogue Press, 1998), p. 3.

6. Pauline Oliveros, *Deep Listening: A Composer's Sound Practice* (Nova York: iUniverse, 2005), p. xxii.

7. Rebecca Solnit, *Wanderlust: A History of Walking* (Nova York: Penguin, 2001), p. 69. (*A história do caminhar*, São Paulo: Editora Martins Fontes, 2016.)

8. John Muir, *The Writings of John Muir* (Boston, MA: Houghton Mifflin, 1916), p. 236.

9. Linnie Marsh Wolfe, *Son of the Wilderness: The Life of John Muir* (Nova York: Alfred A. Knopf, 1946), p. 104–105.

10. John Cleese, "Creativity in Management", leitura, Video Arts, 1991. Disponível em: <https://www.youtube.com/watch?v=Pb5oIIPO62g>. Acesso em: 4 set. 2020.

11. Martha Mockus, *Sounding Out: Pauline Oliveros and Lesbian Musicality* (Abingdon, RU: Routledge, 2011), p. 76.

12. Roy Rosenzweig, *Eight Hours for What We Will: Workers and Leisure in an Industrial City, 1870–1920* (RU: Cambridge University Press, 1985), p. 1.

13. Samuel Gompers, "What Does Labor Want? An address before the International Labor Congress, August 28, 1893", em *The Samuel Gompers Papers, Volume 3: Unrest and Depression, 1891–94* ed. Stuart Kaufman e Peter Albert (Urbana: University of Illinois Press, 1989), p. 393. Gompers adiciona: "Não há

nada lindo demais, espaçoso demais, enobrecedor demais, a menos que esteja dentro do escopo das aspirações e dos desejos do trabalho. Mas, para ser mais específico: as demandas expressas atuais, antes de mais nada, são a redução das horas de trabalho diário para oito horas hoje, e ainda menos amanhã".

14. Eric Holding e Sarah Chaplin, "The post-urban: LA, Las Vegas, NY", em *The Hieroglyphics of Space: Reading and Experiencing the Modern Metropolis*, ed. Neil Leach (Abingdon, RU: Routledge, 2005), p. 190.

15. A Works Progress Administration [Administração de obras e progresso], WPA, renomeada em 1939 como Work Projects Administration [Administração de obras e projetos], era uma agência do New Deal que empregava milhões de desempregados (em sua maioria pessoas sem qualificação profissional) para a realização de projetos públicos, incluindo a construção de edifícios e estradas. Foi estabelecido em 6 de maio de 1935.

16. Franco Berardi, *After the Future* (Oakland, CA: AK Press, 2011), p. 66.

17. *Ibid.*, p. 129.

18. Bernardi, p. 35.

19. Jia Tolentino, "The Gig Economy Celebrates Working Yourself to Death", *New Yorker*, 22 de março de 2017. Disponível em: <https://www.newyorker.com/culture/jia-tolentino/the-gig-economy-celebrates-working-yourself-to-death>. Acesso em: 4 set. 2020.

20. Cali Ressler e Jody Thompson, *Why Work Sucks and How to Fix It: The Results-Only Revolution* (Nova York: Penguin, 2008), p. 11.

21. Berardi, p. 109.

22. David Abram, *Becoming Animal: An Earthly Cosmology* (Nova York: Vintage, 2011), p. 128–129.

23. David Abram, *The Spell of the Sensuous: Perception and Language in a More-Than-Human World* (Nova York: Vintage, 1997), p. x.

24. De "Fear of Missing Out" [medo de perder algo]: ansiedade de que algum evento possa estar ocorrendo fora do alcance da pessoa, eventualmente incrementado por postagens de outros nas redes sociais.

25. NOMO, de "No More" [não mais]. Termo conhecido como fadiga ou desistência em relação às redes sociais.

26. Marisa Meltzer, "Soak, Steam, Spritz: It's All Self Care", *The New York Times*, 10 de dezembro de 2016. Disponível em: <https://www.nytimes. com/2016/12/10/fashion/post-election-anxiety-self-care.html>. Acesso em: 4 set. 2020.

27. Gordon Hempton, "Welcome to One Square Inch: A Sanctuary for Silence at Olympia National Park". Disponível em: <https://onesquareinch.org/>. Acesso em: 4 set. 2020.

28. Berardi, p. 68.

29. Disponível em: <https://queensmuseum.org/2016/04/mierle-laderman-ukeles-maintenance-art>. Acesso em: 4 set. 2020. p. 3.

30. *Ibid.*, pg. 1.

31. City of Oakland Parks and Recreation, "64th Annual Mother of the Year Award — Call for Nominations", 2017. Disponível em: <http://www2. oaklandnet.com/oakca1/groups/opr/documents/image/oak063029.pdf>. Acesso em: 4 set. 2020.

32. Donna J. Haraway, *Staying with the Trouble: Making Kin in the Chthulucene* (Durham, NC: Duke University Press, 2016), p. 83.

33. Abram, *Becoming Animal: An Earthly Cosmology*, p. 69.

34. *Ibid.*, p. 1.

Capítulo 2

1. Henry Martin, *Agnes Martin: Painter, Pioneer, Icon* (Tucson, AZ: Schaffner Press, 2018), p. 294.

2. Michelle Magnan, "Levi Felix Interview", *AskMen*, 4 de março de 2014. Disponível em: <https://www.askmen.com/entertainment/austin/levi-felix-interview.html>. Acesso em: 7 set. 2020.

3. "RIP Levi Felix", *The Reaper*, 17 de janeiro de 2017. Disponível em: <http:// thereaper.rip/rip-levi-felix/>. Acesso em: 7 set. 2020.

4. Smiley Poswolsky, "The Man Who Gave Us All the Things: Celebrating the Legacy of Levi Felix, Camp Grounded Director and Digital Detox Visionary", *Medium*, 12 de janeiro de 2017. Disponível em: https://medium.com/dear-levi/ the-man-who-gave-us-all-the-things-e83ab612ce5c>. Acesso em: 7 set. 2020.

5. Digital Detox, "Digital Detox® Retreats". Disponível em: <http://digitaldetox.org/retreats/>. Acesso em: 7 set. 2020.

6. Poswolsky.

7. Sophie Morris, "Burning Man: From far out freak-fest to corporate schmoozing event", *The Independent*, 1 de setembro de 2015. Disponível em: <https://www.independent.co.uk/arts-entertainment/music/festivals/burning-man-from-far-out-freak-fest-to-corporate-schmoozing-event-10481946.html>. Acesso em: 7 set. 2020.

8. Digital Detox, "Corporate Offerings". Disponível em: <http://digitaldetox.org/corporate-2/>. Acesso em: 7 set. 2020.

9. Richard W. Hibler, *Happiness Through Tranquility: The School of Epicurus* (Lanham, MD: University Press of America, 1984), p. 38.

10. Epicuro, "Principal Doctrines, XIV", *in The Epicurus Reader: Selected Writings and Testimonia*, trad. e ed. Brad Inwood e L. P. Gerson (Indianapolis, IN: Hackett, 1994), p. 33.

11. Epicuro, "Vatican Sayings, LXXXI", *Epicurus: The Extant Remains*, trad. Cyril Bailey (Oxford University Press, 1926), p. 119.

12. Hibler, p. 49.

13. Houriet, Robert, *Getting Back Together* (Nova York: Coward, McCann & Geoghegan, 1971), p. xix.

14. *Ibid.*, p. xiii.

15. Peter Rabbit, *Drop City* (Nova York: Olympia, 1971), p. ii.

16. Houriet, p. xxxiv.

17. *Ibid.*, p. 38.

18. Michael Weiss, *Living Together: A Year in the Life of a City Commune* (Nova York: McGraw Hill, 1974), p. 94.

19. *Ibid.*

20. Stephen Diamond, *What the Trees Said: Life on a New Age Farm* (Nova York: Delacorte Press, 1971), p. 30.

21. Weiss, p. 173.

22. Houriet, p. 14.

23. *Ibid.*, p. xxxiv.

24. Weiss, p. 9.

25. *Ibid.*

26. Diamond, p. 17.

27. *Ibid.*, p. 18.

28. Hibler, p. 40.

29. B. F. Skinner, *Walden Two* (Nova York: Macmillan, 1976), p. 279.

30. *Ibid.*, 24.

31. *Ibid.*, 262.

32. *Ibid.*, 274.

33. *Ibid.*, 111.

34. *Ibid.*, 301.

35. *Ibid.*, vii.

36. *Ibid.*, xvi.

37. Peter Thiel, "The Education of a Libertarian", *Cato Unbound*, 13 de abril de 2009. Disponível em: <https://www.cato-unbound.org/2009/04/13/peter-thiel/education-libertarian>. Acesso em: 7 set. 2020.

38. Hannah Arendt, *The Human Condition* (Chicago: University of Chicago Press, 1998), p. 222.

39. *Ibid.*, p. 227.

40. *Ibid.*, p. 222.

41. Houriet, p. 11.

42. *Ibid.*, p. 13.

43. *Ibid.*, p. 24.

44. Mella Robinson, "An island nation that told a libertarian 'seasteading' group it could build a floating city has pulled out of the deal", *Business Insider*, 14 de março de 2018. Disponível em: https://www.businessinsider.com/french-polynesia-ends-agreement-with-peter-thiel-seasteading-institute-2018-3>. Acesso em: 7 set. 2020.

45. Maureen Dowd, "Peter Thiel, Trump's Tech Pal, Explains Himself", *The New York Times*, 11 de janeiro de 2017. Disponível em: <https://www.nytimes.com/2017/01/11/fashion/peter-thiel-donald-trump-silicon-valley-technology-gawker.html>. Acesso em: 7 set. 2020.

46. Arendt, p. 227.

47. Susan X Day, "Walden Two at Fifty", *Michigan Quarterly Review* XXXVIII (Verão de 1999). Disponível em: <http://hdl.handle.net/2027/spo.act2080.0038.211>. Acesso em: 7 set. 2020.

48. B. F. Skinner, *The Shaping of a Behaviorist* (Nova York: Alfred A. Knopf, 1979), p. 330 (conforme citado em "Walden Two at Fifty").

49. Brian Dillon, "Poetry of Metal", *The Guardian*, 24 de julho de 2009. Disponível em: <https://www.theguardian.com/books/2009/jul/25/vladimir-tatlins-tower-st-petersburg>. Acesso em: 7 set. 2020.

50. Hans-Joachim Müller, *Harald Szeemann: Exhibition Maker* (Berlim: Hatje Cantz, 2006), p. 40.

51. *Ibid.*, p. 83.

52. *Ibid.*, p. 55.

53. Weiss, p. 176.

54. Ursula K. Le Guin, *The Dispossessed: An Ambiguous Utopia* (Nova York: Harper & Row, 1974), p. 78. *Os despossuídos*, Editora Aleph, 2016.

55. Charles Kingsley, *The Hermits* (Londres: Macmillan, 1913), p. 24.

56. Edward Rice, the Man in the Sycamore Tree: *The Good Times and Hard Life of Thomas Merton* (San Diego, CA: Harcourt, 1985), p. 31.

57. *Ibid.*, p. 48.

58. Robert Giroux, "Thomas Merton's Durable Mountain", *The New York Times*, 11 de outubro de 1998. Disponível em: <https://archive.nytimes.com/www.nytimes.com/books/98/10/11/bookend/bookend.html?module=inline>. Acesso em: 7 set. 2020.

59. Thomas Merton, *Conjectures of a Guilty Bystander* (Berkeley: University of California Press, 1968), p. 156.

60. Thomas Merton, *Contemplation in a World of Action* (Berkeley: University of California Press, 1971), p. 149.

61. William Deresiewicz, "Solitude and Leadership", *The American Scholar*, 1 de março de 2010. Disponível em: <https://theamericanscholar.org/solitude-and-leadership/>. Acesso em: 7 set. 2020.

Capítulo 3

1. Pump House Gallery, "Pilvi Takala —The Trainee". Disponível em: <https://pumphousegallery.org.uk/posts/the-trainee>. Acesso em: 9 set. 2020.

2. Christy Lange, "In Focus: Pilvi Takala", *Frieze*, 1 de maio de 2012. Disponível em: <https://frieze.com/article/focus-pilvi-takala>. Acesso em: 9 set. 2020.

3. *Ibid.*

4. Pumphouse Gallery, "Pilvi Takala—The Trainee".

5. Alan Duke, "New clues in planking origins mystery", *CNN*, 14 de julho de 2011. Disponível em: <http://www.cnn.com/2011/SHOWBIZ/celebrity.news.gossip/07/13/planking.roots/>. Acesso em: 9 set. 2020.

6. Luis E. Navia, *Diogenes of Sinope: The Man in the Tub* (Westport, CT: Greenwood Press, 1998), p. 122.

7. Thomas McEvilley, "Diogenes of Sinope (c. 410–c. 320 B.C.): Selected Performance Pieces", *Artforum* 21, março de 1983, p. 59.

8. Navia, p. 61.

9. McEvilley, p. 58.

10. Navia, p. 48.

11. *Ibid.*, p. 23.

12. McEvilley, p. 58–59.

13. Navia, p. 110.

14. Anthony K. Jensen, "Nietzsche's Unpublished Fragments on Ancient Cynicism: The First Night of Diogenes", em *Nietzsche and Antiquity: His Reaction and Response to the Classical Tradition*, ed. Paul Bishop (Rochester, NY: Camden House, 2004), p. 182.

15. *The Cynics: The Cynic Movement in Antiquity and Its Legacy*, ed. R. Bracht Branham e Marie-Odile Goulet-Cazé (Berkeley: University of California Press, 2000), p. vii.

16. Navia, p. 65.

17. Herman Melville, "Bartleby, the Scrivener: A Tale of Wall Street", *Billy Budd, Sailor and Selected Tales* (RU: Oxford University Press, 2009), p. 28. Bartleby, o escrivão.

18. *Ibid.*, p. 31.

19. Alexander Cooke, "Resistance, potentiality and the law: Deleuze and Agamben on 'Bartleby'", em *Agamben and Law*, ed. Thanos Zartaloudis (Abingdon, RU: Routledge, 2016), p. 319.

20. Cooke, p. 319.

21. Melville, p. 23.

22. Margaret Y. Henry, "Cicero's Treatment of the Free Will Problem", *Transactions and Proceedings of the American Philological Association* 58 (1927), p. 34.

23. *Ibid.*

24. Navia, p. 63.

25. Carol Becker, "Stilling the World", em *Out of Now: the Lifeworks of Tehching Hsieh*, ed. Adrian Heathfield (Cambridge, MA: The MIT Press, 2015), p. 367.

26. Mary Jane Jacobs e Jacquelyn Bass, *Tehching Hsieh: An Interview, streaming de vídeo*, 2012. Disponível em: <https://www.kanopy.com/wayf/video/tehching-hsieh-interview>. Acesso em: 9 set. 2020.

27. Becker, p. 367.

28. Henry David Thoreau, *Walden, Volume 1* (Boston: Houghton Mifflin, 1897), p. 143.

29. Henry David Thoreau, *On the Duty of Civil Disobedience* (Londres: The Simple Life Press, 1903), p. 19.

30. A expressão "cingir os lombos" era usada em tempos bíblicos e dizia respeito a levantar e amarrar a túnica para que todo o tecido ficasse acima dos joelhos, a fim de que a pessoa pudesse correr, trabalhar ou lutar.

31. *Ibid.*, p. 33.

32. Thoreau, *On the Duty of Civil Disobedience*, p. 12.

33. David F. Selvin, *A Terrible Anger: The 1934 Waterfront and General Strikes in San Francisco* (Detroit, MI: Wayne State University Press, 1996), p. 39.

34. Mike Quin, *The Big Strike* (Nova York: International Publishers, 1979), p. 39.

35. *Ibid.*, p. 42.

36. Warren Hinckle, *The Big Strike: A Pictorial History of the 1943 San Francisco General Strike* (Virginia City, NV: Silver Dollar Books, 1985), p. 41.

37. Quin, p. 50.

38. *Ibid.*, p. 48.

39. Selvin, p. 15.

40. Tillie Olsen, "The Strike", *Writing Red: An Anthology of American Women Writers, 1930-1940*, ed. Charlotte Nekola e Paula Rabinowitz (Cidade de Nova York, University of New York: The Feminist Press, 1987), p. 250.

41. William T. Martin Riches, *The Civil Rights Movement: Struggle and Resistance* (Nova York: St. Martin's Press, 1997), p. 43.

42. Jeanne Theoharis, *The Rebellious Life of Mrs. Rosa Parks* (Boston: Beacon Press, 2015), p. 155.

43. Navia, p. 23.

44. Eugene E. Pfaff, Jr., *Keep on Walkin', Keep on Talkin': An Oral History of the Greensboro Civil Rights Movememnt* (Greensboro, NC: Tudor, 2011), p. 178.

45. *Ibid.*, p. 108.

46. Stu Schmill, "Policies, Principles and Protests", *MIT Admissions*, 22 de fevereiro de 2018. Disponível em: <https://mitadmissions.org/blogs/entry/policies-principles-and-protests/>. Acesso em: 9 set. 2020.

47. Selvin, p. 21.

48. *Ibid.*, p. 35.

49. Jacob S. Hacker, *The Great Risk Shift: The New Economic Insecurity and the Decline of the American Dream* (RU: Oxford University Press, 2008), p. 66.

50. *Ibid.*, p. 66.

51. Jacob S. Hacker, "Worked Over and Overworked", *The New York Times*, 20 de abril de 2008. Disponível em: <https://www.nytimes.com/2008/04/20/business/20workexcerpt.html>. Acesso em: 9 set. 2020.

52. Barbara Ehrenreich, *Nickel and Dimed: On (Not) Getting by in America* (Nova York: Henry Holt and Company, 2001), p. 106.

53. Steven Greenhouse, *The Big Squeeze: Tough Times for the American Worker* (Nova York: Alfred A. Knopf, 2008), p. 13.

54. Talia Jane, postagem no Twitter, 16 de setembro de 2018. Disponível em: <https://twitter.com/itsa_talia/status/1041112149446348802>. Acesso em: 9 set. 2020.

55. Tiger Sun, "Duck Syndrome and a Culture of Misery", *Stanford Daily*, 13 de

janeiro de 2018. Disponível em: <https://www.stanforddaily.com/2018/01/31/duck-syndrome-and-a-culture-of-misery/>. Acesso em: 9 set. 2020.

56. Paris Martineau, "The Future of College Is Facebook Meme Groups", *New York Magazine*, 10 de julho de 2017. Disponível em: <https://nymag.com/intelligencer/2017/07/martin-shkreli-teens-and-college-facebook-meme-groups.html>. Acesso em: 9 set. 2020.

57. Brandon Walker, "Non CS reaccs only", postagem no Facebook, em Stanford Memes for Edgy Trees, 2 de julho de 2018. Disponível em: <https://www.facebook.com/groups/StanfordMemes/permalink/2299623930064291/>. Acesso em: 9 set. 2020.

58. Martin Altenburg, "Oldie but a goodie", postagem no Facebook, em Stanford Memes for Edgy Trees, 28 de agosto de 2018. Disponível em: <https://www.facebook.com/groups/StanfordMemes/permalink/2405197476173602/>. Acesso em: 9 set. 2020.

59. Julie Liu, "when you get your summer internship and celebrate committing yourself to being yet another cog in the vast capitalist machine", postagem no Facebook, em UC Berkeley Memes for Edgy Teens, 16 de junho de 2018. Disponível em: <https://www.facebook.com/groups/UCBMFET/permalink/2135605103384176/>. Acesso em: 9 set. 2020.

60. Malcolm Harris, *Kids These Days: Human Capital and the Making of Millennials* (Nova York: Little, Brown & Company, 2017), p. 83.

61. *Ibid.*, p. 86.

62. Laura Portwood-Stacer, "Media refusal and conspicuous non-consumption: The performative and political dimensions of the Facebook abstention", *New Media & Society* 15, nº 7 (dezembro de 2012): p. 1054.

63. Grafton Tanner, "Digital Detox: Big Tech's Phony Crisis of Conscience", *Los Angeles Review of Books*, 9 de agosto de 2018. Disponível em: <https://lareviewof books.org/article/digital-detox-big-techs-phony-crisis-of-conscience/#!>. Acesso em: 9 set. 2020.

64. Navia, p. 141.

65. *Ibid.*, 125. Navia observa que a expressão "mar de ilusão" também se traduz como "mar de névoa cor de vinho", uma outra imagem do *typhos*.

66. Jonathan Crary, *24/7: Late Capitalism and the Ends of Sleep* (Londres: Verso Books, 2013), p. 17.

67. Jacobs and Bass, *Tehching Hsieh: An Interview*.

Capítulo 4

1. John Cage, "Four Statements on the Dance", in *Silence: Lectures and Writings by John Cage* (Middletown, CT: Wesleyan University Press, 2010), p. 93.
John Cage, Silêncio: Conferências e escritos de John Cage. 1ª ed. Rio de Janeiro: Editora Cobogó, 2005.

2. Lawrence Weschler, *True to Life: Twenty-Five Years of Conversations with David Hockney* (Berkeley: University of California Press, 2008), p. 6.

3. *Ibid.*, p. 10.

4. *Ibid.*

5. David Hockney e Lawrence Weschler, *Cameraworks* (Nova York: Alfred Knopf, 1984), p. 17.

6. Weschler, p. 33.

7. *Punctum* e *studium* são conceitos elaborados por Roland Barthes no livro *A câmara clara*, um clássico da teoria fotográfica. O *punctum* forma, com o *studium*, a dualidade que norteia o interesse por uma fotografia. Seriam, em outras palavras: o objetivo (*studium*) e o subjetivo (*punctum*) da fotografia.

8. David Hockney, *That's the Way I See It* (San Francisco: Chronicle Books, 1993), p. 112.

9. David Hockney e Marco Livingstone, *David Hockney: My Yorkshire* (Londres: Enitharmon Editions, 2011), p. 60.

10. Martin Buber, *I and Thou*, trad. Walter Kaufmann (Nova York: Touchstone,1996), p. 109.
Martin Buber, *Eu e Tu*, 1ª ed. São Paulo: Editora Centauro, 1974.

11. *Ibid.*, p. 58.

12. *Ibid.*, p. 58–59.

13. Emily Dickinson, "359 – A bird came down the walk", *The Poems of Emily Dickinson: Variorum Edition*, ed. R. W. Franklin (Cambridge, MA: Belknap Press, 1998), p. 383-384.

14. Arthur C. Danto, *Unnatural Wonders: Essays from the Gap Between Art and Life* (Nova York: Farrar, Straus, and Giroux, 2005), p. 191.

15. "A neuroscientist has just developed an app that, after repeated use, makes you see farther. Absolutely astonishing and 100% real" ["Neurocientista desenvolveu aplicativo que, após uso repetido, nos permite enxergar mais longe. Absolutamente incrível e 100% real"]. *The New Reddit Journal of Science*, 2014. Disponível em: <https://www.reddit.com/r/science/comments/1y9m6w/a_neuroscientist_has_just_developed_an_app_that/>. Acesso em: 10 set. 2020.

16. Derisan, "The Dumbest", Review de ULTIMEYES na App Store, 24 de março de 2017.

17. Arien Mack and Irvin Rock, Inattentional Blindness (RU: Oxford University Press, 1998), p. 66.

18. *Ibid.*, p. 71.

19. Jessica Nordell, "Is This How Discrimination Ends?", *The Atlantic*, 7 de maio de 2017. Disponível em: <https://www.theatlantic.com/science/archive/2017/05/unconscious-bias-training/525405/>. Acesso em: 10 set. 2020.

20. William James, *Psychology* (Nova York: Henry Holt and Company, 1890), p. 227.

21. *Ibid.*, 453.

22. *Ibid.*

23. James Williams, "Why It's OK to Block Ads", *Practical Ethics*, 16 de outubro de 2015. Disponível em: <http://blog.practicalethics.ox.ac.uk/2015/10/why-its-ok-to-block-ads/>. Acesso em: 10 set. 2020.

24. Devangi Vivrekar, "Persuasive Design Techniques in the Attention Economy: User Awareness, Theory, and Ethics", tese de mestrado, Stanford University, 2018, p. 17.

25. *Ibid.*, p. 68.

26. *Ibid.*, p. 46.

27. *Ibid.*, p. 48.

28. William James, *The Principles of Psychology*, Volume 1 (Nova York: Dover, 1918), p. 403.

29. *The Biosphere and the Bioregion: Essential Writings of Peter Berg*, ed. Cheryll Glotfelty e Eve Quesnel (Abingdon, RU: Routledge, 2014).

Capítulo 5

1. Gary Snyder, *The Practice of the Wild* (Berkeley, CA: Counterpoint Press, 2010), p. 17.
2. David Foster Wallace, *This Is Water: Some Thoughts, Delivered on a Significant Occasion, about Living a Compassionate Life* (Nova York: Little, Brown and Company, 2009), p. 79.
3. *Ibid.*, p. 94.
4. Louis Althusser, *Philosophy of the Encounter — Later Writings, 1978-1987*, ed. François Matheron e Oliver Corpet, trad. G. M. Goshgarian (Londres: Verso Books, 2006), p. 185.
5. Rebecca Solnit, *A Paradise Built in Hell: The Extraordinary Communities that Arise in Disaster* (Nova York: Penguin, 2010), p. 155.
6. *Ibid.*, p. 32.
7. Sarah Schulman, *The Gentrification of the Mind: Witness to a Lost Imagination* (Berkeley: University of California Press, 2013), p. 30.
8. Alan Watts, *Ego* (Millbrae, CA: Celestial Arts, 1975), p. 15.
9. Michael Pollan, "My Adventures with the Trip Doctors", *The New York Times*, 15 de maio de 2018. Disponível em: <https://www.nytimes.com/interactive/2018/05/15/magazine/health-issue-my-adventures-with-hallucinogenic-drugs-medicine.html>. Acesso em: 11 set. 2020.
10. Francisco Varela, Evan Thompson, Eleanor Rosch, *A mente corpórea: ciência cognitiva e experiência humana*, 1ª ed. São Paulo, Instituto Piaget, 2001.
11. Robin Wall Kimmerer, *Braiding Sweetgrass: Indigenous Wisdom, Scientific Knowledge, and the Teachings of Plants* (Minneapolis, MN: Milkweed Editions, 2013), p. 208.
12. *Ibid.*, p. 209.
13. Abram, p. 71.
14. *Reinventing the Enemy's Language: Contemporary Native Women's Writings of North America*, ed. Gloria Bird e Joy Harjo (Nova York: W. W. Norton & Company, 1997), p. 24.

15. Kimmerer, p. 162.

16. Chris J. Cuomo, *Feminism and Ecological Communities: An Ethic of Flourishing* (Londres: Routledge, 1998), p. 106.

17. Aldo Leopold, *A Sand County Almanac: Essays on Conservation from Round River* (Nova York: Ballantine Books, 1970), p. 189–90.

18. Audre Lorde, *Sister Outsider: Essays and Speeches by Audre Lorde* (Berkeley,CA: Crossing Press, 2007), p. 120.
    Audre Lorde, *Irmã Outsider*, 1ª ed., São Paulo, Editora Autêntica, 2018.

19. *Ibid.*, p. 11.

20. Schulman, p. 36.

21. *Ibid.*, p. 33.

Capítulo 6

1. Henry David Thoreau, "Walking", *The Atlantic*, junho de 1862. Disponível em: <https://www.theatlantic.com/magazine/archive/1862/06/walking/304674/>. Acesso em: 11 set. 2020.
   Henry David Thoreau, *Caminhando*, 1a ed., São Paulo: Editora José Olympio, 2007.

2. Virginia Morell, "Woodpeckers Partner with Fungi to Build Homes", *Science*, 22 de março de 2016. Disponível em: <https://www.sciencemag.org/news/2016/03/woodpeckers-partner-fungi-build-homes>. Acesso em: 11 set. 2020.

3. Oliveros, *Deep Listening*, p. xxv.

4. Alice E. Marwick e Danah Boyd, "I tweet honestly, I tweet passionately: Twitter users, context collapse, and the imagined audience", *New Media and Society* 13 (1).

5. Joshua Meyrowitz, *No Sense of Place: The Impact of Electronic Media on Social Behavior* (RU: Oxford University Press, 1985), p. 17.

6. *Ibid.*, p. 18.

7. Martin Luther King, Jr., *Stride Toward Freedom: The Montgomery Story* (Boston: Beacon Press, 2010), p. 32-55.

8. David Kirkpatrick, *The Facebook Effect: The Inside Story of the Company That Is Connecting the World* (Nova York: Simon and Schuster, 2010), p. 199.

9. Veronica Barassi, "Social Media, Immediacy, and the Time for Democracy", em *Critical Perspectives on Social Media and Protest: Between Control and Emancipation* (Londres: Rowman & Littlefield, 2015), p. 82.

10. *Ibid.*, p. 83.

11. *Ibid.*, p. 84.

12. Loving Grace Cybernetics, "From Community Memory!!!" 1972. Disponível em: <https://people.well.com/user/szpak/cm/cmflyer.html>. Acesso em: 11 set. 2020.

13. Steve Silberman, *NeuroTribes: The Legacy of Autism and the Future of Neurodiversity* (Nova York: Avery Publishing, 2015), p. 258–259.

14. *Interzone* é o título de um livro de William Burroughs, mas também é a zona internacional em Tânger, Marrocos, onde o autor viveu por um tempo. Na adaptação para o cinema de *Almoço Nu,* o diretor David Cronenberg criou uma versão expressionista da Interzona, cidade internacional, planetária, habitada por seres originários de cruzamentos múltiplos entre todas as raças.

15. Randall Stross, "Meet Your Neighbors, If Only Online", *The New York Times*, 12 de maio de 2012. Disponível em: <https://www.nytimes.com/2012/05/13/business/on-nextdoorcom-social-networks-for-neighbors.html>. Acesso em: 11 set. 2020.

16. Nextdoor, "Advertising on Nextdoor". Disponível em: <https://ads.nextdoor.com/>. Acesso em: 11 set. 2020.

17. Oliver Leistert, "The Revolution Will Not Be Liked: On the Systemic Constraints of Corporate Social Media Platforms for Protests", *in Critical Perspectives on Social Media and Protest: Between Control and Emancipation* (Londres: Rowman & Littlefield, 2015), p. 41.

18. Ian Bogost, "Meet the Nomad Who's Exploding the Internet Into Pieces", *The Atlantic*, 22 de maio de 2017. Disponível em: <https://www.theatlantic.com/technology/archive/2017/05/meet-the-counterantidisintermediationists/527553/>. Acesso em: 11 set. 2020.

19. Sudo Room, "Sudo Mesh". Disponível em: <https://sudoroom.org/wiki/Mesh>. Acesso em: 11 set. 2020.

20. People's Open, "About". Disponível em: <https://peoplesopen.net/about/>. Acesso em: 11 set. 2020.

21. Hannah Arendt, *The Human Condition* (University of Chicago Press, 1998), p. 201. Hannah Arendt, *A condição humana*, 1ª ed, São Paulo: Editora Forense Universitária, 1970.

22. *Ibid.*

23. David and Lauren Hogg, *#NeverAgain: A New Generation Draws the Line* (Nova York: Penguin Random House, 2018), p. 70.

24. Donna J. Haraway, *Staying with the Trouble*, p. 81.

Conclusão

1. Wendell Berry, "A Native Hill", *in The Art of the Commonplace: The Agrarian Essays of Wendell Berry*, ed. Norman Wirzba (Berkeley, CA: Counterpoint Press, 2002), p. 27.

2. Leopold, *A Sand County Almanac*, p. 197.

3. T. L. Simons citado *in* "Long Lost Oakland", *Kickstarter*, 2018. Disponível em: <https://www.kickstarter.com/projects/eastbayyesterday/long-lost-oakland>. Acesso em: 15 set. 2020.

4. Walter Benjamin, "Theses on the Philosophy of History", em *Illuminations*, ed. Hannah Arendt, trans. Harry Zohn (Nova York: Schocken, 2007), p. 257. Walter Benjamin, *Sobre o conceito de história*, 1ª ed, São Paulo: Editora Brasiliense, 1940.

5. Martha A. Sandweiss, "John Gast, American Progress, 1872", Picturing United States History. Disponível em: <https://picturinghistory.gc.cuny.edu/john-gast-american-progress-1872/>. Acesso em: 15 set. 2020.

6. George Crofutt, *Crofutt's Trans-Continental Tourist, Containing a Full and Authentic Description of Over Five Hundred Cities, Towns, Villages, Stations, Government Forts and Camps, Mountains, Lakes, Rivers; Sulphur Soda, and Hot Springs; Scenery, Watering Places, Summer Resorts* (Nova York: Geo. A. Crofutt, 1874), p. 1.

7. Teresa L. Carey, "With San Clemente Dam gone, are steelhead trout about to make comeback on the Carmel River?", *The Mercury News*, 7 de julho de 2017. Disponível em: <https://www.mercurynews.com/2017/07/07/with-san-clemente-dam-gone-are-steelhead-trout-about-to-make-comeback-on-the-carmel-river/>. Acesso em: 15 set. 2020.

8. Lindsey Hoshaw, "Biologists Watch Steelhead Return After Historic Dam Removal", *KQED*, 7 de setembro de 2017. Disponível em: <https://www.kqed.org/science/1860284/biologists-watch-steelhead-return-after-historic-dam-removal>. Acesso em: 15 set. 2020.

9. Steve Rubenstein, "How a dam's destruction is changing environmental landscape", *The San Francisco Chronicle*, 6 de agosto de 2015. Disponível em: <https://www.sfchronicle.com/bayarea/article/How-a-dam-s-destruction-is-changing-6430111.php>. Acesso em: 15 set. 2020.

10. California American Water, "San Clemente Dam Removal Update — Year 3", 9 de fevereiro de 2016. Disponível em: <https://www.youtube.com/watch?v=hNANijh-7sU#t=26>. Acesso em: 15 set. 2020.

11. Leopold, p. 240.

12. Masanobu Fukuoka, *One Straw Revolution: An Introduction to Natural Farming* (Nova York: New York Review Books, 2009), p. 19.

13. *Ibid.*, p. 8.

14. Jedediah Purdy, *After Nature: A Politics for the Anthropocene* (Cambridge, MA: Harvard University Press, 2015), p. 200.

15. Peter Berg, "A San Francisco Native Plant Sidewalk Garden", *in The Essential Writings of Peter Berg*, ed. Cheryll Glotfelty e Eve Quesnel (Londres: Routledge, 2015), p. 107.

16. Cecily Burt, "Film traces destruction of Emeryville shellmound", East Bay Times, 17 de agosto de 2016. Disponível em: <https://www.eastbaytimes.com/2005/06/03/film-traces-destruction-of-emeryville-shellmound/>. Acesso em: 15 set. 2020.

17. Coalition to Save the West Berkeley Shellmound & Village Site, "An Ohlone Vision for the Land", Shellmound — Ohlone Heritage Site and Sacred Grounds. Disponível em: <https://shellmound.org/learn-more/ohlone-vision/>. Acesso em: 15 set. 2020.

18. James Bridle, "Something is wrong on the internet", *Medium*, 6 de novembro de 2017. Disponível em: <https://medium.com/@jamesbridle/something-is-wrong-on-the-internet-c39c471271d2>. Acesso em: 15 set. 2020.

19. Paul Lewis, "'Our minds can be hijacked': the tech insiders who fear a

smartphone dystopia", *The Guardian*, 6 de outubro de 2017. Disponível em: <https://www.theguardian.com/technology/2017/oct/05/smartphone-addiction-silicon-valley-dystopia>. Acesso em: 15 set. 2020.

20. Cuomo, *Feminism and Ecological Communities*, p. 109.

21. Wolin, Walter Benjamin, p. 49.

22. Benjamin, p. 255.

23. Nancy Nadel, discurso de inauguração da torre de observação Chappell R. Hayes, 14 de janeiro de 2004. Disponível em: <http://www.kimgerly.com/nancynadel/docs/chappell_011404.pdf>. Acesso em: 15 set. 2020.

Índice remissivo

24/7: Late Capitalism and the Ends of Sleep [*24/7: Capitalismo tardio e o fim do sono*](Crary), 92

4'33" (Cage), 100

"A árvore inútil" (Chuang-Tzu), xv, xix, 200

A Bigger Splash (Hockney), 95

"A Bird came down the walk" ["Um pássaro pousou na calçada"] (Dickinson), 104-6

abadia de Gethsemani (Kentucky), 56

Abernathy, Ralph, 161

Abram, David, 19-20, 27, 144

Ace Hotel (Palm Springs), 142

Ackerman, Jennifer, 18

afastamento, 7-8

After Nature: A Politics for the Anthropocene [*Pós-natureza: uma política para o antropoceno*] (Purdy), 194

After the Future [*Depois do Futuro*],(Berardi), 16, 21, 79

"Age, Race, Class, and Sex: Women Redefining Difference" ["Idade, raça, classe e sexo: mulheres redefinindo diferenças"] (Lorde), 150

Agnew, Spiro, 41

Agricultura, fazer nada, 192-94

agricultura da Nova Era, 39

"Agricultura do fazer nada", 192-94

airbnb, 31

Alexander, o grande, 63, 65

alfândega da Yokohama, Divisão de Inspeção de Plantas (Japão), 193

algoritmos de *playlists* do Spotify, 135

alunos da Marjory Stoneman Douglas High School em ativismo de controle de armas (Parkland, Florida), 81, 178

Althusser, Louis, 130

American Progress [Progresso americano] (Gast), 188

anarquismo, 38, 48, 49, 54, 55

anfiteatro de Rosas Morcon. *Ver* Rose Garden (Oakland)

Anjo da História, 188, 189, 201

Angelus Novus (Klee), 187

animais
e "solidão da espécie" humana, 141, 144
parentesco, 26
perspectivas, 19, 99
Ver também observação de pássaros; compreensão ecológica

Antônio, Santo, 54-55

Antropoceno, 181, 195

"Anthropocene, Capitalocene, Plantationocene, Chthulucene: Making Kin" ["Antropoceno, Capitaloceno, Plantaçãoceno, Chthuluceno: criando parentesco"], (Haraway), 26

Antístenes, 63

anúncio "almoço tunado" da NEC, 14

A Paradise Built in Hell: The Extraordinary Communities that Arise in Disaster (Solnit) [*Um paraíso construído no inferno: comunidades extraordinárias que surgem em desastres*], 26, 132, 134

Applause Encouraged [*Aplauso encorajado*] (Polach), 4

A República (Platão), 47

Arendt, Hannah, 47-48, 50, 176, 178

arquitetura de retenção de atenção, 4, 7

"arrastar para atualizar", 198

arte digital, xiii, 95, 120-21

arte, *performance*, 61-65, 70-71

arte e atenção

    arquitetura de retenção de atenção, 4, 7

    fotografia e fenomenologia de ver/observar, de Hockney, 97-99, 138

    perspectiva de ponto de fuga, 98-99

    sons e *performances* de Cage, 100-101, 110, 121

arte pública, 3, 4, 101

Artforum, 64

Árvores

    árvore de Jack London em Oakland, xiv, 186

    árvores de navegação da baía de São Francisco, xiv

    encontros Eu-Isso/Eu-Tu com, 103-106, 129

    história de Chuang-Tzu sobre a árvore inútil, xv, xix, 200

    sequoias antigas de East Bay Hills, xiii-xv, 186

    "Velho Sobrevivente," xiv-xiv, 189

árvores de navegação (baía de São Francisco), xiv

Atanásio, 54

ataraxia, 33

atenção, padrões de

    contagiosidade de, xxii

    renderização da realidade, xxiii, 119-121, 125

atenção sustentada, xxii-xxiii, 6-12, 22-29, 113, 125-26

    arquitetura de retenção de atenção, 4, 7

    atenção à realidade, 92-119

    atenção e duração, 7, 107

    atenção visual e cegueira não intencional, 109-110

    audição, 6, 110, 156

    concentração individual e coletiva, 79

contagiosidade de, xxii

escuta profunda, 5, 20

e curiosidade, 96

encontros Eu-Tu, 106, 118, 132, 177

fotografia e fenomenologia de ver/
observar, de Hockney, 97-99, 138

papel da disciplina/vontade em, xvi,
69-74, 90, 111

perspectiva de ponto de fuga 98-99

pesquisa neurocientífica sobre
treinamento de atenção, 109-112

renderização da realidade, xxiii, 119-
121, 125

tendências visuais, 110-112, 115

ativismo

alunos da Marjory Stoneman
Douglas High School, 81, 178

atos em massa de recusa coletiva, 81

Espanha, 164

fazer nada como um ato de, xi,
xxii-xxiii

greve de trabalhadores das docas
(1934), 76-8, 84, 87

mídias sociais e, 163, 173, 176-178

movimento pelos direitos civis, 82-
84, 162, 178-179

Ver também recusa no lugar

ativistas espanhóis, 163-164

autocuidado, 21-23, 86

bacias hidrográficas, 121, 144

Badè, William Frederic, 8

Baltimore News-American, 41

Barassi, Veronica, 163-164, 173, 176

Bartleby, o escrivão (Melville), xx, 66-70,
81, 90

Bateman, Hallie, 127

Becker, Carol, 71

Becoming Animal [Tornando-se animal]
(Abram), 19-20, 27, 144

Benjamin, Walter, ix, 187, 200

Bennett, L. Roy, 161

Bennett College (Greensboro, North
Carolina), 81

Berardi, Franco "Bifo," 12-14, 16, 21-22,
79

Berg, Peter, xviii, 121, 196

Berkeley Art Museum, 53, 167

Berry, Wendell, 186, 192

Beuys, Joseph, 52

bibliotecas, 5, 11-12, 45, 131, 175

biorregião de Cascadia (noroeste do
Pacífico), 147

biorregionalismo, xviii, 121-22, 147-53,
196

e cidadania, xviii

e fronteiras, 147

Bird, Gloria, 145

Black Rock, deserto, 31

Blake, William, 102

Blender (programa de modelagem 3-D
de código aberto), 119-120

Blindspotting [Ponto cego] (filme), 117,
119, 130

229

blog "Practical Ethics"[Ética prática], da Universidade de Oxford, 113

Blossom Rock (baía de São Francisco), xv

Blue Green Black Red (Kelly), 107

Bogost, Ian, 171, 174-75

boicote aos ônibus de Montgomery (1955-56), 80, 161,178

Boyd, Danah, 158

Braiding Sweetgrass: Indigenous Wisdom, Scientific Knowledge, and the Teachings of Plants [*Trança de erva-doce: sabedoria indígena, conhecimento científico e ensinamentos sobre plantas*] (Kimmerer), 141, 144, 180

Braxton, Toni, 135

Brichter, Loren, 198

Brier, Royce, 78

Bryn Athyn (Stratford, Vermont), 40, 48-49

Buber, Martin, 103-104, 107, 118, 131

Budismo, 34

Burning Man, 30-31

BYTE (revista), 14

cabeceiras de rio, 149-150

Cabrillo National Monument (San Diego), 4

Cage, John, 51, 70-71, 100-101, 121

caixa de Skinner, 43, 46

California Academy of Science, 121

California American Water, 190

Camp Grounded (Mendocino), 29-34

campus da Apple (Cupertino), 94, 124

cânion Murray nas montanhas San Jacinto, 143

Cannery Row [*A rua das ilusões perdidas*] (Steinbeck), 3

Carlsson, Chris, 196

Carter, Evelyn R., 119

Casal, Rafael, 117

cegueira não intencional, 108-09

Cernovich, Mike, 158

Chaplin, Sarah, 12

Chirico, Giorgio de, x

Choi, Taeyoon, 172

Chthuluceno, 26, 181

Chuang-Tzu, xv-xvi, 63, 73, 194, 201

Cícero, 69

"Cicero's Treatment of the Free Will Problem" ["Tratamento de Cícero sobre o problema do livre-arbítrio"], (Henry), 69

Cleese, John, 9

colapso do contexto, xxi, 158-159, 163, 176-79, 181

coleção de contextos, xxi, 176

compreensão ecológica e atenção ao mundo supra-humano, xxii, 150-154

bacias hidrográficas e água potável, 121

biorregionalismo, xviii, 121-122, 148, 153, 196

conhecer seus vizinhos e seu bairro, 26, 132, 134

Correção Manifesta, 186-204

expandir nossa atenção para fora dos limites de nosso "Eu" imaginário, 136

histórias indígenas e agentes não humanos, 145-147

o próprio ecossistema, 146

observação de pássaros, 5-6, 107, 143, 154, 156

parentesco com animais, 26

perspectivas animais, 19

"solidão da espécie" humana, 141-144

comunidade de Drop City, 37, 51, 53, 167

comunidades dos anos 1960, 35-42

composição racial e papéis domésticos tradicionais, 39

duas etapas na evolução de, 42

Drop City, 37, 51, 53, 167

Hauptstrom e o legado de, 52-53

Houriet sobre, 36-40, 42, 48-49, 52, 55

pluralidade e, 50

política interna e conflitos pessoais, 40

relações com sociedade capitalista, 36-38

conectividade

Berardi sobre, 22, 79

conveniência do ilimitado, x

Contemplation in a World of Action [*Contemplação num mundo de ação*] (Merton), 57, 60

contemptus mundi, 56, 60

Conversações (Deleuze), 2

Cooke, Alexander, 68

Coppola, Eleanor, 3-4, 101

Corpo de engenheiros do exército, xv

Correção Manifesta, 186-204

"agricultura do fazer nada", 192-194

colaboração e parceria com a natureza, 192

e Anjo da História de Benjamin, 188-289, 201

exemplos contemporâneos de, 196-98

remoção da barragem de San Clemente, 190-192

corvos, 18-19, 26, 105, 140, 155

Cox, Will, 111

Crary, Jonathan, 92

Crates, 92

Crofutt, George A., 188

cubismo, 98-100

Cuomo, Chris J., 146, 199

Cupertino, California, xiii, 94-95, 122-124

bairro Rancho Rinconada, 122

riacho Calabazas, 123-125

shopping centers, 94, 124

Cupertino Crossroads (shopping center), 94, 124

d'Alembert, Jean-Baptiste le Rond, 65

Dahan, Jonathan, 174

Danto, Arthur C., 106

Davies Symphony Hall (São Francisco), 100

Day, Susan X., 50

Dean, Brooke, 29

De Fato (Cícero), 69

Deep Listening: A Composer's Sound Practice [*Escuta profunda: a prática sonora de um compositor*] (Oliveros), 5-6, 156

Deleuze, Gilles, 2, 10, 66, 68

Deloitte (empresa), 61, 65, 67

Demétrio I da Macedônia, 33

Demócrito, 34

Departamento de Agricultura dos Estados Unidos, 38

Departamento de planejamento urbano de São Francisco, xiii

Departamento Sanitário da Cidade de Nova York, 23

Der Hang Zum Gesamtkunstwerk [*Tendência rumo à arte total*] (Szeemann show), 52

Deresiewicz, William, 59, 139

desastres e conexão humana, 26, 132

design persuasivo, 113-117, 173-174, 184, 198

destino manifesto, 188-189

  guia de viagens de Crofutt, 188

  quadro *Progresso Americano*, de Gast, 172, 188-89

Devine, Patricia, 110-111

Diamond, Stephen, 39-42

Dickinson, Emily, 104-6

Diggs, Daveed, 117

Digital Detox (empresa), 31-32

"Digital Detox: Big Tech's Phony Crisis of Conscience" ["Detox digital: a falsa crise de consciência das *big techs*"](Tanner), 89

Dillon, Brian, 52

Diógenes de Sinope, 63-66, 70, 74, 80, 90, 92

Diogenes of Sinope: The Man in the Tub [*Diógenes, o cínico*] (Navia), 63

direita alternativa, 158-159

disciplina e atenção sustentada, 112, 124, 154 *Ver também* livre-arbítrio

distração, 79, 111

"Duty of Submission to Civil Government" ["Dever de submissão ao governo civil"], (Paley), 73

East Bay Yesterday (*podcast* em Oakland), 186

ecologistas em ação, 163

Economia de bico, 15

Edwards, Jonathan, 68

Ehrenreich, Barbara, 84

eleição presidencial de 2016, 1, 17, 19, 58

Encontros E-Tu, 103-104, 106, 132, 177

Epicuro, 33-39, 42, 53, 59

Epiteto, 42

Eros observacional, 3

Escola de Computação Poética (Nova York), 172, 174

Escuta, 5, 21, 101-3, 111, 122, 157

escuta profunda (técnica), 5, 21

espaço da aparência, 176-177

espaços públicos

bibliotecas, 5, 11-12, 45, 131, 175

declínio na demarcação de, 13-14

e o espaço da aparência, 176-177

faux-Eichler (estilo), 122

parques, 131, 180, 198, 202

estoicos, 42

experimentos utópicos

definição de, 35, 53

experimentos de comunidades na década de 1960, 37-53

jardim-escola de Epicuro, 33-39, 42, 53, 58

popularidade do *Walden Two* de Skinner e visão de uma nova sociedade, 43-50

Thiel e o Seasteading Institute, 46-51, 59

Ver também retiro, redes sociais, não comerciais, descentralizadas

Eyeo festival (Minneapolis), 3

Facebook

algoritmos e informações assíncronas, 169

desistência, 90-93

e conectividade, 23

expressão hiperacelerada sobre, 60

movimentos de protesto sobre, 16

páginas de memes de Stanford, 88-89

sequestro de nossos desejos de nos conectar, xi

uso no trabalho, 64

Ver também mídias sociais, comercial

fazenda Rock Bottom(Vermont), 51

fazer nada, 3-5, 12, 22-29, 59, 179

afastamento, 61-62, 76

agricultura do fazer-nada, 193-195

como ato de resistência política / ativismo, xxii-xxiii

como ética de cuidado e manutenção, 25-26

e impaciência cultural com a não produtividade, x-xi

escuta e sensibilidade, 21

ferramentas para praticar, 22-24

objetivo, ix-xii, 22

recusa no lugar, xv-xviii, 59, 63-94

reparação e autocuidado, 21-23

retiro, 30-62

Ver também recusa no lugar; retiro

Federation of Organized Trades and Labor Unions [Federação de Sindicatos e Comércios Organizados], 12-13

Felix, Levi, 31-35, 56

Felstenstein, Lee, 168

Feminism and Ecological Communities:

An Ethic of Flourishing [*Feminismo e comunidades ecológicas: uma ética de florescimento*] (Cuomo), 146, 199

Femme Couchée [*Mulher deitada*] (Picasso), 98

Filipinas, 8-9, 149-150, 151

filosofia do cinismo, 65, 68, 92

Fiverr, 16-17

floresta estadual Nisene Marks, 180

Foisie, Frank P., 84

fotomontagem, 99-100

Foucault, Michel, 67-68

Frankfurt, Harry, 114

Friedman, Patri, 48

Friends of Sausal Creek [Amigos do Riacho Sausal] (FOSC), 196, 198

Frieze, 64

Fukuoka, Masanobu, 193-95, 200

gaio, 156, 157

garças noturnas, 19-20, 194

Gast, John, 188

Gates, Bill, 198

gentrificação, 118-120, 132, 139, 153-154

Getting Back Together [*O gênio dos pássaros*] (Houriet), 39, 42, 52

Getty Museum (Los Angeles), 100

gimnosofistas ("sábios nus") da Índia, 36

Glen Canyon Park, 181

Glop [*Gosma*] (Moss), 23

Gompers, Samuel, 13

González, Emma, 178

Goodman, Paul, 40

Google Earth, 4

Google Maps, 123-124, 150

Google Street View, 19, 100

Gould, Corrina, 197-198

Grace Cathedral (São Francisco), 9

Gramlich, Wayne, 48

Great American City: Chicago and the Enduring Neighborhood Effect [*Grande cidade americana: Chicago e o efeito duradouro de vizinhança*] (Sampson), 169

Green, Tom, 62, 70

Greenhouse, Steven, 84

Gregory in the Pool (Hockney), 96

greve de estivadores (1934), 76-78, 84-85

greve geral de São Francisco (1934), 78, 82

greve na orla da Costa Oeste (1934), 76

Growing Up Absurd [*Crescendo no absurdo*] (Goodman), 38

Grupo Agua Caliente de indígenas de Cahuilla, 143

Guerra do Vietnã, 7, 38, 48, 58

Guia de campo Sibley para pássaros da América do Norte Ocidental, 154

Hacker, Jacob S., 85-86

Haraway, Donna J., 26, 181

Harris, Malcolm, 89-90

Harris, Tristan, 91

Hauptstrom, 52-53

Hayes, Chappell R., 202-203

Hempton, Gordon, 23

Henry V. Coe State Park, 180

Henry, Margaret Y., 71-72

Hércules, 72

Hibler, Richard W., 37

High Ridge Farm (Oregon), 40, 57

Highlander Folk School, 82

Hockney, David, 96-101, 122, 130-131

Hoffman, Abbie, 43

Hogg, David, 178

Holding, Eric, 14

Holmen, Eric, 117

Houriet, Robert, 36-40, 42, 48-49, 52, 55

Hsieh, Tehching, 73-74, 94

I and Thou [Eu e Tu] (Buber), 104-105

IDEATE no Burning Man, 32-33

ideias capitalistas de produtividade e
utilidade, ix-xiv, xviii-xx, 14-15
e comunidades dos anos 1960, 35-42
e ideia de trabalho e lazer na
economia de bicos, 15-18
e retiros corporativos de
desintoxicação digital,33-34
ideia de que todos devemos ser
empreendedores, 14-15

Igreja Católica, 57-59

Ilonggo, 8-9

iNaturalist (Aplicativo da California
Academy of Science), 122, 144-145

incêndio do Ghost Ship (2016), 3

incêndio e terremoto de São Francisco
(1906), 135-136

incêndios, Califórnia, xiv, 61

índios Cahuilla, 144

indústria da atenção
ocupar um "terceiro lugar" em, 69,
72, 74,77, 78, 92-93
resistência, 3-29, 90-94, 183-185
suposição de valor na produtividade
e na utilidade capitalista, ix-xiv,
xviii-xx, 14-15
técnicas de design persuasivo em,
114-18, 173, 174, 184, 198
"unidades" de atenção em, 93-94
Ver também mídias sociais, comerciais

Instagram, xi, 15, 117

International Institute of Digital
Detoxification [Instituto
Internacional de Desintoxicação
Digital], 31-32

International Longshoremen's
Association [Associação
Internacional de Estivadores]
(ILA), 78-80

Internet Archive (São Francisco), xiii, 16

"Is This How Discrimination Ends?" [É
assim que a discriminação acaba?]
(Nordell), 111-112

Jacobson, Pauline, 135-136

James, William, 112-113, 119, 121

Jane, Talia, 86-87

Jardim Botânico de São Francisco, 101

jardim-escola de Epicuro (século 4
a.C), 35-36, 39, 44, 55

Jeong, Sarah, 160

Jobs, Steve, 198

Johansson Projects (galeria em
Oakland), 118-19

Jornada de trabalho de oito horas,
12-13, 17

KALX (rádio universitária de Berkeley),
136

Kandinsky, Wassily, 53

Kansas City Freedom Network, 172

Kasky, Cameron, 178

Kaufmann, Walter, 105

KBLX (estação de rádio), 136-137

Kelly, Ellsworth, 108

Kennedy, Robert, 38

Kids These Days: Human Capital and the
Making of Millennials (Harris) [As
crianças de hoje: capital humano e a
formação dos millenials], 89-90

Kimmerer, Robin Wall, 143, 145, 147,
180

King, Martin Luther, Jr., 38, 162, 178

KKUP (rádio pública de Cupertino), 136

Klee, Paul, 187

Kolirin, Eran, 103

KOSF (estação de rádio), 136

KPOO (rádio comunitário de São
Francisco), 136

KRBQ (estação de rádio), 136

Kucinich, Dennis, 32

KZSC Santa Cruz (estação de rádio), 182

Lange, Christy, 64

Lanier, Jaron, xx, 161

Laverty, Gordon, xvii

Laverty, Larry, xvii

Lazer, 11, 13, 14

LeGuin, Ursula K., 54

Leistert, Oliver, 171

Leopold, Aldo, 148, 186, 192

Leopold's Records (Berkeley), 166-167

Lewis, Paul, 198

Liberation News Service [Serviço de
Libertação da Mídia] (LNS), 43-44

LinkedIn, 115

Linnaeus, Carl, 145

Living Together [Morando juntos] (Weiss), 39

livre-arbítrio
Cícero sobre, 71

e arte performática, 74

e as recusas de Bartleby, o escrivão,
70-72

e descrição de liberdade em Walden
Two, 50, 68

e o papel da disciplina na atenção
sustentada, 112, 124, 154

e recusa no lugar, 70-74

"Long as I Live" (Toni Braxton), 135

Lorde, Audre, 23, 152, 163, 177

MacArthur Metro, xvii

Mack, Arien, 110-111

Madden, Ben, 33

mães, 26-27

Main Street Cupertino (shopping center), 125-126

manifestações de Greensboro (1960), 83-84

"Manifesto for Maintenance Art" ["Manifesto pela arte da manutenção"] (Ukeles), 23-24, 195

manutenção e trabalho de manutenção, 25-27, 195-196

mapa "Long Lost Oakland" ["Oakland há muito perdida"], 186-187, 189

marca, pessoal, xii, 137-138, 159, 163

Martin, Agnes, 30

Marwick, Alice E., 159, 161

Massachusetts Institute of Technology [Instituto de Tecnologia de Massachusetts](MIT), 84

Mastodon (*software* de código livre), 171-72

McEvilley, Thomas, 67

McMillan, James C., 83

Medina, Vincent, 197

Melville, Herman, xxi, 69-71

memória comunitária (sistema de boletim de notícias de 1972), 166-169, 172

Merton, Thomas, 55

Meyrowitz, Joshua, 160-163

millennials, 86, 89-90

modos de ver Eu-Isso, 104-105, 107, 130, 133, 134,138, 177

monocultura, xviii-xix, 137, 161, 187

montanhas de San Jacinto, 144, 146-47

montanhas Santa Cruz, xiii, 37-38, 61, 144

Montano, Linda, 73

Montet St. Helens, 146

Monumento à III Internacional (Tatlin), 51

Morris, Sophie, 33

Moss, Gabrielle, 23

movimento pelos direitos civis, 82-84, 162, 178-179

movimentos trabalhistas, 12-13, 14-15, 84-85, 178

    campanhas pela jornada de trabalho de oito horas, 12-13

    greve de estivadores de 1934, 77-80,84, 87

    greve e atos de recusa coletiva, 77-80, 84, 87

    NIRA e, 78, 84

    o "novo contrato" e executivos, 85-87

    Ver também labirintos da economia de bico, 6-7, 9

Muir, John, 10, 11, 29

mulher da sacola (*performance* de Takala), 62

Müller, Hans, 53-54

mundo supra-humano. *Ver*

compreensão ecológica e atenção ao mundo supra-humano

museu Centre Pompidou (Paris), 97

museu de Young, 96, 101, 122

Muybridge, Eadweard, 97

"My Adventures with the Trip Doctors" ["Minhas aventuras com os doutores de viagem"] (Pollan), 136-141

nação indígena *Potawatomi*, 143

Nadel, Nancy, 202-203

National Association for the Advancement of Colored People [Associação Nacional para o Progresso das Pessoas de Cor] (NAACP),82-83

National Endowment for the Arts [Fundo Nacional de Artes], x

National Industrial Recovery Act [Lei de Recuperação Industrial] (1933), 78, 84

Navia, Luis E., 67-68, 82-83, 92

neoliberalismo x, xii, 91

NeuroTribes [Neurotribos] (Silberman), 167

#NeverAgain: A New Generation Draws the Line [*#Nunca mais: uma nova geração impõe limites*] (Hogg and Hogg), 178

New York Magazine, 88

New York Times, 51, 58, 141, 160, 169

New Yorker, 14

Newman, Barnett, 106

Nextdoor, 169-171

Nickel and Dimed: On (Not) Getting By in America [*Tostão e trocados: Sobre como (não) sobreviver na América*] (Ehrenreich), 86

Nietzsche, Friedrich, 68

Nixon, E. D., 162

Nixon, Richard, 38, 43

No Art Piece [*Peça sem arte*] (*performance* de Hsieh), 73

No Sense of Place: The Impact of Electronic Media on Social Behavior [*Sem noção de lugar: o impacto da mídia eletrônica no comportamento social*] (Meyrowitz), 160-163

Noonan, Kathleen, 91

Nordell, Jessica, 111-112, 113, 120

"novo contrato" e executivos, 85-87

Nowtopia (Carlsson), 196

Nudget, sistema, 114, 116

NYC Mesh, 172

O'Donoghue, Liam, 186-187

Oakland, California, xiv-xviii, 3-4, 19-22,132-133, 202-203

água potável e o rio Mokelumne, 150-151

árvore de Jack London, xiv, 186-187

garças noturnas, 19-20

gentrificação e o filme *Blindspotting*

238

[*Ponto cego*], 118-120, 132

incêndio do Ghost Ship (2016), 3

Lago Merritt, 17, 130

mapa "Long Lost Oakland"
["Oakland há muito perdida"],
186-187, 189

Parque Middle Harbor Shoreline e
porto de Oakland, 202-204

projetos de Correção Manifesta, 192

Rose Garden, 3-4, 6-9, 14, 21-22, 25-
27,29, 141-142

sequoias antigas em East Bay Hills,
xiv-xviii

observação de pássaros, 5-6, 107, 143,
154, 156

corvos, 18-19, 26, 105, 140, 155

em Elkhorn Slough, 182-183, 203

garças noturnas de Oakland, 19-20

montanhas San Jacinto,144

ouvir cantos de pássaros, 7-8

pelicanos marrons, 203-204

Oliveros, Pauline, 7, 11-12, 157

Olsen, Tillie, 80

Onement VI (Newman), 107

"On the Concept of History"
["Sobre o conceito da história"],
(Benjamin),187-188

"On the Duty of Civil Disobedience"
["Sobre o dever da desobediência
civil"] (Thoreau), 73-76, 136

"On the Shortness of Life" ["Sobre a
brevidade da vida"] (Sêneca), ix-x

Orta, Ruth, 197

Outdoor Piece [peça ao ar livre]
(*performance* de Hsieh), 73

Palais Idéal, 53

Paley, William, 74

Paltrow, Gwyneth, 23

parentesco e cuidado, 26

Parker, Sean, 91

Parks, Rosa, 82-83

parque do Condado de Sam
McDonald, 180

parque estadual de sequoias Henry
Cowell, 180

parque florestal de Jackson, 180

parque Joachin Miller, 180

parque Middle Harbor Shoreline
(porto de Oakland), 202-204

parques, 180-181, 184-185

Patchwork (plataforma de redes
sociais), 173-174

*Pearblossom Highway, 11th-18th April
1986* (Hockney), 99-100

Peça da gaiola (*performance* de Hsieh),
73-74

Peça do relógio (*performance* de Hsieh),
73

pelicanos, marrons, 203-204

Pence, Mike, 88-89

PeoplesOpen.net (Oakland), 172-173

persuasão ética, 116-119

"Persuasive Design Techniques in

the Attention Economy: User Awareness, Theory, and Ethics" ["Técnicas de design persuasivo na economia da atenção: conscientização do usuário, teoria e ética"] (Vivrekar), 113-117

pesquisa neurocientífica sobre treinamento de atenção, 109-112

atenção visual e cegueira não intencional, 109-110

tendências visuais, 110, 112

ULTIMEYES (aplicativo de treinamento visual), 108

Philly Mesh, 172

Philosophy of the Encounter [*Filosofia do encontro*] (Althusser), 130

Photoshop, 99, 100, 120-121

pica-paus, 157

Picasso, Pablo, 98

"pilares de marca," 163, 204

Pirro de Élis, 36

Platão, 49, 65, 75, 177

Player, Willa B., 83-84

Polach, Scott, 6

Pollan, Michael, 140-141

Poor People's Radio, 136

Portrait of Woman in D'Hermine Pass [*Retrato de uma mulher*](Picasso), 98

Portwood-Stacer, Laura, 90-91

Poswolsky, Smiley, 32-34

povo *Anishinaabe*, 145, 147

povo *Ohlone*, 186, 187, 189, 192, 196-198

café *Mak-'amham*, 201

locais de sambaquis, 197-198

tribo Ohlone Esselen, 192

projetos da Works Progress Administration (WPA), 14

Quin, Mike, 78-80

Rabbit, Peter, 39

Racismo

como a atenção cria representações de percepções de, 120

dos empregadores na greve dos estivadores, 79

e encontros "Eu-Tu", 118

preconceito racial implícito, 111-112

Ransom, Woody, 50-51

Rauzon, Mark, 198

realidade, atenção à, 95-122

atenção visual, 110-113

escuta, 5, 21, 101-103, 111, 122, 157

fotografia e fenomenologia de ver/observar, de Hockney, 96-101, 122

mundo supra-humano, xxi-xxii, 141-154

renderização da realidade xxiii, 120-122

Ver também atenção sustentada

Recology SF, xiii, 4-5

recursos de design viciantes xii, 29, 89, 118, 198-199

crianças e, 198-199

recurso "arrastar para atualizar", 198

recusa no lugar, xx, 57, 63-94

atos em massa de recusa coletiva, 81

Bartleby, the Scrivener [*Bartleby, o escrivão*], xxi, 69-72, 77, 83

Diógenes de Sinope, 65-69, 72-73, 77, 82-83, 92

e concentração/atenção coletiva,81-82

e livre-arbítrio, 70-74

estivadores e a greve de São Francisco (1934), 77-80, 84, 87

história de, xxi

medo e a capacidade de recusa, 82-90

movimento pelos direitos civis, 82-84, 162, 178-179

ocupação de um "terceiro lugar", 69, 72, 74, 77, 78, 92-93

peças de arte performáticas, 63-67, 73-74

recusa ao abuso de nossa atenção pelo Facebook, 90-93

redução das margens para, xxi, 82-90, 93-94

Thoreau's civil disobedience [*A desobediência civil de Thoreau*], 72-74, 81

Velho Sobrevivente e uma lição de, xv-xviii

Ver também retiro

redes de malha locais, 172-174, 196

redes sociais, comercial, xii, 157-166

"colapso do contexto", xxi, 158-159, 163, 176-79, 181

conectividade sobre sensibilidade, 23-24

desafios para ativistas, 164-165, 173,176-177

desistência, 90-93

e neoliberalismo, 91

exploração da opinião pública, 141

expressão hiper-acelerada sobre, 60

imediatismo e colapso temporal, 163-165

incapacidade de mudar de ideia/expressar diferentes *personas* publicamente, 163

marca pessoal, xii, 137-138, 159, 163

Meyrowitz sobre comportamento público e, 160-163

razões financeiras para fomentar histeria/medo e ansiedade, xii, 18-19, 59-60

recursos de design viciante, xii, 29, 89, 118, 198-199

técnicas de design persuasivo, 113-17, 173-174, 198

redes sociais, não comerciais, descentralizadas xxii, 166-180

Reinventing the Enemy's Language: Contemporary Native Women's Writings of North America [*Reinventando o idioma do inimigo: textos de indígenas norte-americanas contemporâneas*](Bird e Harjo), 146

remoção da barragem de San Clemente, 190-192

remoção de barragem e restauração de *habitat*,190-192

renderização do mundo, atenção e, xxiii, 120-122

Reserva Nacional Estuarina de Pesquisa Elkhorn Slough, 182-183, 203

Reserva Pearson-Arastradero, 180

Results Only Work Environment [Ambiente de Trabalho Exclusivamente voltado a Resultados] (ROWE), 17-18

retiro, 30-62

afastamento, 61-62, 76

Arendt sobre os riscos de fugir do processo político, 49-50, 52

comunidades de contracultura da década de 1960, 37-56

eremitas, 35, 55-57

Jardim-escola de Epicuro em Atenas, 35-37, 39, 42, 44

Merton e a relação entre o *contemptus mundi* e a participação no mundo, 56, 60

necessidade de distância e tempo longe das redes sociais, 60-61

retiros de desintoxicação digital, 30-34

sair do Facebook, 90-93

Thiel e o Seasteading Institute, 46-51, 59

Walden Two de Skinner e a visão de uma nova sociedade, 44-50, 51-52

Ver também comunidades da década de 1960; recusa no lugar

retiros de desintoxicação digital, 30-34

riacho Sausal, 196

Rice, Edward, 57-58

Riches, William T. Martin, 82

rio Mokelumne, 30, 150-151

rios atmosféricos, 149-151

Rock, Irvin, 110-111

Rogers, Fred, 27

Rope Piece [*A peça da corda*] (*performance* de Hsieh), 73

Rosch, Eleanor, 142

Rose Garden (Oakland), 3-4, 6-9, 14, 21-22,25-27, 29, 141-142

como espaço público, 14

localização e arquitetura de retenção de atenção, 6-7, 9

placas de mãe do ano, 26-27

voluntários de manutenção, 25-26

Rosenstein, Justin, 198

Rousseau, Henri, 131

Rousseau, Jean-Jacques, 131

Rubenstein, Steven, 191

Salvem os sambaquis de West Berkeley e Village, 196-198

sambaquis, 197-198

Sampson, Robert J., 169

San Francisco Bay Area, xiii-xvii, 132,
   202-204
   Baker Beach, 33
   Cupertino, xiii, 95-96, 123-126
   estações de rádio, 136-137
   greve de estivadores (1934), 77-80,
      84, 87
   Janelas de Coppola (projeto de arte
      pública), 3-4
   locais de sambaquis indígenas,
      197-198
   memória comunitária (sistema de
      boletim de notícias de 1972), 166-
      169, 170
   parques, 180-181
   restaurantes étnicos, 138-139
   San Gregorio State Beach, xiii, 37-38
   sequoias antigas em East Bay Hills,
      xiv-xviii, 189
   transporte público, 129
   Ver também Oakland, California
San Francisco Bulletin, 135-136
San Francisco Chronicle, 191
Sandweiss, Martha A., 188
Saulala, Malia Luisa Latu, 27
Sayre, Farrand, 82
Schlemmer, Oskar, 53
Schulman, Sarah, 139, 153-154
Scuttlebutt, 171, 173-175
Seasteading Institute, 48-49, 51-52
Seitz, Aaron, 109

Selvin, David, 80, 84, 87

Sêneca, ix-x

sensitividade, Berardi sobre, 23-24, 81

sequoias antigas, xiv-xviii, 189

Serra, Junípero, 196

Seven Yorkshire Landscapes [*Sete
   paisagens de Yorkshire*] (Hockney),
   95, 99-100, 129

SFMOMA, 108

Shoptaw, John, 104-105

Sierra Nevada, 28, 149

Silberman, Steve, 167

Simons, T. L., 187

síndrome do pato de Stanford, 85-86

sistema de boletins de notícia (BBS),
   165-168

Skinner, B. F., 43-50

Snyder, Gary, 126

"Social Media, Immediacy and the
   Time for Democracy" ["Mídias
   sociais, imediatismo e a hora da
   democracia"] (Barassi), 163

Sócrates, 63, 69

"solidão da espécie" 141-144

"Solitude and Leadership" ["Solidão e
   liderança"] (Deresiewicz), 59, 139

Solnit, Rebecca, 7, 26, 132, 134

Song Books (Cage), 101

Stanford University, xiv, 87-89, 196
   geofiltro do Snapchat, 87
   página de memes do Facebook,
      86-87

Staying with the Trouble: Making Kin in the Chthulucene [*Seguir com o problema: criando parentesco no Chthuluceno*] (Haraway), 181

Steinbeck, John, 3

Stevenson, Robert Louis, ix

Stilpo, 69

Student Nonviolent Coordinating Committee [Comitê coordenador estudantil não violento] (SNCC), 178

Sudo Mesh, 196

Sudo Room, 172

Sun, Tiger, 85

Szeemann, Harald, 51-52

Taft-Hartley Act [Lei Taft-Hartley] (1947), 82

tagalo, 6

Takala, Pilvi, 62-65, 67

Tanner, Grafton, 89

Tarr, Dominic, 175

Tatlin, Vladimir, 51

técnicas de design persuasivo, 113-117, 173-174, 184, 198

tecnologia viciante, xii, 29, 89, 118, 198-199

teleologia, abandono da, 200

tendências visuais, 110, 112

teoria da conspiração Pizzagate, 17, 158

"terceiro espaço", 66, 70, 72, 75-76, 90-91

The Big Squeeze: Tough Times for the American Worker [*O grande aperto: tempos difíceis para o trabalhador americano*], (Greenhouse), 84

The Bureau of Suspended Objects [*O escritório dos objetos suspensos*] (Odell), 2-3

The Dispossessed [*Os despossuídos*] (LeGuin), 54

"The Education of a Libertarian" [A educação de um libertário] (Thiel), 46

The Embodied Mind [A mente corpórea] (Varela, Thompson, and Rosch), 141

The Exchange (filme), 102-103

The Genius of Birds (Ackerman), 18

The Gentrification of the Mind: Witness to a Lost Imagination (Schulman), 137, 152

The Great Risk Shift: The New Economic Insecurity and the Decline of the American Dream [A grande mudança do risco: a nova insegurança econômica e o declínio do sonho americano] (Hacker), 83

The Human Condition [*A condição humana*] (Arendt), 47

The Intimate Toilet [A toalete] (Watteau), 97

The Man in the Sycamore Tree: The Good

Times and Hard Life of Thomas Merton [*O homem na árvore: os bons tempos e a dura vida de Thomas Merton*] (Rice), 55

The One-Straw Revolution [A revolução de uma palha] (Berry), 192

"The Revolution Will Not Be Liked" ["A revolução não ganhará *likes*"] (Leistert), 171

"The Round River: A Parable" [O rio circular: uma parábola] (Leopold), 186

The Scrabble Game, Jan. 1, 1983 (Hockney), 98

The Seven Storey Mountain [A montanha dos sete patamares] (Merton), 55

The Sibley Field Guide [*Guia de campo Sibley para pássaros da América do Norte Ocidental*] e lista de verificação, 154

The Waterfront Worker (jornal), 75

The Writings of John Muir [*Os Escritos de John Muir*] (1916), 8

Thiel, Peter, 46-51, 59

"This Is Water: Some Thoughts, Delivered on a Significant Occasion, about Living a Compassionate Life" ["Isto é água: pensamentos expressos em uma ocasião significativa sobre como viver uma vida compassiva"] (Wallace), 127

Thomas, Michael Tilson, 101

Thompson, Evan, 141

Thoreau, Henry David, 72-74, 81, 88, 136, 154

Time Well Spent [Tempo bem gasto], 113, 184

Tolentino, Jia, 15

The Atlantic, 110, 171

Touch Sanitation Performance [*Performance* do toque em saneamento] (Ukeles), 23

The Trainee [A *trainee*] (*Performance* de Takala), 61-62, 67

transporte público e o encontro da sociedade urbana, 129, 187

trapistas, 57-58

Triadisches Ballett (Schlemmer), 53

Trump, Donald, x, 3, 60, 88-89

Twin Oaks (comunidade na Virginia), 41, 42

Twitter, 133, 141, 158-161, 163, 167, 171, 177,178-179, 198–199

recurso "arrastar para atualizar", 198-199

Ver também redes sociais, comercial

Ukeles, Mierle Laderman, 23-24, 195

ULTIMEYES (aplicativo de treinamento visual), 109-110

Universal CityWalk, 13-14

Universidade da California, Berkeley, 89, 110,166, 196

Universidade da California, Riverside, 109

Urban Airship, 117

Urban Releaf, 196

uso de tecnologia pelas crianças, 198-199

Vale do Silício, xiii, 33, 38

Vallco Fashion Park (Cupertino), 96, 125

Varela, Francisco J., 142

Veix, Joe, 170

Velho sobrevivente (sequoia), xiii-xv, 189

   lição sobre resistência e "recusa no lugar", xv-xvii

   lições de testemunho como memorial, xvii-xviii

Vivrekar, Devangi, 114-118

vizinhos e bairros, 133-136, 153-154

   memória comunitária (sistema de boletim de notícias de 1972), 166-169, 172

   Nextdoor, *site* da rede social, 169-171

   rancho Rinconada em Cupertino, 122

VMWare, 31

von Helmholtz, Hermann, 112-113

Vox, 158

vontade e atenção. *Ver* livre-arbítrio

Wadsworth Atheneum, 23

Walden Two (Skinner), 43-50, 68

Walden Two de Skinner e a visão de uma nova sociedade, 43-50

Wallace, David Foster, 127-129

Wanderlust [*A história do caminhar*] (Solnit), 7

Washing/Tracks/Maintenance: Outside [*Lavando/Caminhos/Manutenção: Do lado de fora*] (Ukeles), 23

Washington Post, 182

Water Walk (Cage), 101

Waterfront Employers Association [Associação dos Empregados Marítimos], 82

Watteau, Jean-Antoine, 97

Watts, Alan, 138

Weiss, Michael, 39-41, 52, 59

Weschler, Lawrence, 96

Westworld (série de TV), 45, 73

What the Trees Said: Life on a New Age Farm [*O que as árvores disseram: a vida em uma fazenda da Nova Era*] (Diamond), 39

Why Work Sucks and How to Fix It [*Por que o trabalho é chato e como melhorá-lo: a revolução com foco em resultados*] (Ressler and Thompson), 15

Wight, Gail, 203

Williams, James, 89, 113

Windows [*Janelas*] (Coppola), 3-4, 101

Won't You Be My Neighbor? [*Você quer ser meu vizinho?*], (documentário), 25

Yelp, 31, 84
Yes Men, 64
YouTube, 13, 99, 116, 198

Zuckerberg, Mark, 31, 162

SUA OPINIÃO É MUITO IMPORTANTE

Mande um e-mail para **opiniao@vreditoras.com.br**
com o título deste livro no campo "Assunto".

1ª edição, mar. 2021
FONTES Dante MT Std Regular 11/16,9pt;
        Helvetica Neue LT Std 55Roman 14/16,8pt
PAPEL Polen Bold 70g/m²
IMPRESSÃO Gráfica Santa Marta
LOTE GSM12444